W0472989

Optimiser
son référencement
WordPress

DANS LA MÊME COLLECTION

V. Kovalsky David, C. Villeneuve. – **Drupal avancé**.
N°14011, 2015, 308 pages.

F. Draillard. – **Premiers pas en CSS 3 & HTML 5**.
N°13944, 6e édition, 2015, 480 pages.

I. Canivet. – **Bien rédiger pour le web**.
N°13750, 3e édition, 2014, 736 pages.

X. Delengaigne. – **Organiser sa veille sur Internet**.
N°13945, 2e édition, 2014, 320 pages.

F.-X. Bois, L. Bois. – **WordPress 3.5 pour des sites web efficaces**.
N°13801, 2013, 346 pages.

A. Faque. – **Google Android 4 efficace**.
N°13721, 2013, 232 pages.

D. Robert. – **Gimp 2.8**
N°12700, 2013, 360 pages.

SUR LE MÊME THÈME

O. Andrieu. – **Réussir son référencement web**.
N°14118, édition 2015, 662 pages.

O. Andrieu. – **SEO zéro euro**.
N°14033, 2014, 224 pages.

A. Martin, M. Chartier. – **Techniques de référencement web**.
N°14040, 2014, 370 pages.

I. Canivet-Bourgaux. – **Référencement mobile**.
N°13667, 2013, 456 pages.

Daniel **Roch**

Optimiser
son référencement
WordPress

Préface d'**Olivier Andrieu**

2e édition

EYROLLES

ÉDITIONS EYROLLES
61, bd Saint-Germain
75240 Paris Cedex 05
www.editions-eyrolles.com

Merci à

Olivier Andrieu et Ronan Chardonneau,
pour leur confiance et les opportunités qu'ils m'ont données
dans ma carrière professionnelle.

Ma femme,
car elle me supporte tous les jours.

Willy Bahuaud,
pour ses conseils avisés et son expertise sur WordPress.

La communauté,
sans qui ce CMS n'existerait pas, et sans qui je ne ferais pas ce livre.

Préface d'Olivier Andrieu

J'ai l'incroyable chance et privilège d'être « tombé dans la marmite » des moteurs de recherche et du Web il y a vingt ans de cela, en 1993 plus précisément. Cette année-là, j'avais appris le langage HTML avec un éditeur de texte pour créer un petit site sur l'excellent vin de mon village. Ce site, toujours en ligne (http://www.klevener.fr/), est d'ailleurs plutôt bien positionné sur Google lorsque l'on tape le nom du vin en question. Un privilège dû à son grand âge, certainement : un positionnement se bonifierait-il avec le temps, comme tout bon cépage qui se respecte ? C'est bien possible...C'était une époque où je proposais, en annexe de mon premier livre (*Internet – Guide de connexion*, Eyrolles, 1994), la liste exhaustive des sites web français en une dizaine de pages (et pas en petits caractères, qui plus est). Autant vous dire que les index des moteurs n'étaient pas ce qu'ils sont aujourd'hui. Bref, un temps que les moins de vingt ans ne peuvent pas connaître...

En ce temps-là, chers enfants – je laisse s'exprimer mon côté patriarche –, il n'existait pas d'outil permettant de créer un site web. Pas d'éditeur HTML. Pas de CMS. Tout se faisait à la main... Et sans manuel, si vous me passez ce calembour. Puis, année après année, ils ont été légion à apparaître pour nous faciliter la vie au quotidien. Hélas, parmi ces outils, certains avaient oublié la case « SEO » (ou « référencement naturel », pour reprendre un vocable aussi *has-been* que l'auteur de ces lignes). Créer un site, soit, mais encore faut-il ne pas rater la marche de Google et consorts. Et parfois, ce n'était pas une marche que certains rataient, mais l'escalier entier.

Or, dans la stratégie de mise en place d'un site web, cette étape est aussi essentielle que le bon mûrissement du raisin à la création d'un bon vin. La partie technique du SEO, la mise en place des bonnes balises, des « zones chaudes » analysées par Google, toutes ces phases essentielles se positionnent en amont du projet, avant la mise en ligne. Et le CMS utilisé se doit de vous assister dans cette démarche. Si l'on se pose la question du référencement naturel en aval, il est souvent trop tard, et force est de mettre en place, à regret, des « rustines » pour colmater les fuites…

En ce sens, WordPress est né avec le SEO dans son ADN, contrairement à d'autres plates-formes. Mais ce point, certes essentiel, ne suffit pas. Le fait que WordPress facilite le travail du référenceur ne dispense pas de la tâche délicate de configurer au mieux l'outil et ses nombreuses extensions, afin d'obtenir un résultat qui plaise aux internautes tout autant qu'aux moteurs de recherche.

Configurer WordPress pour plaire au « dieu Google » est un art, et Daniel Roch était certainement le meilleur auteur pour vous l'enseigner. Spécialiste à la fois du CMS et du SEO, il sait expliquer les tenants et aboutissants du paramétrage le plus efficace pour la visibilité de votre site. Nul doute qu'après avoir lu ces lignes, vous aurez maîtrisé les arcanes de WordPress, exposées avec talent par Daniel.

Dans mon métier, j'ai la chance de rencontrer beaucoup de monde. Et parfois, on tombe sur des personnes que l'on apprécie, des passionnés qui ont envie d'avancer et, surtout, de partager leur connaissance avec le plus grand nombre. Daniel Roch en fait partie, qu'il en soit ici remercié.

L'époque n'est plus à la rétention d'informations ; la sauvegarde d'un pré-carré ne donne plus le pouvoir. Ce dernier est aujourd'hui dans la diffusion et le traitement des informations, qui sont disponibles à tout un chacun grâce à Internet. Mais sans même penser à ces notions de pouvoir, j'ai la conviction que si Daniel écrit et partage ce qu'il sait, c'est tout simplement parce qu'il aime ça. Et ça me plaît :-)

Bonne chance à cet ouvrage qui n'a pas besoin de mes encouragements pour obtenir le succès qu'il mérite de façon évidente. Et à vous, bonne lecture, je vous souhaite une bonne optimisation de WordPress pour le SEO et, par suite logique des choses… un bon référencement !

Olivier Andrieu

Éditeur du site Abondance.com

Table des matières

Avant-propos

« Où va-t-on mademoiselle ?

– Dans les étoiles ! »

Titanic, James Cameron (Jack et Rose).

WordPress est l'un des outils de création de sites les plus utilisés au monde, il anime près de 23,3 % des sites Internet et représente même jusqu'à 61 % de part de marché de l'ensemble des CMS.

Mais comment rendre un site WordPress plus visible dans les moteurs de recherche ? L'objectif de ce livre est de pouvoir expliquer les différentes méthodes à appliquer pour les référenceurs et développeurs, tant débutants que chevronnés.

Le logo officiel de WordPress

La raison de l'engouement dont WordPress fait l'objet est simple : il est rapide à installer et facile d'utilisation. Il contient par défaut toutes les fonctions dont peut avoir besoin un webmaster, mais surtout, il est déjà partiellement optimisé pour le référencement naturel. Malgré tout, il reste du travail à faire...

Pour en exploiter la puissance, il faut en effet savoir l'utiliser correctement. Que faire de la toute dernière visseuse électrique du marché si l'on ignore comment s'en servir correctement ? WordPress ne déroge pas à cette règle.

En outre, même pour ceux qui savent l'utiliser, il a deux énormes points faibles :

- la duplication des contenus ;
- l'absence d'options pour gérer certains éléments basiques du référencement.

Pourquoi ce livre ?

Ce guide s'attache à montrer tous les aspects à modifier et à optimiser pour le référencement naturel. Certaines parties s'adressent aux débutants qui doivent mieux connaître WordPress, tandis que d'autres sont dédiées aux référenceurs expérimentés et aux développeurs web. Tout le monde devrait donc y trouver son bonheur.

Pourquoi Google?

Les pages de ce livre feront souvent référence au moteur de recherche Google, sans parler des autres moteurs tels que Yahoo!, Bing, Baidu ou encore Yandex. Il y a deux raisons principales à cela :

- une grande majorité des conseils donnés pour ce moteur de recherche sont valables pour les autres moteurs de recherche ;
- Google possède en France une part de marché écrasante, avec plus de 93 % de part de marché pour le trafic de recherche (source : http://gs.statcounter.com/). Ne pas être visible sur Google, c'est donc n'être visible nulle part, du moins en France...

Nous allons donc tout naturellement nous focaliser sur les critères déterminants de l'algorithme de Google lorsque nous optimiserons le CMS WordPress.

Enfin, sachez que cet ouvrage porte uniquement sur l'*optimisation* de WordPress pour le référencement. Il ne s'agit pas d'un guide d'*utilisation* de cet outil. Si vous débutez, nous vous conseillons vivement de commencer par un ouvrage complémentaire permettant de découvrir WordPress.

Avertissement

WordPress et les extensions évoluent rapidement. Avant de continuer votre lecture, vous devez savoir que le livre a été rédigé avec WordPress 4.2, et pour les versions d'extensions qui seront indiquées dans chaque chapitre. Il est donc possible que certains éléments aient changé depuis l'édition de ce livre.

Comment lire cet ouvrage ?

Après avoir publié un premier e-book avec l'aide d'Olivier Andrieu et une première version du livre *Optimiser son référencement WordPress*, c'est avec un énorme plaisir que je rédige un ouvrage plus complet sur WordPress et le référencement naturel. Cela n'a pas été facile de m'adresser à tous les profils en même temps, car certains d'entre vous sont référenceurs, d'autres développeurs. Certains ont un modeste blog personnel, tandis que d'autres utilisent WordPress au quotidien dans leur travail. Ma difficulté a donc été d'écrire sans délaisser aucun angle, en restant pertinent quel que soit votre niveau de connaissance du Web, du référencement, et bien sûr du développement. Ainsi certaines des optimisations présentées ici pourront sembler évidentes, d'autres superflues.

Par où commencer ce livre, donc ? Par la page que vous êtes en train de lire, en poursuivant jusqu'à la fin pour être sûr de tout appréhender. Ce serait théoriquement la meilleure solution pour tous. Je sais cependant que l'on manque parfois de temps pour lire, ou que certains passages sont déjà connus pour certains, trop complexes pour d'autres. Voici quelques suggestions de parcours de lecture :

- **Pour tout comprendre ou pour débuter :** lisez de A à Z sans sauter une page. Vous verrez que j'aborde toutes les problématiques de WordPress par rapport au référencement naturel, et que certaines thématiques sont traitées à plusieurs endroits. Pour certains problèmes, je propose même des solutions différentes ou complémentaires, notamment selon que vous savez ou non développer en PHP, le langage de programmation qui est utilisé par WordPress. C'est le cas, par exemple, pour la duplication de contenus.
- **Pour vous améliorer.** Là encore, je conseille de lire l'ensemble du livre dans l'ordre, excepté les deux ou trois premiers chapitres de mise en bouche. Vous aurez toujours une astuce ou un point de vue à apprendre sur le référencement de WordPress. S'il n'y avait que deux chapitres à lire impérativement, je citerais celui sur les thèmes et celui sur l'optimisation des contenus : ces deux points étant les plus importants lors de l'optimisation de WordPress.
- **Pour auditer un site.** Un chapitre est dédié à l'audit de site sur WordPress à la fin de ce livre. Il vous expliquera pas à pas comment faire. Mais il sera sans cesse fait référence à tout ce qui aura été écrit avant. Pour lire ce chapitre, il faudra avoir en tête les autres chapitres correspondants.

> RESSOURCES **Site compagnon du livre**
>
> Il est possible qu'une erreur se soit glissée dans cet ouvrage ou que vous vouliez approfondir certains éléments, ou encore que vous ayez besoin d'informations complémentaires pour mieux comprendre les tenants et les aboutissants de certaines préconisations. C'est pour cette raison qu'a été créé un site compagnon, où vous pourrez trouver les éventuelles corrections et errata de ce livre, ainsi qu'une partie des codes PHP qui y sont présentés pour faciliter le copier/coller.
>
> ▸ http://www.wp-referencement.fr

À propos de l'auteur

Je m'appelle Daniel Roch. Je suis consultant en référencement naturel et sur le CMS WordPress – vous l'auriez deviné !

Ayant un parcours atypique avec une licence en Langues étrangères appliquées à l'université de Nantes, et avec une maîtrise en Création et Management de la PME à l'IDRAC Nantes, c'est finalement vers le Web et le référencement que je me suis tourné en 2008.

Depuis plusieurs années, j'accompagne les professionnels dans l'analyse et l'optimisation du CMS WordPress pour développer un réel support de communication ergonomique, visible et rentable, tout en leur apportant un réel savoir-faire quant à leur visibilité sur Internet via différents leviers d'acquisition : le référencement naturel bien entendu, mais également l'ergonomie, l'e-mailing, les comparateurs de prix ou encore l'affiliation.

En alliant mes connaissances en référencement naturel, et en approfondissant les fonctionnalités de WordPress, j'ai ainsi développé mon expertise pour l'amélioration et l'optimisation de ce CMS, tant pour l'utilisateur que pour le moteur de recherche.

Je suis désormais reconnu comme l'une des références en ce domaine, notamment grâce aux articles publiés sur SeoMix et à ce livre, mais aussi avec les conférences que j'ai donné lors de différents WordCamp, SMX Paris, SEO Camp ou encore lors du TeknSEO.

Vous me trouverez ainsi sur mes différents profils sociaux, mais également lors des différentes formations et conférences que j'ai le plaisir de pouvoir donner, notamment au SEOCamp ou encore au WordCamp Paris.

Retrouvez-moi sur SeoMix, Twitter, Facebook ou Google+

- http://www.seomix.fr/
- https://twitter.com/rochdaniel
- https://www.facebook.com/seomix

Une extension pour le référencement naturel de WordPress

Nous parlerons dans cet ouvrage des extensions utiles pour donner de la visibilité à votre CMS dans les moteurs de recherche. Malheureusement, la quasi-totalité d'entre elles fournissent des fonctionnalités, mais ne vont ni auditer, ni optimiser automatiquement WordPress.

Chez SeoMix, nous sommes justement en train de développer une telle extension. À l'heure où j'écris ces lignes (juillet 2015), le projet est déjà en cours de développement. Si une telle extension vous intéresse, pensez à suivre nos publications sur SeoMix : www.seomix.fr

Remerciements

Cet ouvrage est l'aboutissement de longs mois d'efforts et de réflexion. Je tiens à remercier tous ceux et celles qui m'ont aidé et encouragé dans ce projet.

À commencer par Olivier Andrieu. Le pape du référencement m'a tout simplement donné l'opportunité d'écrire ce livre. Je me rappelle encore le jour où j'ai reçu un e-mail de sa part en janvier 2011 : « Je recherche un ou plusieurs rédacteurs pour ma lettre pro (Recherche et Référencement). L'idée est d'écrire un article sur les aspects SEO des principaux CMS du marché (un article par CMS). Est-ce que ça pourrait t'intéresser ? Je crois que tu connais bien WordPress notamment… »

Depuis lors, je suis rédacteur pour l'excellente newsletter professionnelle du réseau Abondance.com. En 2012, nous avons travaillé ensemble sur une première version de ce livre : un PDF sur WordPress et le référencement naturel. C'est donc un énorme merci que je veux exprimer pour la visibilité que cela a pu me donner, pour me forcer chaque mois à décortiquer un aspect différent du référencement naturel, pour m'avoir mis en contact avec les éditions Eyrolles et pour le plaisir de travailler avec lui. La vie professionnelle peut connaître de réels bonds en avant grâce à la rencontre de personnes passionnées et expertes dans leur domaine. Ce fut le cas avec Olivier. Merci encore !

Parmi celles et ceux que je veux également remercier chaleureusement se trouve mon ami Willy Bahuaud de wabeo.fr, sans doute l'un des meilleurs développeurs WordPress que je connaisse. Il a su me conseiller et m'encourager tout au long de l'aventure SeoMix, tout en me donnant régulièrement de vigoureux encouragements, pour terminer ce livre et m'améliorer dans mon expertise sur WordPress. Merci mec.

Merci aussi à Julio Potier de boiteaweb.fr pour la relecture et, surtout, pour la qualité de ses remarques sur mes différents codes. Julio, c'est un peu le psychopathe de l'optimisation et de la sécurité sur WordPress : vous lui donnez 20 lignes de code et il vous redonne 2 lignes pour faire la même chose de manière plus rapide et plus sécurisée.

Merci aussi à ceux et celles qui ont relu ce livre et m'ont donné leurs avis, critiques et suggestions pour l'améliorer.

Pour cette seconde édition, je remercie également ceux qui ont participé à l'élaboration de certains chapitres de ce livre :

- Julio Potier, expert en sécurité WordPress : **secupress.fr** ;
- Willy Bahuaud, un excellent développeur Ajax et WordPress : **wabeo.fr** ;
- Gaël Poupard, intégrateur de talent, spécialiste de l'accessibilité : **ffoodd.fr** ;
- Alex Bortolotti, spécialiste des thèmes WordPress : **wpmarmite.com**.

J'en profite aussi pour remercier mon réseau professionnel, et plus particulièrement Vincent Faurie, Luc Germond ou encore Rudy Meyer pour les opportunités professionnelles de mon début de carrière, et qui m'ont permis de faire le métier que je fais actuellement.

Bien entendu, merci à ma femme Élodie avec qui je partage ma vie depuis déjà 12 ans et qui m'encourage au quotidien dans mes projets professionnels. Merci aussi à mes parents et à ma sœur pour ce même soutien et pour m'avoir plongé dans le monde de l'informatique depuis ma tendre enfance. Si je suis un geek, c'est de leur faute…

Enfin, ma gratitude au café, au Nutella, à Winnie l'ourson, et à vous pour votre indulgence envers les quelques blagues que je vais vous infliger.

Bien entendu, merci à vous d'avoir acheté et lu ce livre. J'espère qu'il vous aura aidé à optimiser le référencement de votre site WordPress et que vous aurez pris plaisir à le parcourir.

« Vers l'infini et au-delà ! »

Toy Story, Buzz l'éclair.

PARTIE 1

Retour aux bases

Avant d'entrer dans le détail des optimisations que l'on peut apporter au CMS WordPress, il faut d'abord clarifier certains concepts liés au référencement naturel.

Rappels sur les bases du référencement naturel

1

Les explications qui suivent sont à garder en tête tout au long de ce livre. Elles sont indispensables pour comprendre les autres chapitres, et donnent les bases pour pratiquer le référencement naturel.

Il est toujours utile de rappeler certains concepts et de donner quelques définitions. Cette partie peut sembler rébarbative, mais elle est obligatoire pour comprendre la suite de ce livre. Armez-vous d'un thé ou d'un café, vous en aurez besoin…

> ATTENTION **Ceci n'est pas un livre dédié au référencement ni à WordPress**
>
> Sachez tout d'abord que ce livre n'est pas destiné à vous enseigner tout sur le référencement naturel, mais bien à utiliser correctement et à optimiser le CMS WordPress dans l'optique du référencement. Je vous recommande donc chaudement de lire également des livres entièrement dédiés aux différents aspects du référencement naturel, ou à WordPress :
>
> - *Réussir son référencement web*, Olivier Andrieu, Eyrolles 2015
> - *Référencement mobile*, Isabelle Canivet-Bourgaux, Eyrolles 2013
> - *Bien rédiger pour le Web*, Isabelle Canivet-Bourgaux, Eyrolles 2011
> - *WordPress pour le blogueur efficace*, François-Xavier Bois, Eyrolles 2010
> - *Mémento Programmation WordPress*, Jonathan Buttigieg, Eyrolles 2013
> - *Créer son premier thème WordPress mobile*, Thibaut Baillet, Eyrolles 2012
> - *Professionnal WordPress Plugin Development*, Brad Williams, Ozh Richard et Justin Tadlock, Wrox 2011

Le positionnement et le trafic

Le référencement naturel, aussi appelé SEO *(Search Engine Optimization)*, a pour but d''augmenter le trafic d'un site Internet et, dans la mesure du possible, d'obtenir le trafic le plus pertinent possible : en d'autres termes, il s'agit de faire venir des visiteurs et, si possible, de potentiels clients.

Pour cela, il faut se positionner le plus haut possible dans les résultats de Google et ce, pour chaque expression ou mot-clé pertinent que pourrait saisir un internaute. Si l'on faisait une analogie avec madame Pichon la boulangère, le référencement naturel consisterait à promouvoir la boulangerie pour faire venir un maximum de clients. Pour cela, la boutique doit être placée dans une rue fréquentée, avec une enseigne visible et en communiquant, par exemple, dans le journal local. En référencement naturel, cela revient au même : il faut donner de la visibilité à vos contenus. Vous pouvez proposer les meilleurs produits et services du monde, cela ne servira à rien si personne ne vient sur votre site Internet.

Le souci, c'est que les moteurs de recherche aiment jouer avec les nerfs des référenceurs. On peut ainsi être en deuxième position sur son ordinateur, mais en dixième sur celui du client. Cet écart de perception s'explique par différents facteurs qui peuvent se cumuler les uns avec les autres :

- votre historique de recherche : si vous avez l'habitude de cliquer sur les résultats d'un même site, celui-ci va avoir tendance à remonter chez vous (et uniquement chez vous) ;
- votre localisation géographique : Google peut modifier les résultats présentés en fonction de votre lieu de connexion et de l'expression tapée ;
- la présence et le nombre de publicités Adwords (que certaines personnes, ne connaissant pas le référencement, considèrent comme des positions naturelles) ;
- le fait que vous ne soyez pas connecté au même serveur chez Google. Internet étant une jungle de contenus, certains serveurs sont mis à jour avec un décalage de quelques heures à quelques jours par rapport aux autres. Vous pouvez ainsi voir une position que le reste de la France ne verra que le lendemain ;
- l'ajout de la recherche universelle ou non, c'est-à-dire de contenus « enrichis » dans la page de résultats (des images, de la vidéo, Google Actualités, Google Shopping...).

Par exemple, on peut voir dans la figure 1-1 :

- trois publicités en haut de page ;
- deux résultats naturels juste en dessous ;
- le comparateur de prix de Google à droite (Google Shopping) ;
- dessous, uniquement des publicités.

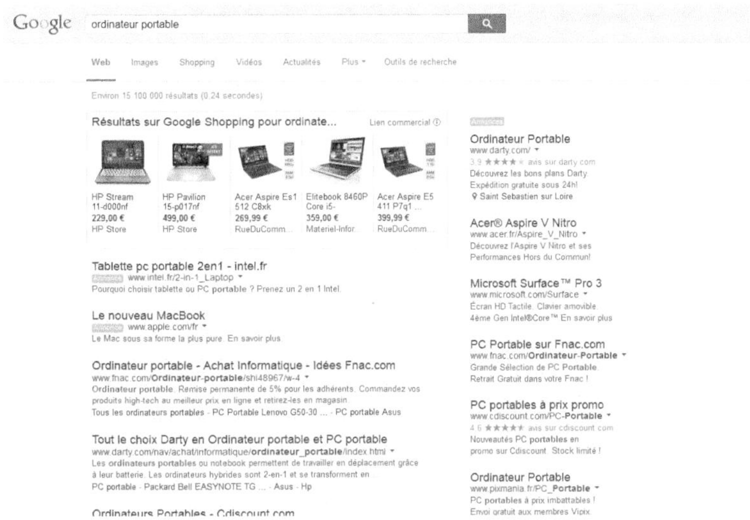

Figure 1–1
Les résultats renvoyés par Google pour la requête « Ordinateur portable », avec l'affichage de résultats sponsorisés, de résultats naturels et de résultats provenant de Google Shopping

Pour positionner un contenu, trois grands types de critères sont pris en compte (figure 1-2). Nous allons les passer brièvement en revue.

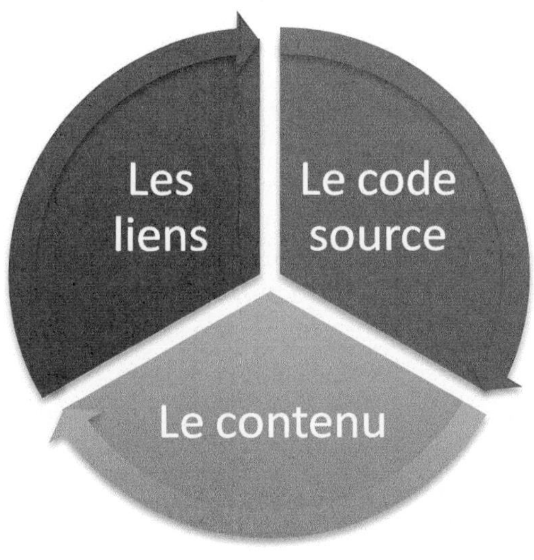

Figure 1–2
Les trois grands critères influençant le positionnement d'un contenu

La structure et le code source

Tout d'abord, il faut que la structure de votre site Internet permette de trouver chaque contenu de manière aisée et naturelle, le contenu en lui-même ne suffisant pas. Pour cela, Google doit comprendre vos pages pour ensuite les proposer aux internautes. Le code source de votre site va alors être plus ou moins bien interprété par Google, en fonction notamment de l'utilisation de technologies bloquantes comme le format Flash ou de l'emploi abusif ou mal implanté de JavaScript. Rassurez-vous, nous reparlerons de ces aspects dans les différents chapitres de ce livre.

Ensuite, avoir une structure cohérente dans un site Internet implique plusieurs choses :

- un enchaînement logique entre chaque section ;
- des liens entre chaque contenu ;
- pas de freins dans le code source de vos pages ;
- dcs contenus non dupliqués.

Là encore, on peut faire une magnifique analogie avec la supérette du coin : si celle-ci change l'agencement des allées, vous risquez d'être perdu. Si, en revanche, chaque produit a une place logique, vous allez pouvoir acheter très facilement et rapidement tous vos articles.

Le contenu

C'est la base du référencement. Quand un internaute fait une recherche sur Internet, **il cherche une réponse à un besoin** : acheter un produit, entrer en contact avec l'entreprise, télécharger un logiciel, obtenir des informations, se divertir…

Il y a une expression courante en référencement : « Content is King ». Le contenu doit être pertinent et unique. Il doit également être lisible et structuré, tout en incitant l'internaute à accomplir l'action que vous désirez, par exemple acheter vos magnifiques produits ou s'inscrire à votre superbe newsletter.

Le référencement passe donc forcément par une phase de création et d'optimisation de contenus pour chacun des besoins exprimés par vos clients. Vous devez vous assurer que pour chaque expression tapée par l'internaute vous aurez bien un contenu pertinent et ciblé à lui proposer.

Les liens

Enfin, les liens vont donner de la popularité à vos contenus, aussi appelés *backlinks* ou encore « liens entrants ».

À l'heure actuelle, cela reste un levier très fort pour améliorer votre référencement naturel. Le fait d'avoir de nombreux backlinks optimisés, notamment depuis des sites « populaires » permet de réellement améliorer sa visibilité, quel que soit son secteur d'activité. Et ces liens peuvent provenir de sources très différentes, par exemple :

- des partenaires, clients et fournisseurs ;
- des annuaires ;
- des blogs ;
- des sites de communiqués de presse ;
- des forums ;
- des sites d'actualité ;
- des réseaux sociaux ;
- d'autres sites à vous ;
- etc.

Pour ce point, je vous recommande une fois de plus d'acheter un livre entièrement dédié au référencement naturel pour en comprendre tous les tenants et les aboutissants. Si je dis cela, c'est que vous ne devez **jamais** négliger les liens dans votre stratégie de référencement naturel. L'expression que j'ai utilisée précédemment est en effet incomplète : « Content is King, but Links are Queens. »

Popularité et PageRank

> **À SAVOIR Il existe plusieurs termes pour parler de ce concept**
>
> Plusieurs expressions sont utilisées pour parler de la popularité d'une page ou d'un site. Ne vous étonnez donc pas de trouver ces différentes appellations : popularité, juice, jus, Citation Flow ou encore PageRank.

Nous parlerons souvent de popularité dans cet ouvrage. Ce terme définit le poids et la valeur d'une page aux yeux des moteurs de recherche :

- plus une page est populaire, plus elle a de chances d'apparaître dans les moteurs de recherche ;
- plus une page reçoit des liens, plus elle sera populaire ;
- plus ces liens proviendront de pages populaires, plus ils vont transmettre de popularité : la popularité est « contagieuse ».

La figure suivante permet de mieux comprendre ce qu'est la popularité, et surtout comment elle peut se transmettre de page en page.

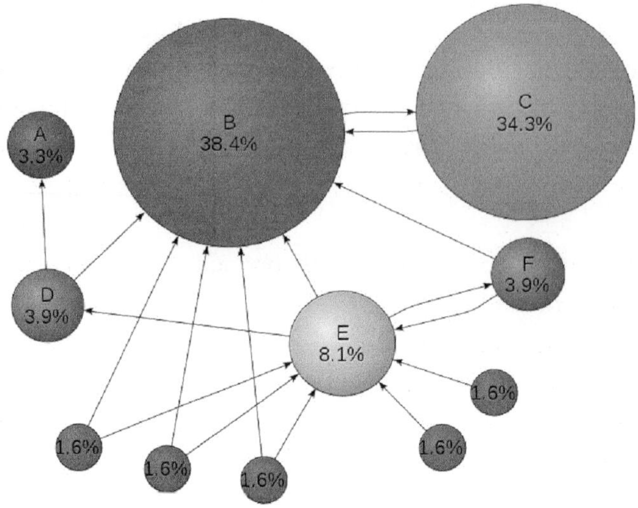

Figure 1–3
Les pages peu populaires font des liens vers une page « E » qui devient dès lors populaire.
© Wikipedia :
http://fr.wikipedia.org/wiki/PageRank

Vous devez donc retenir une chose : il faut créer des liens vers les contenus que vous voulez mettre en avant.

Google utilise un indicateur public pour mesurer cela : le PageRank. Noté de 0 à 10, il détermine la popularité d'une page. On peut récupérer cette valeur par différents outils gratuits sur Internet. Je préfère cependant continuer à utiliser le terme de popularité au sens large car la note affichée par le PageRank présente de nombreux défauts :

- le PageRank est une note attribuée par Google à une page à un instant *t*. Elle n'est pas mise à jour en temps réel : le PageRank réel d'une page peut donc être inférieur ou supérieur à la valeur que vous voyez (le PageRank n'a pas été mis à jour depuis début 2013) ;
- le PageRank est un critère parmi d'autres dans le positionnement d'une page sur Google. Un contenu ayant un PageRank de 3 peut donc tout à fait générer plus de visites qu'un autre contenu ayant un PageRank de 5.
- les annonces récentes de Google indiquent que le PageRank public (appelé « TBPR », *ToolBar PageRank*) ne sera plus **jamais** mis à jour. Vous ne devez donc plus vous fier à cet indicateur,

Préférez plutôt des indicateurs provenant d'autres outils, le mieux étant d'en utiliser plusieurs simultanément pour avoir un ordre d'idée réel de la popularité d'une page :

- Ahrefs : https://ahrefs.com/ ;
- Majestic SEO : https://fr.majestic.com/ ;
- Open Site Explorer : https://moz.com/researchtools/ose/.

Indexation et crawl

Autre concept à connaître avant d'attaquer le reste du livre : l'indexation des contenus.

Pour vous donner une liste de résultats lors d'une recherche, Google va chercher dans son index (sa base de données) les contenus pertinents. L'index du moteur de recherche contient des millions et des millions de pages différentes.

Pour être dedans et pour mettre à jour celles qui y sont déjà, Google utilise des robots automatisés que l'on appelle Googlebot. Ils vont suivre les liens et naviguer ainsi de contenus en contenus. C'est ce que l'on appelle le *crawl*.

Quand il découvre un nouveau contenu ou une page mise à jour, il va également réactualiser sa base de données : c'est ce que l'on appelle l'« indexation ».

Pour être visible sur Internet, la première étape est donc d'être indexé. Les pages et contenus de votre site doivent être bien conçus pour permettre à n'importe quel moteur de recherche de les comprendre. Et dans ce livre, nous allons justement voir comment faciliter le crawl et l'indexation de vos différents contenus.

Les freins au référencement

Cette fois-ci, nous allons expliquer ce qui peut bloquer Google et donc vous nuire. Vous comprendrez donc plus facilement pourquoi WordPress est parfois mal optimisé de base et comment on peut corriger le tir.

Les formats inconnus

Le premier élément qui va freiner Google ou l'empêcher de bien référencer votre site, c'est l'utilisation de formats de contenus que le moteur de recherche a du mal à analyser et à comprendre.

En premier lieu, c'est le format Flash que Google ne sait absolument pas interpréter. Si votre site WordPress utilise cette technologie, fuyez-la absolument avant même d'avoir commencé à travailler votre référencement naturel.

Figure 1–4
Fuyez le format Flash !

D'autres formats de contenus peuvent gêner plus ou moins votre visibilité. Je pense notamment aux formats et technologies suivants :

- le chargement dynamique des contenus en Ajax s'il est mal conçu ;
- le JavaScript, même si Google parvient de mieux en mieux à le comprendre ;
- les PDF, qui ne remplaceront jamais un vrai contenu texte pour optimiser le maillage interne ;
- les images, du moins si vous oubliez la balise de description `alt` et si elles sont affichées en dehors d'un contexte logique.

Le blocage

Au-delà des formats de contenus, d'autres éléments peuvent tout simplement vous faire disparaître des moteurs de recherche. Il s'agit souvent d'une erreur d'un développeur : un oubli ou une fonction mal codée qui va « corrompre » le code source de vos contenus – et cela peut vous coûter cher. Les moteurs peuvent donc parfois mal interpréter vos différentes pages, et décider de les supprimer de l'index ou de leur donner moins d'importance.

Parmi les erreurs courantes que l'on trouve sur WordPress ou sur les autres CMS, il y a :

- l'ajout de la balise `meta noindex nofollow` qui demande à Google de désindexer le contenu actuel ;
- des redirections inutiles de contenus ;
- une duplication trop importante d'une même publication (à savoir, le même contenu présent sur plusieurs pages).

En d'autres termes, vous devez concevoir votre site pour qu'il soit lisible non seulement pour les visiteurs, mais aussi par les moteurs de recherche.

La duplication de contenus

Nous allons ici aborder le principal problème de WordPress au niveau SEO. Pour Google, trouver un contenu identique sur plusieurs pages est une mauvaise chose. Et cela pour plusieurs raisons :

- l'indexation des contenus est plus compliquée et plus longue : comme le moteur de recherche doit indexer des contenus dupliqués, il va forcément perdre du temps sur des pages inutiles ;
- le moteur aura du mal à déterminer quel contenu est original, il ne saura donc pas lequel montrer au visiteur ;
- la popularité d'un seul contenu est diluée entre plusieurs adresses différentes ;
- Google cherche à répondre aux besoins des internautes ; vous devez donc produire du contenu pertinent **unique**.

En conséquence, Google dévalorise les contenus dupliqués. Il existe en réalité deux types de contenus dupliqués.

Le contenu dupliqué externe

Le contenu dupliqué externe est simple à comprendre : il s'agit de sites qui volent vos contenus. C'est sans doute la pire forme de duplication de contenus, et il faudra faire valoir vos droits auprès du propriétaire du site concerné ou de son hébergeur pour supprimer ce vol. Ce type de duplication peut même vous faire disparaître des moteurs de recherche, donc gardez toujours en tête ces trois conseils :

- publiez des contenus uniques ;
- ne volez pas les publications des autres ;
- faites supprimer les contenus qui vous ont été volés. Je vous recommande de contacter les webmasters concernés pour leur demander le retrait des publications concernées, si nécessaire en les menaçant ou en faisant appel à un avocat.

L'autre moyen de combattre ce type de vol est de donner plus de popularité à votre contenu et à votre site dans son ensemble. Ainsi, le moteur de recherche saura que vous êtes l'auteur réel du contenu volé.

Le contenu dupliqué interne

On trouve également le contenu dupliqué interne. Malheureusement, c'est très souvent le cas sur WordPress qui, par défaut, duplique un même contenu sur plusieurs pages différentes.

Google ne vous donnera pas une pénalité directe pour ce motif, mais votre site perdra en crédibilité, pertinence et popularité. À chaque fois qu'il trouvera le même contenu sur votre site mais sur une page différente, il risque de trouver que cela ne vaut plus la peine de continuer son indexation et son crawl. Vous allez également diluer entre plusieurs pages la popularité qui ne devait correspondre qu'à un seul contenu.

C'est un peu comme si vous faisiez lire à un enfant dix fois la même leçon d'affilée : vous risquez de perdre son attention…

La suroptimisation

La suroptimisation est un autre problème que vous pourrez rencontrer. Rendue célèbre avec les algorithmes de Google « Panda » et « Penguin », elle peut également provoquer une pénalisation ou une disparition pure et simple du moteur de recherche.

Le référencement naturel consiste à améliorer la visibilité d'un contenu. Mais certaines pratiques sont considérées par Google comme étant déloyales ou non naturelles, et le moteur de recherche cherche alors à leur donner moins d'importance, voire à les sanctionner. C'est le cas des sites qui cumulent des éléments trop visibles d'optimisation, par exemple l'ajout systématique de mots-clés un peu partout, que l'on nomme *keyword stuffing*.

En d'autres termes, il faut optimiser votre contenu pour les mots-clés que vous ciblez, sans pour autant que ce soit trop parfait ou visible. Vos optimisations doivent donc rester « naturelles ».

REMARQUE **Mais dans ce livre, on va suroptimiser WordPress ?**

En parlant d'optimisation, certains d'entre vous se diront parfois que ce livre est à la limite de la suroptimisation sur certains aspects, ou qu'il va trop loin sur des éléments « secondaires ».
Vous n'aurez parfois pas tort, mais sachez que ces optimisations ont toutes un intérêt pour le visiteur. Pour savoir si oui ou non vous devez faire cette optimisation, pensez toujours à ceci : **tant que cela apporte une plus-value aux internautes, c'est une optimisation qu'il faut effectuer.**
Gardez toujours en tête que l'optimisation doit servir le visiteur. Si elle permet de mieux décrire un contenu, de faciliter la navigation sur votre site ou de mieux mettre en avant un contenu pertinent et/ou vos produits et services, vous pouvez y aller les yeux fermés.

Mais que veut Google ?

C'est le point le plus important à comprendre. Google, tout comme les autres moteurs de recherche, cherche le profit, comme n'importe quelle autre entreprise au monde. Pour gagner de l'argent, il faut que les internautes fassent appel à ses services. Et pour y parvenir, Google est obligé de proposer des résultats pertinents.

Votre site doit donc être unique et intéressant pour l'internaute, quel que soit son besoin. Cette démarche va avoir un impact sur tout votre site de manière très logique. Vous devrez ainsi proposer constamment :

- des contenus qui vont répondre à un besoin ;
- des articles uniques et différents de ceux de vos concurrents ;
- une structure logique et bien pensée ;
- des contenus pertinents : supprimez toute page qui ne sert à rien pour l'internaute ;
- un design ergonomique et attrayant : les moteurs de recherche commencent en effet à pouvoir analyser une mise en page et son impact sur l'internaute.

Si vous avez bien compris ça, tout ce qui sera dit dans ce livre sera logique et vous devriez pouvoir vous en sortir avec votre référencement naturel.

Comprendre WordPress 2

Pour référencer WordPress, il faut d'abord comprendre parfaitement ce CMS. Au début, c'était un simple moteur de blog. Les entreprises et les référenceurs y faisaient appel pour alimenter un espace actualités sur leur site. Dans la tête de beaucoup de développeurs, WordPress est aujourd'hui encore un outil utile pour faire un blog.

Mais c'est entièrement faux ! WordPress a réussi à évoluer de manière importante depuis quelques années, et vous pouvez désormais vous en servir pour tous types de sites. De très grandes marques l'utilisent pour réaliser des sites institutionnels, dynamiques et complexes, comme Dassault Aviation, Vivendi, Bouygues, Coca Cola ou encore Renault. Voici, par exemple, ce que vous pouvez faire avec WordPress :

- un blog ;
- un site vitrine ;
- une WebTV ;
- un site e-commerce ;
- un réseau social ;
- un annuaire ;
- etc.

En d'autres termes : WordPress est modulable. 36 500 extensions sont en effet disponibles sur le site officiel http://wordpress.org/plugins/ (soit presque 10 000 de plus que fin 2013). Et c'est justement cette souplesse qui va nous permettre de l'optimiser en profondeur pour le référencement naturel.

L'autre préjugé auquel je souhaite tordre le cou, c'est la puissance de WordPress. Certains clients et confrères m'ont fait remarquer que, pour eux, le CMS était lent et peu puissant. Je vais vous donner un seul exemple du contraire : le site WordPress.com héberge des millions de sites, et pourtant, il utilise une seule et unique installation du CMS. En d'autres termes, si on sait s'en servir et le paramétrer, on peut tout faire avec WordPress, sans jamais manquer de puissance ni de réactivité.

Quelques définitions

Dans ce chapitre aussi, vous n'échapperez pas à quelques définitions et rappels. Il est en effet impératif pour vous et moi d'utiliser un langage commun, surtout lorsque nous aborderons dans quelques chapitres les parties plus avancées sur le référencement de WordPress.

Pour bien le référencer, il faut donc bien connaître certaines appellations propres au CMS, et qui peuvent vous induire fortement en erreur.

Extensions, plug-ins ou modules

Si vous souhaitez ajouter une fonctionnalité à un site WordPress, vous pouvez installer ce qu'on appelle une extension – nous en parlerons de nombreuses fois tout au long de ce livre –, traduction officielle de l'anglais « plugin ». Parfois encore, vous lirez peut-être le terme « module ». Sachez que, quel que soit le mot employé, il sera toujours question de la même chose.

Tout est une question d'ID

Derrière ce jeu de mots douteux se cache un concept important pour toutes les optimisations techniques que vous allez devoir mettre en place : sous WordPress, tous vos contenus, quels qu'ils soient, possèdent un identifiant chiffré unique, c'est ce que l'on appelle l'ID. Cela permet au CMS de retrouver ses petits dans la base de données. Par exemple, lors de la création de votre site, l'article d'exemple « Bonjour tout le monde » possède l'ID 1.

Vous verrez d'ailleurs qu'une partie de nos optimisations feront appel à ces ID, que ce soit pour un article, un utilisateur, une page, une image, un mot-clé ou encore une catégorie.

Taxonomie et post type

Sous ces termes barbares se cachent deux fonctionnalités très simples à comprendre. Si vous ouvrez votre dictionnaire, vous apprendrez qu'une taxonomie est une classification d'éléments.

Sur WordPress, une taxonomie est donc un moyen de classer un type de contenu. Le meilleur exemple est les catégories. Les articles et les pages sont quant à eux des *posts types*, c'est-à-dire des types de contenus.

Prenons un exemple très concret : une catégorie (taxonomie) sert à classer des articles (posts types). Les taxonomies permettent de classer, d'ordonner et de structurer des posts types, en d'autres termes différents types de contenus.

DÉFINITION **Selon le codex de WordPress, voici ce qu'est une taxonomie**

« Basically, a taxonomy is a way to group things together ». En résumé, les taxonomies sont un moyen de regrouper des éléments ensemble.

Sur WordPress, nous avons donc par défaut :

- quatre taxonomies : les catégories, les mots-clés, les auteurs et les dates ;
- trois posts types : les articles (également appelés « posts »), les pages et les attachments (j'y reviendrai un peu plus loin).

ATTENTION **WordPress n'est pas logique**

WordPress considère à tort qu'il n'existe que deux taxonomies par défaut : les catégories et les mots-clés. Mais il faut savoir que les auteurs et dates classent également les posts types articles. Il s'agit donc bel et bien de taxonomies.

Vous allez voir que c'est un élément crucial de WordPress, car tout découle de cette structure pour l'optimisation SEO. Avant, les référenceurs codaient leurs pages de manière statique, ce qui leur permettait d'adapter la structure de leur site. Aujourd'hui, on a tendance à trop se reposer sur le CMS, ce qui génère souvent une structure peu adaptée, notamment à cause des taxonomies.

Il faut retenir deux choses :

- la liste précédente recense les taxonomies et posts types par défaut : rien n'empêche de les supprimer ou d'en ajouter ;
- les taxonomies sont à l'origine de la plupart des problèmes de duplication de contenus de WordPress.

Entrons un peu plus dans le détail de ces fameuses taxonomies. Comme je viens de l'expliquer, chaque article de WordPress est classé selon quatre critères :

- la catégorie (obligatoire) ;
- la date (obligatoire) ;
- l'auteur (obligatoire) ;
- les mots-clés (facultatif).

Une image valant milles mots, voici une représentation basique des taxonomies d'un article dans WordPress.

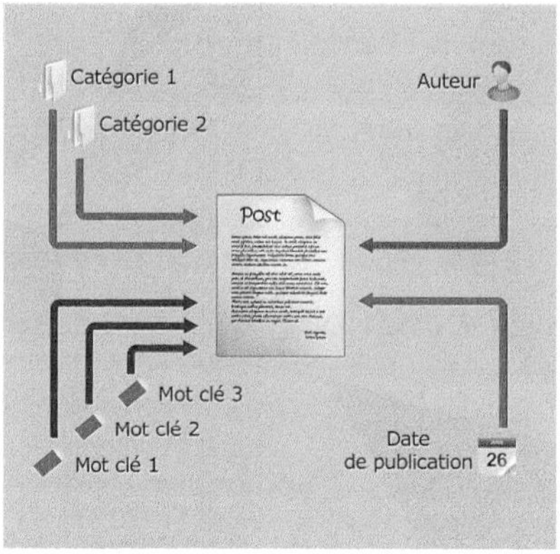

Figure 2–1
Un article (qui est un post type) est classé selon au minimum quatre taxonomies différentes.

Sur WordPress, la page d'une taxonomie va donc regrouper tous les contenus associés à celle-ci, comme cette catégorie (l'image a été tronquée)... ou encore cette page d'auteur.

Figure 2–2
Un exemple de catégorie dans le thème par défaut

Figure 2–3
Un exemple de page d'auteur dans le thème par défaut

Vous noterez au passage la forte similarité de ces deux pages, ce qui va provoquer du contenu dupliqué, et nous verrons plus loin dans cet ouvrage comment corriger ce problème.

Post type par défaut

Comme expliqué juste avant, les pages et les posts (les articles) sont deux posts types différents sous WordPress. Mais il faut réellement différencier ces deux types de contenus pour ne pas faire d'erreur.

La page web

Sur Internet, une « page web » est un document HTML. Celui-ci peut être généré de multiples façons et peut être soit dynamique, soit statique. En fait, toutes les pages que l'on consulte sur Internet sont des pages web.

La page WordPress

Sur WordPress, une page est un contenu mis en forme et généré par l'interface de WordPress, mais dont le but est d'être généralement un contenu relativement statique, comme une page de contact ou encore une page « à propos ».

En d'autres termes, on est censé faire appel aux pages pour des contenus qui sont amenés à durer dans le temps ou à ne pas être modifiés régulièrement.

Les différences entre page et post

Nous venons de voir qu'une page WordPress était un élément généralement statique du site. À l'inverse, les articles sont des contenus dynamiques. Les différences entre page et post sont les suivantes.

- Les articles.
  - Ils sont regroupés dans des catégories et sous-catégories.
  - Ils peuvent être liés entre eux via des mots-clés, via un auteur ou par une date de publication. Ils seront donc accessibles via ces différentes structures et arborescences.
  - La date de publication peut servir de critère de regroupement.
  - Ils apparaissent par défaut dans les flux d'actualités RSS.
- Les pages.
  - Elles ne peuvent pas avoir de catégorie ni de mot-clé.
  - Elles peuvent dépendre d'une page principale et deviennent alors des sous-pages.
  - Elles n'apparaissent pas dans les flux d'actualités RSS.

- Elles sont généralement statiques, dans le sens où elles ne sont pas souvent modifiées par l'utilisateur.
- Elles peuvent être définies comme l'accueil du site.
- Leur date de publication ne peut pas par défaut servir de critère de regroupement.

Là encore, une image sera bien plus parlante pour bien comprendre.

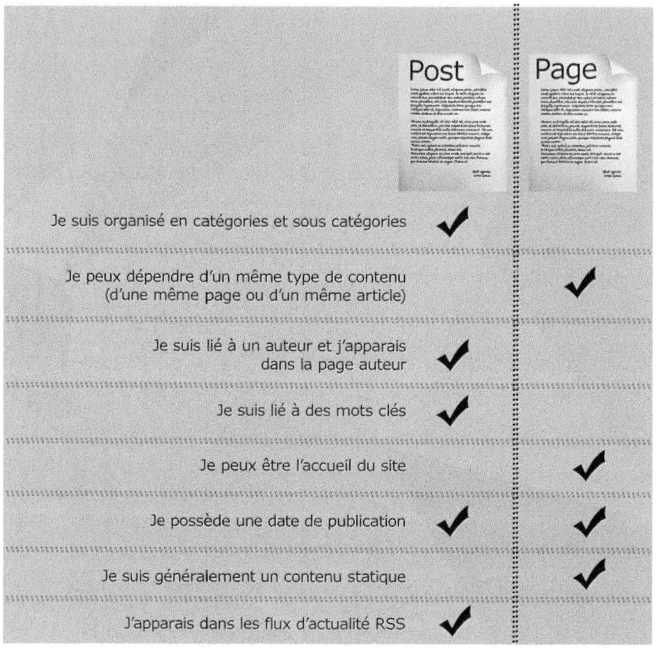

Figure 2–4
Les différences entre une page et un article (tous les deux sont des posts types).

La question est donc de savoir dans quels cas utiliser chaque type de contenu, et la réponse est relativement simple :

- le contenu statique de votre site devra être créé sous forme de pages ;
- le reste sera créé sous la forme d'articles.

En général, les pages sont les contenus qui doivent être accessibles de partout, comme la page contact, le plan d'accès ou encore la page « à propos ».

Les différents mots-clés de WordPress

Les nouvelles « étiquettes »

Nous allons parler ici des mots-clés de WordPress, une fonctionnalité qui peut très rapidement nuire au référencement naturel. Avant d'expliquer ce dont il s'agit, il faut savoir que depuis la version 4.2 de WordPress, la version française du CMS a modifié son interface. Les « mots-clés » s'appellent désormais « étiquettes ». Cela ne change strictement au concept de base. Ce changement étant récent, nous continuerons de parler de mots-clés dans ce livre. Si vous voyez dans votre interface le terme « étiquette », il s'agira bien de la même chose.

Qu'est-ce qu'un mot-clé dans WordPress ?

Le terme « mot-clé » peut prêter à confusion. Dans ce CMS, les mots-clés sont une manière de classer un contenu, ce qu'on appelle comme on l'a vu juste avant une taxonomie. Sur WordPress, il existe par défaut quatre manières de classer vos articles :

- les catégories ;
- les mots-clés ;
- la date ;
- l'auteur.

Le fonctionnement des mots-clés est on ne peut plus simple. Lorsque vous éditez un article, un champ *Mots-clés* s'affiche où les saisir ; cliquez ensuite sur *Ajouter*.

Notez que si vous ne voyez pas ce champ, c'est peut-être que vous n'éditez pas un type de contenu qui peut posséder des mots-clés (par exemple, les pages de WordPress en sont dépourvues par défaut). Ou il se peut que cet élément soit masqué. Dans cas, le bouton *Options de l'écran*, en haut à droite, vous permettra de l'afficher.

Mots-clés, tags, mot-clé principal et balises meta : attention aux confusions !

Les mots-clés de WordPress ne doivent pas être confondus avec la balise `meta keywords`, ni avec les expressions sur lesquelles vous souhaitez vous positionner, ou encore avec le mot-clé principal de l'extension WordPress SEO. Nombreuses sont les personnes qui mélangent un peu tout ; il en est de même en anglais où on va utiliser les mêmes termes pour désigner des éléments différents (tags, keywords...).

Voici les éléments importants dont il faut prendre connaissance pour éviter de vous induire en erreur.

- La balise `meta keywords` ne sert plus à rien depuis déjà de nombreuses années. Avant, elle permettait d'ajouter dans le code source des pages une liste de mots-clés pour mieux décrire le contenu.
- Quand on parle des mots-clés sur lesquels se positionner, vous ne devez surtout pas utiliser la fonctionnalité de WordPress, car cela sera contre-productif dans la plupart des cas. En effet, si vous ciblez une expression lorsque vous rédigez un contenu, c'est avant tout celui-ci qu'il faut optimiser ;
- Le mot-clé de Yoast est une extension de référencement qui peut vous induire en erreur, car elle affiche lors de la rédaction un champ *Mot-clé principal* censé vous

aider à optimiser votre contenu. Sachez que remplir ce bloc ne va pas améliorer votre référencement ; cela affichera uniquement des statistiques pour vous aider à optimiser le contenu actuel en fonction du mot-clé ciblé.

- Les mots-clés de WordPress permettent de classer vos contenus selon certains termes, et ainsi générer de nouvelles pages listant tous les contenus associés.
- Tout au long de cet ouvrage, il sera souvent question des mots-clés de WordPress, notamment lors de la rédaction de contenus, le paramétrage des extensions ou encore l'optimisation de votre thème.

The Loop (la boucle de WordPress)

On ne peut parler de WordPress sans parler de la boucle, aussi appelée « The Loop ». C'est un concept simple, mais qu'il faut assimiler pour pouvoir maîtriser tout le chapitre consacré aux thèmes.

Vous l'aurez remarqué, WordPress affiche sur l'accueil d'un site un nombre déterminé d'articles (nombre que l'on définit dans l'administration de son CMS). Il en est de même pour les catégories, les mots-clés, les archives par date, etc., WordPress fait appel au thème pour savoir comment afficher ces articles, et chaque développeur peut ainsi définir le rendu visuel qu'il désire.

Pour ce rendu, on utilise une boucle. Voici la structure basique d'un fichier de thème WordPress :

- l'en-tête de la page (header) ;
- la boucle ;
- le pied de page (footer).

La boucle, c'est ce qui va afficher chaque article. Si vous avez demandé 10 articles, elle s'exécutera 10 fois de suite avant de s'arrêter. Et elle se présente ainsi.

La boucle de WordPress

```
<?php
if ( have_posts() ) : //Si j'ai des articles
while ( have_posts() ) : //Pour chaque article
the_post(); //on récupère les données de l'article
?>

//Ici on place le code qui va générer l'article

<?php
endwhile; //Fin de chaque article
endif; //Fin de la boucle
?>
```

Croyez-moi, cela vous aidera quand vous modifierez votre thème. Il y a d'ailleurs plusieurs choses à savoir sur la boucle :

- pour chaque type de contenu, il n'y en a qu'une par défaut : la boucle principale ;
- on peut ajouter autant de boucles que l'on veut, et pour cela il faudra utiliser `new WP_Query` : http://codex.wordpress.org/Class_Reference/WP_Query ;
- on peut filtrer les données de la boucle avec des hooks, ce que nous verrons plus loin dans ce livre.

Structure et fonctionnalités du CMS

Le cœur de WordPress

Avant d'aller plus loin, il faut également comprendre le fonctionnement de WordPress, et notamment son arborescence qui se compose de trois répertoires distincts :

- `wp-admin` : tout ce qui concerne l'administration ;
- `wp-includes` : tout ce qui fait fonctionner WordPress ;
- `wp-content` : le contenu de votre blog (extensions, thèmes, images, vidéos...).

À la racine du site, on trouvera aussi le fichier de configuration du site appelé `wp-config.php` ainsi que différents fichiers qui permettent de lier l'ensemble des fonctionnalités entre elles.

ATTENTION En aucun cas, vous ne devrez toucher à l'un des fichiers situés dans wp-admin ou wp-includes

Il s'agit des fichiers permettant de faire fonctionner le cœur de WordPress. Si votre développeur ou vous-même souhaitez modifier une fonctionnalité, il faudra utiliser une extension ou un thème situé dans `wp-content` comme nous l'expliquerons plus loin.

Ainsi, le répertoire `wp-content` est amené à stocker tous vos contenus et la personnalisation de votre thème. Cela inclut :

- les fichiers mis en ligne (images, vidéos, musiques, PDF...), dans `wp-content/uploads` ;
- votre thème WordPress dans `wp-content/themes` ;
- les extensions que vous aurez installées dans `wp-content/plugins` ;
- les fichiers permettant la mise en cache de vos pages (pour un site plus rapide), souvent situés dans `wp-content/cache`.

Permaliens, slugs, URL et URI

À plusieurs reprises dans ce livre, je vais parler de permaliens, de slugs, d'URL et d'URI. Voilà de quoi il s'agit :

- l'URL *(Uniform Resource Locator)* est l'intégralité de l'adresse web d'un contenu. Par exemple : http://www.seomix.fr/15-minutes-seo-cms-seocamp/ ;
- l'URI *(Uniform Resource Identifier)* est l'identifiant d'un contenu. Autrement dit, il s'agit de la dernière partie d'une URL. Dans mon exemple, ce serait donc : `15-minutes-seo-cms-seocamp`.

Dans WordPress, le permalien correspond à l'URL (l'adresse complète) et le slug à l'URI (la dernière partie de l'URL).

Il est donc possible de modifier l'URL d'un contenu sans toucher à son slug, par exemple en changeant le nom de domaine ou en modifiant les éventuelles catégories qui s'affichent. À l'inverse, toute modification du slug va forcément modifier l'URL.

Rétroliens, pings et trackbacks

Les pings

Il s'agit à la base d'un concept informatique généraliste : un ping est une information envoyée à un autre site, un autre logiciel ou un autre serveur.

Sur WordPress, les pings servent à envoyer un signal indiquant qu'un nouveau contenu a été publié ou que celui-ci a été mis à jour.

Ils n'améliorent donc pas directement votre référencement, mais votre indexation. Lorsque vous publiez un article sous WordPress, un ping est automatiquement envoyé à certaines plates-formes. Cela va indiquer aux moteurs de recherche et aux plates-formes d'indexer votre nouveau contenu.

C'est donc utile pour diffuser votre contenu plus rapidement, surtout sur un site récent ou sur un site n'ayant pas beaucoup de backlinks. Les sites très populaires n'auront pas l'utilité d'une telle fonctionnalité.

Rétroliens et trackbacks

Un rétrolien est un lien créé de manière automatique entre deux contenus sur le Web.

> **REMARQUE Il existe ici plusieurs appellations pour cette technologie**
>
> Vous trouverez parfois des sites préférant l'appellation anglaise *trackback* et parfois d'autres faisant un amalgame avec les pings. Faites donc attention à bien comprendre de quoi on parle à chaque fois.

Prenons un exemple concret : si un article A insère dans son contenu un lien vers un article B, alors un lien automatique sera créé sur la page B vers la page A. C'est ce que l'on appelle un rétrolien.

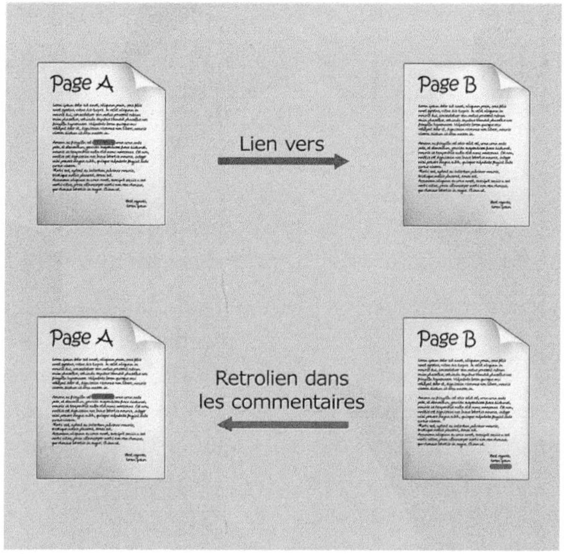

Figure 2–5
Quand une page A fait un lien vers une page B, la page B affiche un lien retour sous la forme d'un commentaire.

Dans WordPress, vous les verrez apparaître comme des commentaires, à ceci près que vous ne verrez jamais d'avatar et que le texte est entièrement automatisé.

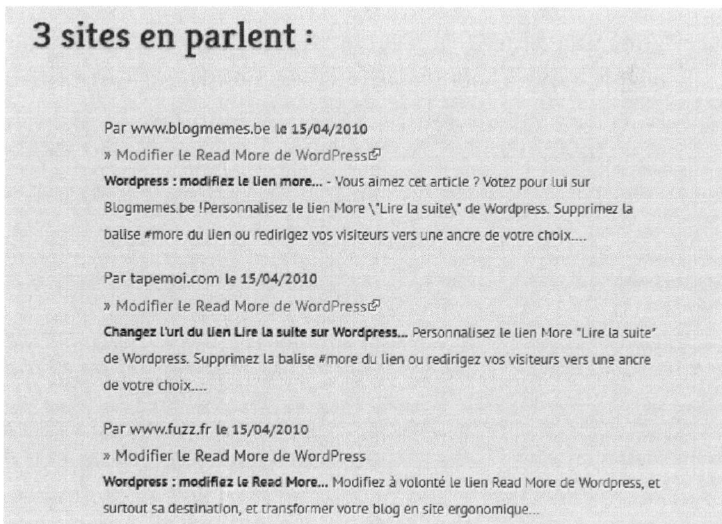

Figure 2–6
Dans cet exemple, on peut voir trois rétroliens réalisés depuis les sites blogmemes, tapemoi et fuzz.

Nous pouvons différencier trois types de rétroliens :

- ceux qui sont internes à votre site. Ils sont inutiles et nous verrons plus loin comment s'en débarrasser ;
- ceux que vous générez sur les autres sites, et qui vous feront gagner des liens facilement ;
- ceux qui font des liens vers votre site. Ils vont générer des rétroliens sur votre site vers les leurs et vous devez les modérer.

Les pages attachments

À l'origine, un attachment est un fichier associé à un contenu, donc à un post type. Dans la version française, one l'appelle également « fichier joint » ou « fichier attaché ».

C'est le cas des images, des vidéos ou des fichiers audio que vous insérez dans votre article. Par défaut, WordPress crée une page dédiée à chaque contenu : c'est ce que l'on appelle la « page attachment », et celle-ci est (presque) toujours rattachée à un post type. En réalité, vous associerez automatiquement les fichiers mis en ligne si vous le faites dans la page d'édition de l'article (ou de n'importe quel post type). Si vous passez par le menu *Médias*, donc sans modifier ou créer un nouveau post type, celui-ci ne sera pas associé.

Par défaut, cette page se consulte avec des URL de ce type : monsite.com/?attachment_id=ID, par exemple `?attachment_id=42`. Si vous avez opté pour des URL propres, ce que nous ferons un peu plus loin, l'URL sera correctement écrite en fonction du nom de l'image. Cela permettra d'obtenir une URL attachment du type monsite.com/url-article/nom-fichier-image/.

Voici un exemple de page attachment avec le thème par défaut de WordPress, ainsi qu'une explication des différents champs qui s'affichent dans ce type de page.

Nous verrons un peu plus loin pourquoi ces pages posent problème, et comment y remédier.

Figure 2–7 Quasiment tous les éléments indiqués avec une flèche rouge peuvent être modifiés par l'utilisateur lors de la mise en ligne, ou plus tard dans le menu Médias de WordPress.
©Photo réalisée par Reno Baldelli

PARTIE 2

L'optimisation de WordPress

Nous venons de voir dans les deux chapitres de rappel précédents qu'un site WordPress bien conçu est un site bien positionné.

Il est temps de comprendre précisément comment bien paramétrer son site, ses plug-ins et ses thèmes, avant d'aborder, dans la partie suivante, l'optimisation du contenu.

Réglages du CMS 3

Avant même d'optimiser les contenus, votre thème ou vos extensions, il faut commencer par la base : les réglages par défaut de WordPress.

Bien sûr, nous souhaiterions tous que tout soit parfait dès le départ, mais c'est rarement le cas. Un grand nombre de paramètres sont mal configurés dès l'installation de WordPress, et il nous faut donc les passer en revue un par un pour apprendre à les optimiser.

Si certaines options ne sont pas explicitement mentionnées dans cette partie, c'est qu'elles n'ont aucun intérêt en référencement naturel, et que leur paramétrage dépendra alors entièrement de votre site et de vos besoins.

Menu Général

Ce premier menu inclut les réglages les plus basiques de votre site. Voici à quoi il ressemble.

Figure 3–1
Le 1er menu de paramétrage de votre blog WordPress

Le titre du site

Remplissez-le avec votre nom ou votre marque, éventuellement avec le nom de votre produit, de votre thématique ou votre nom de domaine, par exemple « Agence Web SeoMix ». Évitez de placer ici les mots-clés que vous souhaitez mettre en avant. C'est une question de bon sens. Quand on vous demande votre nom dans la rue, vous ne répondez pas « aspirateur sans sac » car vous en vendez. Eh bien, c'est la même chose ici.

Si toutefois vous avez un nom de domaine comportant un mot-clé générique – par exemple : achat-voiture.fr –, vous n'aurez peut-être pas le choix. Cela ne va pas vous pénaliser, mais l'utilisation conjointe d'un nom de domaine sous la forme mot-clé.fr et d'un titre de site sous la forme `Mot clé` envoie un premier signal de suroptimisation du contenu. Soyez vigilant car vous êtes plus susceptible d'être pénalisé, notamment par Google Penguin.

Le slogan

Le slogan du site, c'est votre accroche commerciale. En communication, on appelle cela une *baseline* ou une *catchphrase*. En d'autres termes, c'est ici que vous allez pouvoir décrire en une phrase courte et explicite de quoi parle votre site.

Cet élément est régulièrement repris automatiquement à plusieurs endroits dans votre site, en fonction du thème et des extensions que vous utiliserez. Rédigez donc votre slogan en premier lieu pour les visiteurs, et faites en sorte qu'il soit succinct. Voici quelques exemples :

- consultant WordPress et référencement naturel ;
- spécialiste de la réparation de micro-ondes ;
- l'actualité des jeux vidéo ;
- le meilleur de l'optimisation de WordPress ;
- pour les fans de Johnny ;
- etc.

Les autres paramètres

Adresse web de WordPress (Home URL)

Il s'agit de l'URL qui mène à votre installation WordPress, c'est-à-dire l'accès à l'ensemble des fichiers permettant de faire fonctionner le CMS. Lors de l'installation, ce champ est rempli automatiquement donc n'y touchez pas.

Sachez cependant que rien ne vous empêche de déplacer les fichiers du cœur de WordPress à un autre endroit, même si pour ma part je doute fortement de l'utilité d'une telle action sauf pour d'éventuels motifs de sécurité.

Adresse web du site (URL)

Il s'agit de l'adresse de votre blog, c'est-à-dire l'adresse que vous voulez que les gens utilisent pour accéder à votre site Internet.

Il s'agit habituellement de votre nom de domaine mais rien ne vous empêche de l'installer dans d'autres endroits, par exemple :

- monsite.com/blog/ ;
- monsite.com/repertoire/cest-super-ici.

En règle générale, vous n'aurez pas à la modifier et je vous conseille tout de même d'installer votre WordPress à la racine de votre site.

Si vous avez modifié par erreur une de ces deux adresses et que votre blog n'est plus accessible, ne paniquez pas... Le fichier `wp-config.php` situé à la racine de votre installation WordPress va vous aider. Ajoutez-y simplement ces deux lignes de code, en remplaçant `example.com` par votre nom de domaine actuel.

Définir l'URL du site et l'URL des fichiers de WordPress

```
define('WP_HOME','http://example.com'); //Pour l'adresse de votre site
define('WP_SITEURL','http://example.com'); //Pour l'adresse web des
fichiers de WordPress
```

Votre site devrait alors être de nouveau accessible.

Inscription

Si vous cochez la case *Tout le monde peut s'enregistrer*, n'importe quel internaute aura accès au formulaire d'inscription de votre site WordPress, puis à une zone plus ou moins restreinte de l'administration de votre site Internet en fonction du rôle par défaut que vous aurez défini.

Sauf si vous souhaitez créer un site communautaire, il est déconseillé d'utiliser cette option pour éviter tout problème de spam et de sécurité de votre site Internet.

Rôle par défaut de tout nouvel utilisateur

Ici, vous pouvez choisir le rôle de chaque nouvel utilisateur sur votre blog WordPress. Chaque rôle possède un niveau de sécurité propre. Je conseille fortement de n'accorder que le rôle « Abonné » ou « Contributeur » aux nouvelles inscriptions, là aussi pour des problématiques de spam et de sécurité qui pourraient nuire au référencement de votre site.

Voici une simplification des différents rôles d'utilisateur de WordPress.

Tableau 3–1

Capacités	Administrateur	Éditeur	Auteur	Contributeur
Gestion complète de l'administration (mise à jour, extensions, thèmes, réglages, utilisateurs...)	X			
Modération des contenus (les siens et ceux des autres)	X	X		
Gestion des catégories et des liens	X	X		
Publication d'articles	X	X	X	
Mise en ligne de fichiers médias	X	X	X	
Édition et suppression des posts déjà publiés	X	X	X	
Édition et suppression de ses propres posts	X	X	X	X
Lecture des posts	X	X	X	X

Le codex de WordPress vous apportera bien entendu le détail complet des capacités de chacun des rôles : http://codex.wordpress.org/Roles_and_Capabilities.

Fuseau horaire

Même si cela peut paraître élémentaire, le fuseau horaire peut parfois influer sur votre visibilité, et cela pour une raison simple : si le fuseau horaire est mal paramétré, vos publications programmées à l'avance risquent d'être mises en ligne à la mauvaise heure, vous faisant potentiellement perdre du trafic.

N'utilisez jamais les formats UTC proposés par défaut. Dans la liste déroulante, sélectionnez *Paris*. Ainsi, vous être sûr de vous adapter toujours à l'heure actuelle, notamment pour le passage automatique à l'heure d'été ou d'hiver.

Menu Options d'écriture

Ce menu sert à paramétrer certains comportements par défaut lors de la rédaction et de la publication d'articles.

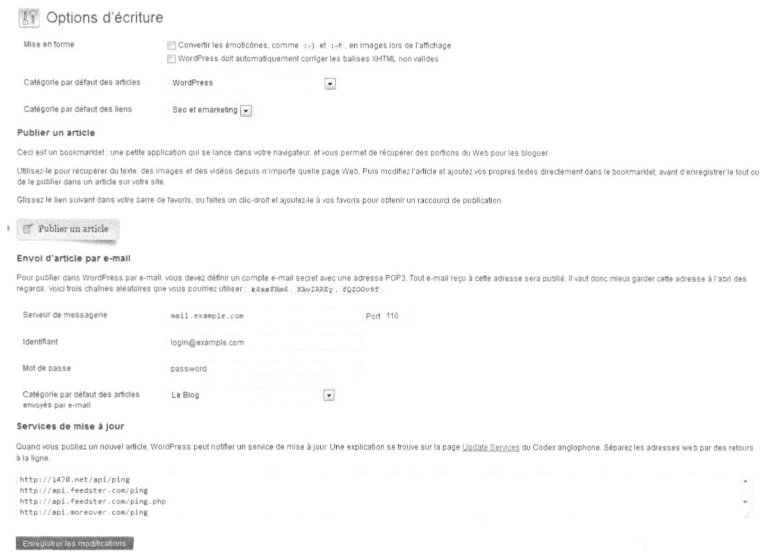

Figure 3–2
Le menu Options d'écriture de WordPress

Mise en forme

Les deux paramètres proposés ici n'ont pas d'impact sur le référencement. Cependant, si vous les activez, sachez que :

- *Convertir les émoticônes lors de l'affichage* risque d'ajouter des émoticônes en complète contradiction avec l'image de marque que vous voudriez donner à votre site. Restez donc vigilant car cela n'est pas pertinent pour tous les secteurs d'activité ;
- dans certains cas, *WordPress doit automatiquement corriger les balises XHTML non valides* vous empêchera d'ajouter du code HTML spécifique à certains articles, par exemple des tableaux, des Canvas, de l'HTML5, etc. Tant que vous ne rencontrez aucun souci dans l'affichage de vos contenus, ne cochez pas cette option.

Catégorie par défaut des articles

Cette option vous permettra de définir la catégorie par défaut pour toutes vos futures publications.

Ne laissez pas le paramètre par défaut sur la fameuse catégorie *Non classé*. Créée lors de l'installation du CMS, elle n'a aucune pertinence ni valeur sémantique pour les moteurs de recherche, ni pour vos visiteurs d'ailleurs. Mieux vaut donc supprimer purement et simplement cette catégorie et mettre ici celle que vous jugez la plus appropriée.

> **REMARQUE Pensez à créer d'abord une nouvelle catégorie**
>
> Ne vous acharnez pas à vouloir modifier la catégorie par défaut si vous n'avez pas encore créé de nouvelles catégories dans le menu *Articles>Catégories*. C'est seulement une fois que vous l'aurez fait que vous pourrez modifier la catégorie par défaut, puis supprimer celle « Non classé ».

Services de mise à jour

C'est le dernier paramètre de la page, et c'est pourtant le plus intéressant. Il permet de mettre en place un système de pings lors de la publication ou modification de n'importe quel article ou page de votre site.

Sur un tout nouveau site, cette partie sera grisée. Pour l'activer, rendez-vous dans le menu *Réglage>Discussion* et cochez les deux premières options proposées :

- *Tenter de notifier les blogs liés depuis cet article* ;
- *Autoriser les notifications depuis les autres blogs* (notifications par pings et rétroliens).

Ainsi, dès la publication d'un nouvel article, des pings seront envoyés à différents services, permettant une indexation plus rapide de vos contenus,

Sachez cependant qu'il existe des sites qui listent des actualités et des articles sur différents thèmes, ce sont des agrégateurs – par exemple, http://www.paperblog.fr/. Si votre système de pings liste ce type de sites, cela permet d'améliorer un peu votre référencement naturel. En effet, en indexant votre contenu, ils vont générer des liens vers vous.

> **ATTENTION Les pings peuvent vous nuire**
>
> La remarque précédente est vraie uniquement si votre flux RSS contient une partie tronquée de vos contenus.
> Si votre flux RSS reprend la totalité de chaque article, cela va générer du contenu dupliqué sur les agrégateurs, ce qui annulera le bénéfice des liens générés et pourra justement vous pénaliser. Nous verrons comment corriger ce défaut de WordPress un peu plus loin.

Pour ajouter des services de pings, vous pouvez insérer une URL par ligne, comme dans l'exemple suivant.

Figure 3–3
Renseignez ici tous vos services de mise à jour.

REMARQUE Services de pings

Vous aurez accès ci-dessous à une liste de liens relativement exhaustive de services de pings à notifier. Cette dernière a été mise à jour le 13 avril 2013.

- http://ping.feedburner.com/ ;
- http://feedburner.google.com/fb/a/ping ;
- http://rpc.pingomatic.com/ ;
- http://www.bing.com/webmaster/ping.aspx?siteMap= ;
- http://blo.gs/ping.php ;
- http://ping.blogs.yandex.ru/RPC2 ;
- http://blogsearch.google.fr/ping/RPC2.

  Attention, le paramétrage est fait pour le moteur de recherche français. Si vous ciblez d'autres langues, ajoutez chaque pays avec sa propre extension de nom de domaine. Par exemple :

  - http://blogsearch.google.com/ping/RPC2 ;
  - http://blogsearch.google.de/ping/RPC2 ;
  - http://blogsearch.google.es/ping/RPC2 ;
  - ...
- http://xping.pubsub.com/ping/ ;
- http://ping.pubsub.com/ping.

Menu Options de lecture

Ce troisième menu de WordPress sert à paramétrer la manière dont s'affichent les articles sur le site, dans les flux d'actualités RSS et pour les moteurs de recherche.

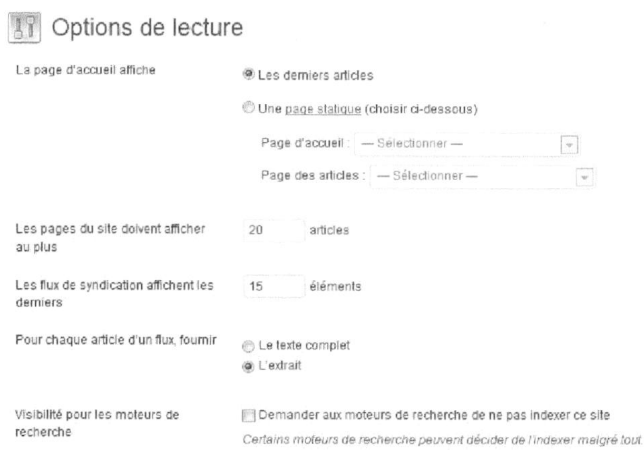

Figure 3–4
Vous allez pouvoir configurer ici l'affichage de votre site et de vos contenus.

« La page d'accueil affiche »

WordPress nous laisse libres d'afficher en page d'accueil deux éléments différents :

- soit les derniers articles publiés (comportement par défaut) ;
- soit une page statique.

En référencement naturel, il est préconisé d'opter pour la première solution car cela permettra de voir les publications les plus récentes dès la première page du site. Il faut savoir que Google aime les contenus récents : il appréciera donc de trouver des contenus fraîchement publiés plutôt qu'une page statique. C'est également vrai pour vos visiteurs fidèles qui préfèrent souvent avoir un accès rapide à vos derniers articles plutôt qu'à la même page.

Si vous optez pour l'affichage d'une page statique pour l'accueil de votre site, vous pourrez alors choisir une seconde page qui listera les derniers articles de votre blog, quelle que soit la ou les catégories utilisées. Il s'agit d'une catégorie mère. En revanche, si vous préférez l'affichage des articles, le risque est d'avoir sur l'accueil un contenu identique à celui des catégories.

L'idéal est donc de trouver un entre-deux : afficher sur l'accueil du site à la fois un contenu unique et pertinent, ainsi que les dernières publications du site, ceci en modifiant votre thème (nous en parlerons plus loin).

> REMARQUE **Vous pouvez quand même utiliser une page statique**
>
> Vous pouvez très bien opter pour une page statique pour l'accueil de votre site. Il faudra alors adapter votre thème pour que cette page statique affiche également une liste des articles les plus récents.

« Les pages du site doivent afficher au plus »

Vous pouvez moduler le nombre d'articles à afficher par page. Ce paramètre s'appliquera alors sur tout votre site :

- la page d'accueil ;
- les pages de catégorie ;
- les pages d'auteur ;
- les archives par date ;
- les mots-clés ;
- toutes vos autres taxonomies.

Il n'y a pas de nombre d'articles idéal pour le référencement, pour l'ergonomie ni pour le temps de chargement de vos pages, mais voici deux notions élémentaires à prendre en compte :

- plus vous aurez d'articles par page :
  - plus vous renforcerez le contenu et la pertinence de celles-ci ;
  - mieux vous diffuserez la popularité entre vos pages (il y aura moins de pagination) ;
  - mais plus vous risquez aussi de perdre vos visiteurs avec de multiples contenus différents (où dois-je cliquer ?) ;
  - et plus vous risquez d'augmenter le temps de chargement de vos pages ;
- moins vous aurez d'articles par page :
  - plus vous ralentirez l'indexation ;
  - plus vous réduirez la visibilité des anciens contenus, car le visiteur et le moteur de recherche devront naviguer sur un nombre plus important de pages pour tout voir ;
  - mais plus celles-ci auront un temps de chargement rapide.

Il n'y a donc pas de solution miracle. En général, je conseille 20 à 30 articles par page ; c'est, selon moi, un bon compromis. À vous de tester en fonction de votre thème et de la vitesse de votre serveur.

« Les flux de syndication affichent les derniers »

Vous pouvez ici modifier le nombre d'articles présents dans votre flux RSS. Libre à vous de choisir le nombre qui vous plaît.

En général, vous pouvez indiquer le même chiffre que pour le nombre d'articles.

« Pour chaque article d'un flux, fournir »

Faites très attention avec cette option car son impact peut être énorme pour votre référencement naturel, surtout pour un site Internet récent.

Rappelez-vous que Google et les autres moteurs de recherche détestent trouver du contenu dupliqué sur Internet, à savoir un même article présent sur plusieurs sites ou à plusieurs endroits de votre propre site Internet. Cela le force à choisir quel est l'article original et quelles sont les copies, et il se trompe souvent. Pire encore, cela dilue la popularité sur des pages inutiles.

Le souci avec les flux RSS, c'est qu'ils facilitent énormément le travail des copieurs et cette duplication. Avec des robots automatisés, ils récupèrent ainsi tout le contenu de votre flux RSS pour le publier ailleurs. Or, si vous fournissez l'intégralité de vos articles dans ces flux, la duplication de contenus sera bien plus facile à réaliser, surtout si vous venez tout juste de lancer votre site avec WordPress. Je suis persuadé que vous ne voulez pas que vos concurrents utilisent vos propres contenus pour leur référencement naturel… Il est donc très fortement conseillé de tronquer le flux RSS. Pour cela, cochez *L'extrait* pour l'option *Pour chaque article, fournir*.

Figure 3–5
Le paramétrage de vos flux RSS

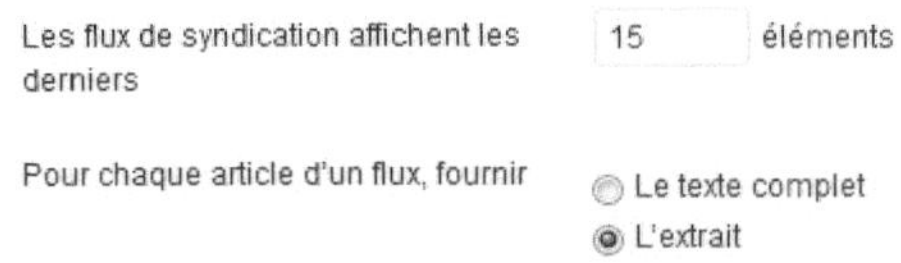

En lisant cela, je sais que certains d'entre vous vont s'arracher les cheveux et se diront que cela fait perdre énormément d'intérêt aux flux RSS, car ils ne pourront plus être lus aussi facilement par les internautes dans des logiciels et des outils en ligne, comme l'ancien Google Reader ou des équivalents tels que Feedly ou Old Reader. Je vous comprends, mais retenez que :

- l'usage des flux RSS n'est pas très répandu en France : mieux vaut donc gêner quelques utilisateurs et ne pas nuire au référencement naturel de l'ensemble du site ;
- si le contenu est vraiment intéressant, il y a fort à parier que les visiteurs se rendront quand même sur le site pour lire l'ensemble de la publication.

Visibilité pour les moteurs de recherche

Si vous ne souhaitez plus apparaître dans les moteurs de recherche, il suffit de cocher la case *Demander aux moteurs de recherche de ne pas indexer ce site*. Vous l'aurez compris, ne cochez surtout pas cette option.

> ATTENTION **N'indexez pas vos sites de développement**
>
> Je sais que certains développeurs et certaines agences créent les sites directement en ligne sur le serveur de leurs clients. Ils cochent ainsi cette option jusqu'à ce que le site soit prêt, pour ensuite donner l'accès aux moteurs de recherche. C'est une très mauvaise idée car cela n'empêchera pas Google d'ajouter dans son index les différentes URL de votre site en cours de développement.
>
> Et surtout, cela va provoquer un bogue temporaire : quand vous allez enfin autoriser Google à indexer votre site, tous les résultats dans Google afficheront pendant quelques jours ou semaines le texte « La description de ce résultat est bloquée... » et non votre vraie description.
>
> Si vous êtes dans ce cas-là, il vaut mieux protéger votre site de développement avec un mot de passe Htaccess. Le moteur de recherche va ainsi être bloqué définitivement. Quand le site sera prêt, il suffira d'enlever cette protection ; Google pourra ainsi indexer tous vos contenus très rapidement et avec la bonne description. Pour cela, des dizaines de tutoriaux sur Internet expliquent la marche à suivre (en fonction de votre hébergeur et du type de serveur que vous possédez).

Si votre site est en cours de maintenance (mise à jour du site ou du thème, changement de serveur, modification en profondeur des contenus ou de la base de données...), cette option est inutile car il pourrait indiquer à tort à Google de ne plus indexer le site, au lieu de lui dire simplement de revenir plus tard. C'est notamment le cas quand vous changez de thème ou que vous déplacez votre site d'un nom de domaine à un autre.

WordPress a tout prévu dans ce cas de figure. Créez tout simplement un fichier nommé `.maintenance` à la racine du site. Celui-ci va indiquer aux moteurs de recherche que votre site est en cours de maintenance, et qu'il doit donc mettre en pause son indexation en attendant la fin des travaux. Dans ce fichier, copiez-collez le code suivant.

La mise en place de la maintenance avec le fichier .maintenance

```
<?php $upgrading = time(); ?>
```

Ensuite, dans le répertoire `wp-content` de votre serveur, créez le fichier `maintenance.php` avec le contenu suivant.

Le fichier de maintenance de WordPress : fichier maintenance.php

```
<?php
$protocol = $_SERVER["SERVER_PROTOCOL"];
if ( 'HTTP/1.1' != $protocol && 'HTTP/1.0' != $protocol )
     $protocol = 'HTTP/1.0';
header( "$protocol 503 Service Unavailable", true, 503 );
header( 'Content-Type: text/html; charset=utf-8' );?>
<!DOCTYPE html PUBLIC "-//W3C//DTD XHTML 1.0 Transitional//EN"
          "http://www.w3.org/TR/xhtml1/DTD/xhtml1-transitional.dtd">
<html xmlns="http://www.w3.org/1999/xhtml">
      <head>
          <meta http-equiv="Content-Type" content="text/html; charset=utf-8" />
          <title>Maintenance</title>
      </head>
      <body>
          <h1>Le texte qui sera affiché aux visiteurs</h1>
      </body>
</html>
<?php die(); ?>
```

Remplacez seulement le contenu situé entre les balises `<body>` si vous désirez changer le texte qui sera affiché aux visiteurs.

Vous noterez la présence du code `503` qui est envoyé aux navigateurs et aux moteurs de recherche. Celui-ci indique que le contenu est temporairement indisponible et qu'il sera bientôt de retour.

En revanche, l'utilisation de cette solution va bloquer l'accès à tous les utilisateurs, quels qu'ils soient. Si vous voulez, en tant qu'administrateur, pouvoir toujours y accéder, il vous faudra passer par une extension WordPress, par exemple :

- WP Maintenance Mode : https://wordpress.org/plugins/wp-maintenance-mode/ ;
- WP Maintenance : https://wordpress.org/plugins/wp-maintenance/.

Rappel La liste des principaux codes HTTP à connaître

Voici quelques codes HTTP à connaître et qui indiquent le statut d'une URL :
- 200 : page normale ;
- 301 : redirection permanente ;
- 302 : redirection temporaire (mauvais en référencement naturel) ;
- 404 : page non trouvée ;
- 410 : page qui n'existe plus ;
- 500 : erreur serveur ;
- 503 : maintenance.

En revanche, l'utilisation de cette solution va bloquer l'accès à tous les utilisateurs, quels qu'ils soient. Si vous voulez, en tant qu'administrateur, pour pouvoir toujours y accéder, il vous faudra passer par une extension WordPress, par exemple :
- WP Maintenance Mode : https://wordpress.org/plugins/wp-maintenance-mode/ ;
- WP Maintenance : https://wordpress.org/plugins/wp-maintenance/.

Menu Options de discussion

En fonction de votre configuration, le menu *Options de discussion* peut avoir un impact soit désastreux, soit vertueux sur votre visibilité. Nous allons voir pourquoi.

Réglages par défaut des articles

Ce sont les trois options les plus importantes de ce menu, et il faut que vous les activiez toutes.
- *Autoriser les visiteurs à publier des commentaires sur les derniers articles* : ne négligez jamais le poids des commentaires. Certains peuvent apporter une réelle plus-value à votre site (à condition que vous les modériez pour supprimer les éventuels messages publicitaires et non appropriés). Activez cette option pour faciliter l'échange avec votre communauté et pour augmenter la pertinence de vos contenus.
- *Tenter de notifier les blogs liés depuis le contenu des articles* et *Autoriser les liens de notifications depuis les autres* : avec ces deux options, vous pouvez activer les pings dont nous avons parlé avant, ainsi que la fonctionnalité des rétroliens. Je vous recommande donc de cocher ces deux cases.

Une fois ces fonctionnalités activées, vous allez plus facilement créer une communauté autour de vos contenus, en échange d'un temps de modération un peu plus long.

WordPress a cependant un défaut, il génère parfois des rétroliens internes (voir chapitre 2 « Comprendre WordPress »). Vous allez quelquefois insérer dans un de

Figure 3–6 Le menu de réglages de vos commentaires dans WordPress

vos articles un lien vers une autre de vos publications. Par défaut, WordPress va alors générer un rétrolien, ce qui améliore théoriquement le maillage interne entre vos deux posts. Celui-ci s'insère dans la liste des commentaires et peut faire doublon avec des systèmes d'articles relatifs plus efficaces.

Préférez plutôt une extension comme YARPP *(Yet Another Related Post Plugin)* pour gérer le maillage interne de vos contenus. Cette extension sera beaucoup plus pertinente, ergonomique et efficace en référencement. Nous reparlerons plus loin de cette dernière et de la meilleure façon de l'installer.

Voici deux solutions pour désactiver ces rétroliens internes :

- utilisez l'extension No Self Ping (http://wordpress.org/extend/plugins/no-self-ping/) ;

- ou bien copiez le code suivant dans le fichier `functions.php` situé dans votre thème WordPress, donc à l'adresse suivante : monsite.com/wp-content/themes/nomdutheme/functions.php.

Pas de pings internes à WordPress

```
function seomix_no_internal_ping( &$links ) {
$home = get_option( 'home' );
foreach ( $links as $l => $link )
  if ( 0 === strpos( $link, $home ) )
   unset($links[$l]);}
add_action( 'pre_ping' , 'seomix_no_internal_ping' );
```

BON À SAVOIR Le paramétrage peut être fait manuellement

Les pings et rétroliens peuvent également être activés ou désactivés article par article, comme le montre l'exemple suivant.

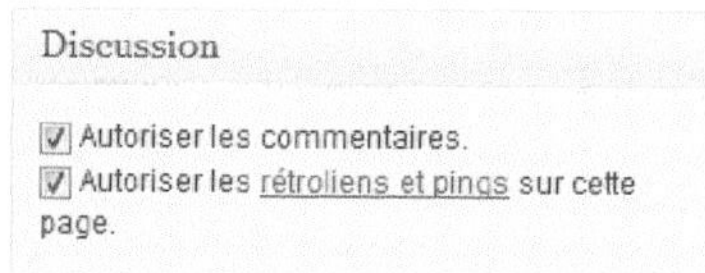

Figure 3–7
Le paramétrage des pings et rétroliens dans un article

Autres réglages des commentaires

Prenez garde aux commentaires. Comme nous l'avons déjà expliqué, ils apportent du contenu supplémentaire permettant d'augmenter la pertinence du site, mais une mauvaise configuration peut être néfaste.

Lutter contre le spam

En plus des extensions dont nous parlerons plus loin, certaines options permettent de réduire le spam dans les commentaires.

Retenez que certains commentaires dénaturent votre site, n'apportent rien à vos visiteurs, peuvent nuire à votre image de marque ou pire, peuvent vous valoir une pénalité auprès de Google. Pour éviter cela, cochez toujours les options suivantes :

- *L'auteur d'un commentaire doit renseigner son nom et son adresse de messagerie* ;
- *Un administrateur doit toujours approuver le commentaire.*

Ces deux options vont permettre de diminuer drastiquement les commentaires de spam présents sur votre blog. Certes, l'activation du second paramètre réduit votre temps libre car vous devrez valider manuellement chacun de vos commentaires, mais au moins, vous ne validerez que ceux réels et pertinents pour vos visiteurs et les moteurs de recherche.

Les mauvaises options

À l'inverse, certaines options ne devraient jamais être activées. Elles vont en effet provoquer chacune différents types de problèmes.

Activer les commentaires imbriqués jusqu'à X niveaux : cette option crée des niveaux de réponses différents. Au lieu de répondre au dernier commentaire, vous pouvez répondre à n'importe lequel d'entre eux. Votre commentaire n'ira pas se placer à la fin mais juste après celui de la personne à laquelle vous avez répondu.

Ici, voici un exemple comportant trois commentaires imbriqués.

Figure 3–8
Un exemple de commentaires imbriqués : Fran6 répond à Anthony, puis Anthony lui répond de nouveau.

Même si l'on peut comprendre le sens de cette option pour créer des fils de discussion séparés dans un même article, les développeurs de WordPress auraient mieux fait de s'abstenir… Cette option pose problème car :

- si le thème n'est pas pensé pour cette fonctionnalité, cc qui est souvent le cas, vous compliquerez la lecture du sujet de conversation puisque des réponses peuvent se glisser à n'importe quel endroit du fil de discussion. Cela peut parfois être dur à suivre quand un même article possède un grand nombre de commentaires ;

- elle nuit au référencement, puisque chaque lien *Répondre à* est un lien supplémentaire qui s'ajoute dans vos articles. Vous diluez inutilement votre popularité avec de faux liens, et vous rendez plus confus le travail d'indexation des moteurs de recherche.

De plus, les thèmes WordPress permettent généralement d'imbriquer des réponses jusqu'à 3 à 5 niveaux. Au-delà, soit c'est illisible, soit la sixième réponse va avoir de nouveau un affichage normal, et l'on aura alors encore plus de mal à comprendre que ce dernier commentaire répond à celui d'avant… Bref, n'activez pas cette option !

Diviser les commentaires en pages, avec X commentaires de premier niveau par page et la dernière page affichée par défaut : cette option est également inutile. Elle permet de diviser en plusieurs pages les commentaires d'un même article. Quand le visiteur consulte un article, il voit par exemple les 50 commentaires les plus récents, puis il peut naviguer avec un lien pour voir les 50 commentaires suivants.

Là encore, on peut comprendre l'idée qui avait poussé à créer cette fonctionnalité : réduire la hauteur des pages quand il y a beaucoup de commentaires, ainsi que diminuer le temps de chargement.

Mais là encore, c'est une mauvaise solution. En bas de vos articles, vous allez en effet voir apparaître un lien *commentaires plus récents* ou *commentaires plus anciens*, comme ici.

Figure 3–9
Le visiteur et le moteur de recherche peuvent consulter dans une nouvelle page les commentaires non affichés.

Le problème, c'est que ce genre de liens va vous amener vers des URL du type : seomix.fr/nom-de-larticle/comment-page-1/#comments. Cette nouvelle URL contient les commentaires suivants ou précédents, mais également l'intégralité de votre article. Bravo : vous venez de dupliquer votre propre contenu.

Et pour peu que vous ayez dix pages de commentaires, vous aurez créé dix copies de votre publication. Or, je vous rappelle que Google et les autres moteurs de recherche n'apprécient absolument pas la duplication de contenus. Si en plus vous affichez les commentaires les plus récents en premier, vous risquez de déplacer constamment certains commentaires d'une page à une autre, ne facilitant pas le travail d'indexation pour les moteurs de recherche, sauf si vous aimez jouer à cache-cache avec Google.

Par conséquent, si permettre une discussion longue et poussée est primordial sur votre site, optez de préférence pour un forum qui sera alors bien plus adapté à de longues discussions entre internautes.

Enfin, si vous n'avez pas le choix et que vous tenez absolument à avoir cette division de commentaires en sous-pages, il existe quelques techniques d'optimisation de votre thème qui vous aideront à corriger une partie de ces problèmes, mais pas entièrement, et dont nous parlerons plus loin.

Avatars

C'est la dernière option utile de la page. Elle permet de définir quelles images seront utilisées pour représenter chaque utilisateur.

Dans plus de 95 % des cas, ces images sont bien trop petites pour avoir un quelconque intérêt en référencement naturel. Je vous conseille donc de choisir un service externe qui gérera pour vous ces images sans vous compliquer la vie, à savoir l'option *Gravatar*.

L'intérêt est simple : mettre un visage sur les gens qui participent et faciliter ainsi les échanges avec votre communauté.

Figure 3–10
Gravatar va gérer pour vous les photos de chaque auteur et commentateur.

Nous verrons dans le chapitre dédié aux extensions comment faire en sorte que ce réglage n'ait pas d'impact sur le temps de chargement de vos pages.

Menu Médias

Taille des miniatures, taille moyenne et grande taille

Définissez ici la taille des miniatures qui seront générées automatiquement par l'interface de WordPress. À vous d'adapter ces différentes tailles à votre thème WordPress pour que ce soit le plus ergonomique, lisible et joli pour vos visiteurs.

Sachez juste que Google est gourmand : il apprécie les images de grande taille lors de son indexation, donc évitez de définir des tailles d'images moyennes et grandes trop petites. Une image moyenne correcte fait au moins 350 pixels et une image de grande taille fait 700 pixels au minimum.

De plus, avec les sites optimisés pour les mobiles, il est de plus en plus important d'avoir des images adaptées. La clé est d'utiliser des visuels qui ont une grande taille en pixels (par exemple, 720 × 560 pixels), mais dont le poids est le plus faible possible pour permettre une navigation fluide sur ce type d'appareil. Dans ce menu, ne réduisez donc jamais la taille de vos images. Au moment d'insérer des visuels à vos publications, pensez aussi à bien ajouter des formats de grande taille, mais dont le poids sera optimisé. Là encore, nous en reparlerons plus loin.

Organiser mes fichiers envoyés dans des dossiers mensuels et annuels

Il est conseillé de cocher la dernière case de la rubrique *média* puisqu'elle va organiser la mise en ligne de chaque média par date. Par exemple dans une arborescence du type :

- 2012
  01
  02
  03
  ...
- 2013
  01
  02

Cette arborescence n'aura aucun impact sur votre référencement naturel, mais cela en aura sur le nom de vos images. En classant vos fichiers ainsi, vous pourrez nommer certaines images de la même façon sans risquer de supprimer les anciennes. Cette option est réellement intéressante pour les sites dont la thématique est très ciblée, et dont le nom des illustrations peut potentiellement être similaire d'un article à un autre.

Sachez que vous pouvez également modifier, si vous le désirez, le répertoire de stockage de vos fichiers. En référencement, cela n'aura aucune incidence.

Menu Options des permaliens

Les réglages par défaut

Ce menu est assez sensible car on peut facilement y détruire son blog... Les options présentes ici permettent de gérer les URL de chaque article et contenu de votre site, ce que WordPress appelle les « permaliens ».

La réécriture d'URL est une option incluse par défaut dans le CMS WordPress. Sans paramétrage particulier, les URL de vos articles ressemblent donc à celle-ci :
http://www.mondomaine.com/?p=2.

Figure 3–11
Le menu de paramétrage de vos URL

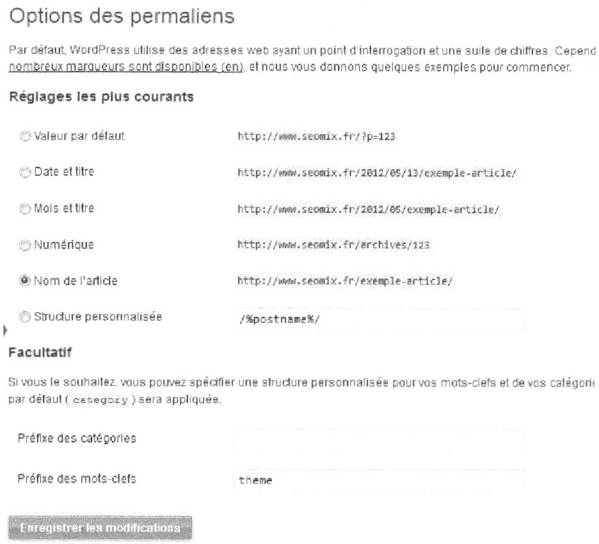

Or, cela se voit comme le nez au milieu de la figure : ce type d'URL est correct pour être indexé, mais ne donne aucune indication quant au contenu réel, que ce soit pour nos moteurs de recherche comme pour les visiteurs de notre site. On peut heureusement modifier cette structure pour obtenir une URL propre et ayant du sens. Rappelez-vous, votre contenu doit être pertinent pour les visiteurs.

ATTENTION Ne modifiez pas tout de suite ces paramètres

Quand vous allez changer les réglages de permaliens de votre site, WordPress peut s'emmêler les pinceaux. Pensez donc **toujours** à utiliser un fichier Excel pour lister toutes les URL actuelles de votre site, puis vérifiez-les après avoir changé les réglages des permaliens.
Si vous rencontrez des erreurs 404, c'est que WordPress est perdu. Dans ce cas, il faudra mettre en place des redirections 301, notamment en utilisant l'extension Redirection dont je vous parlerai un peu plus loin.

Il existe plusieurs formats prédéfinis par le CMS, ainsi que des paramètres pour inclure différents éléments dans chaque URL. Voici la liste des champs qu'il est possible d'utiliser :

- `%year%` pour afficher l'année de publication ;
- `%monthnum%` pour afficher le mois ;
- `%day%` pour afficher le jour ;
- `%hour%` pour afficher l'heure (l'utilité s'amoindrit) ;
- `%minute%` pour afficher la minute (et ici encore un peu plus) ;

- %second% pour afficher la seconde (non, vraiment ?) ;
- %postname% pour afficher le nom de l'article ;
- %category% pour afficher la catégorie ;
- %author% : pour afficher l'auteur ;
- %post_id% pour afficher l'ID de la page ou de l'article (son identifiant unique chiffré).

Quelle structure choisir ?

D'expérience et avec le recul que j'ai sur ce domaine, il n'y a qu'une option idéale : /%postname%/, c'est-à-dire que tous les contenus du site seront sous la forme nom-de-domaine.com/nom-du-contenu, que ce soit une catégorie, une page, un article, un mot-clé ou autre chose.

Pourquoi cette structure ? Il y a plusieurs raisons à cela :

- elle évite la duplication de contenus ;
- elle se retient et se recopie facilement pour les visiteurs ;
- elle garde tout son sens au niveau sémantique ;
- elle permet de gérer ses URL et ses contenus sur le long terme relativement facilement.

Concernant la duplication de contenus, je dois vous expliquer ce qui suit. En ayant une URL basée uniquement sur l'article (sans la catégorie, sans l'auteur, sans date de publication…), cela permet de n'avoir qu'une seule URL par contenu. Vous pouvez ainsi placer un même article dans plusieurs catégories sans aucun changement ou duplication d'URL. Vous pouvez aussi changer un article de catégorie sans en changer l'adresse. Bref, cela vous simplifie la vie !

Certains diront qu'il existe des redirections 301 pour ce genre de cas. Je leur répondrai tout simplement que oui, la redirection permet de conserver son référencement, mais cela fera perdre de manière irrémédiable tous les votes sociaux du contenu déplacé comme les likes de Facebook ou encore les tweets de Twitter. Donc si on peut l'éviter, autant le faire. Si, par exemple, vous avez adopté la structure /%category%/%postname%/, vous serez obligé de faire des redirections 301 pour changer l'article de catégorie, ou pour pouvoir renommer l'URL de la catégorie.

Je déconseille également les paramétrages du type /%postname.html, .php, .htm ou autres. Là aussi, plusieurs raisons doivent vous faire fuir.

- Vous aller forcer WordPress à différencier les URL pour les articles (qui finiront en .html) et les catégories et pages de l'autre côté (qui finiront toujours par un /, malgré votre paramétrage).

- Le moteur de recherche n'a que faire d'être dans une catégorie ou un article. Il ne souhaite qu'une chose : que le contenu qu'il consulte soit pertinent par rapport à la recherche de l'internaute. Différencier des types de contenus de WordPress dans l'URL n'a donc aucun intérêt…
- Si vous changez de CMS plus tard, et notamment de langage de programmation (pour utiliser par exemple de l'ASP), vous vous compliquerez inutilement la vie avec des redirections portant sur l'extension d'URL que vous aurez choisie. En gardant des URL se terminant par un `/`, vous être libre de changer de technologie comme bon vous semble : pensez toujours au long terme.
- Les URL se terminant avec un `.html` sont plus longues que celles qui se terminent par `/`, et de ce fait, elles se retiennent et se recopient moins facilement pour les utilisateurs.

Mots-clés et catégories

Par défaut, toutes vos catégories et vos mots-clés vont avoir un préfixe prédéfini par WordPress.

- Vos catégories seront accessibles par site.com/category/nom-categorie.
- Vos mots-clés seront accessibles par site.com/tag/nom-mot-cle.
- Vos autres taxonomies seront accessibles par site.com/prefixe/nom-taxonomie.

Les catégories dans les URL

Le préfixe des catégories pose un problème plus ou moins important, car /category/ n'apporte aucune plus-value sémantique à vos URL. Pire encore, Google et certains autres moteurs de recherche ont parfois tendance à vouloir consulter le niveau supérieur de chaque URL. Google va ainsi essayer d'indexer l'URL monsite.com/category/, qui n'existe pas et qui lui renverra une magnifique erreur 404.

Et c'est encore plus problématique pour les sites ayant des thématiques trop variées, et pour lesquelles on ne pourra pas trouver un mot suffisamment générique pour remplacer /category/. Mieux vaut donc s'en affranchir purement et simplement via l'extension appelée « WordPress SEO ». Nous en reparlerons dans la rubrique dédiée. En attendant, laissez le champ *Préfixe des catégories* vide.

Un terme commun pour les mots-clés

Pour la gestion de vos mots-clés, ce préfixe n'est pas vraiment un souci puisqu'on pourra le changer dans ce menu par un terme plus adapté à votre secteur d'activité.

Si vous avez un site spécialisé, par exemple sur le crédit bancaire, le préfixe des mots-clés pourrait être lui aussi spécialisé, comme « credit » (/credit/votre-mot-clé). Si votre site est généraliste, définissez plutôt comme préfixe un terme suffisamment vague, comme « theme », ce qui sémantiquement serait parfaitement juste : « Je veux la liste de tous les articles ayant pour thème ce mot-clé (/theme/votre-mot-clé). »

Les extensions de référencement 4

WordPress est désormais paramétré correctement. Passons donc à l'étape suivante : les extensions.

WordPress a un potentiel d'évolution et d'optimisation énorme. Avec des mises à jour majeures plusieurs fois par an, c'est un CMS à l'écoute des utilisateurs. Sa communauté s'étendant toujours plus, on trouve ainsi des milliers d'extensions et de thèmes pour répondre à chaque besoin, y compris en référencement naturel.

Aussi est-il impératif de mettre en place et d'optimiser certaines d'entre elles pour simplifier la gestion de votre site, mais surtout, pour optimiser votre visibilité.

> RAPPEL **Faites attention aux versions présentées**
>
> Prenez garde aux dates et versions des extensions que je vais présenter ici : depuis la publication de cet ouvrage, certains ont sûrement évolué. Il se peut donc que des paramètres aient été ajoutés, modifiés ou supprimés.

Comment installer une extension ?

> PRÉREQUIS **Avant de commencer**
>
> Vous devez avoir en votre possession les identifiants FTP de votre site. Ces éléments vous seront fournis par votre hébergeur.

Si vous ne maîtrisez pas ce point, vous n'irez pas très loin. Vous pouvez installer les extensions WordPress de deux manières différentes :

- soit vous vous rendez sur le site officiel de WordPress pour télécharger chaque extension. Il faudra ensuite utiliser un logiciel FTP pour vous connecter à votre serveur et y copier les fichiers de l'extension ;

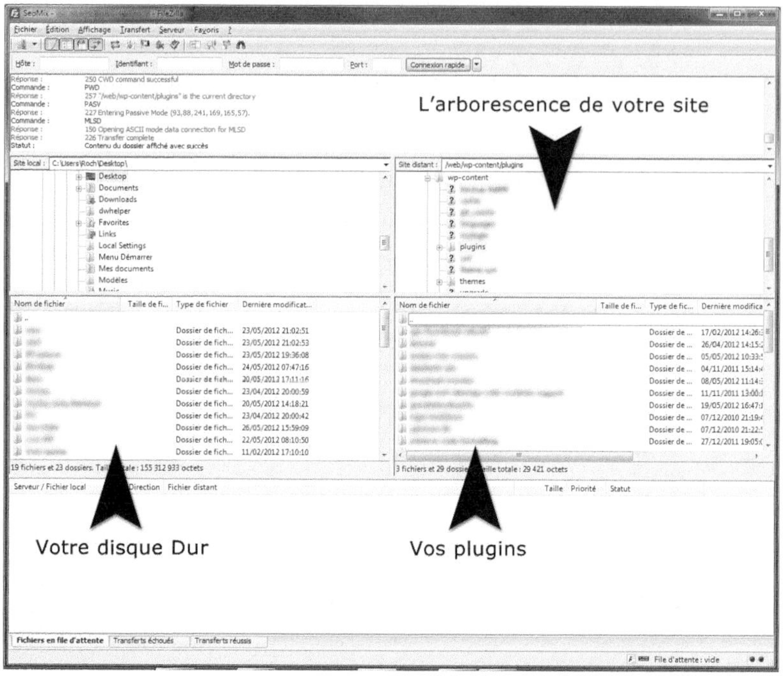

Figure 4–1
Filezilla, un exemple de logiciel FTP

- soit vous utilisez l'interface par défaut de WordPress, en vous rendant dans le menu *Extensions>Ajouter*.

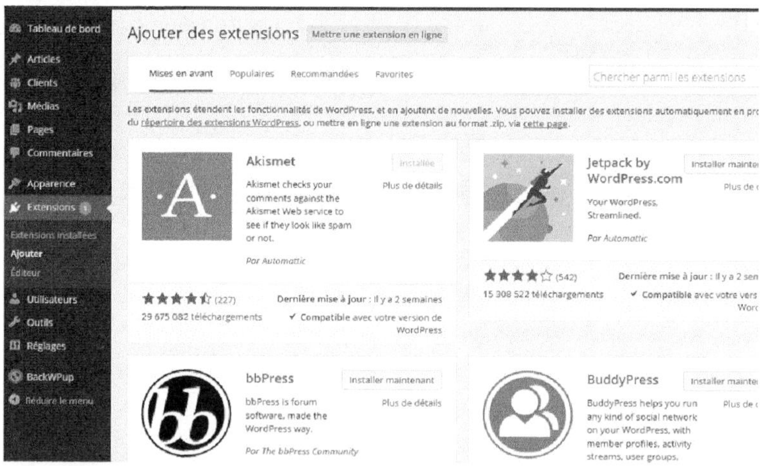

Figure 4–2
Le moteur de recherche des extensions

Vous aurez alors accès à un moteur de recherche similaire à celui du site officiel et vous n'aurez plus qu'à cliquer sur *Installer l'extension* pour démarrer le processus.

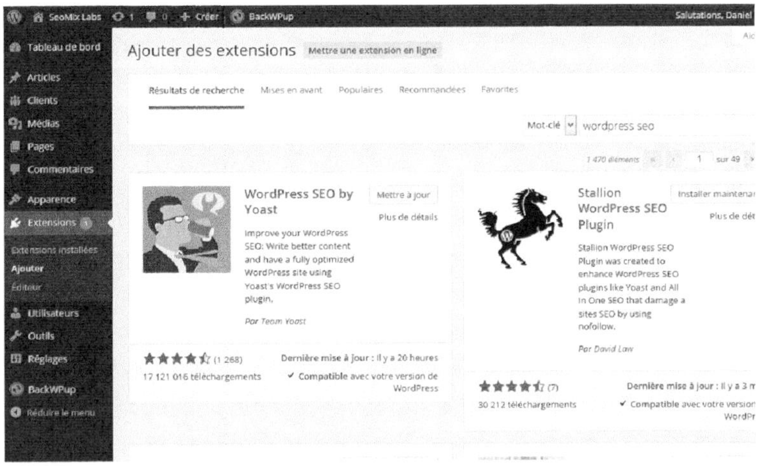

Figure 4–3
Les résultats de votre recherche parmi les milliers d'extensions disponibles

Avec les deux méthodes, votre extension sera installée mais non activée. Il vous suffit à la fin d'aller dans le menu *Extensions>Extensions installées* et d'appuyer sur le lien *Activer l'extension* pour la mettre en ligne.

Une grande partie des extensions ont un menu de paramétrage, mais certaines n'en ont pas. Généralement, leurs menus d'options se trouveront dans le menu *Réglages*, ou dans un menu situé sous celui-ci.

Spams, erreurs et mauvais contenus

Akismet

> **INFORMATIONS SUR L'EXTENSION Akismet**
>
> Version actuelle de l'extension : 3.1.1
> Paramétrage de l'extension : *Extensions>Configuration Akismet*
> ▸ http://wordpress.org/extend/plugins/akismet/
> Intérêt : réduire le spam dans les commentaires.

Cette extension est fournie par défaut sur toutes les installations de WordPress. Elle filtre automatiquement les commentaires pour mettre de côté tous les spams ou presque. Croyez-moi, elle vous fera économiser des heures de modération. Par exemple, sur le site SeoMix, 3 200 commentaires avaient été validés tandis qu'Akismet en avait déjà bloqué plus de 15 000 pendant la même période.

Une fois activée, rendez-vous dans *Réglages>Akismet* pour ajouter votre clé de validation.

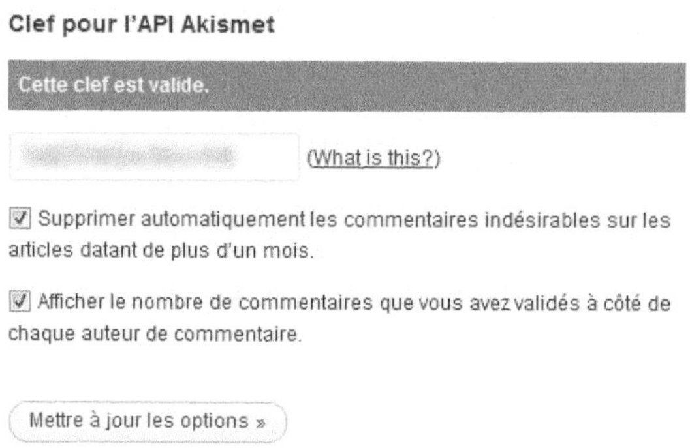

Figure 4–4
Vous devez renseigner une clé d'activation pour utiliser cette extension.

Celle-ci est gratuite pour un usage personnel, ou payante pour une utilisation professionnelle. Il est toujours possible de créer un compte gratuit, mais sachez qu'il est plus juste de souscrire à l'offre payante afin notamment de permettre le développement sur le long terme de cette extension indispensable.

Figure 4–5
Inscrivez-vous pour obtenir cette clé.

Une fois la clé activée, l'extension fonctionnera de manière automatique. Si jamais le spam est encore trop important, rien n'empêche d'installer en complément d'autres extensions antispam, comme Antispam Bee.

Redirection

INFORMATIONS SUR L'EXTENSION Redirection

Version actuelle de l'extension : 2.3.14
Paramétrage de l'extension : *Outils>Redirection*

- http://wordpress.org/extend/plugins/redirection/

Intérêt : rediriger les contenus.

Cette extension est tout simplement indispensable. Elle permet de créer des redirections 301 pour tous les articles, pages et autres contenus qui auraient changé d'adresse.

Rappelez-vous, nous avons configuré au chapitre précédent les permaliens par défaut de WordPress. Ce dernier redirige le visiteur et le moteur de recherche vers la bonne URL s'il y accède via une adresse du type `?p=ID`. Il va également le rediriger correctement si vous modifiez l'URL d'un article déjà publié et si l'utilisateur souhaite accéder à l'ancienne adresse.

Grâce à cette extension, vous pourrez facilement ajouter manuellement des redirections 301. Elles indiquent aux moteurs de recherche que le contenu a été déplacé de manière définitive, ce qui permet de conserver le poids et la popularité des liens externes qui pointaient vers cette ancienne adresse.

Maintenant, imaginons que quelqu'un fasse un lien vers l'un de vos articles mais qu'il se trompe d'adresse. Le lien va systématiquement provoquer une erreur 404. Pire encore : si vous modifiez la structure de vos permaliens par exemple, vous prenez le risque que WordPress ne parvienne plus à rediriger correctement vos visiteurs. Si notamment vous passez de `/%postname%/` à `/%category%/%postname%/`, toutes les anciennes URL de vos articles vont générer une erreur 404.

Une fois l'extension activée, vous pouvez accéder au menu *Outils>Redirection*. Sur cette page, vous pouvez consulter toutes les redirections déjà présentes et ajouter une redirection 301. Ce dernier point est très facile à réaliser en indiquant l'URL source et l'URL vers laquelle rediriger le visiteur et le moteur de recherche.

Figure 4–6
Le menu d'ajout de redirections

Dès que votre site se trouve dans un des deux cas de figure suivants, il faut utiliser cet outil pour créer une redirection 301 vers le contenu le plus pertinent ou, à défaut, vers la page d'accueil :

- une erreur 404 (page non trouvée) ;
- un contenu modifié, supprimé ou fusionné avec un autre.

Vous pouvez d'ailleurs employer ici des expressions régulières. C'est utile notamment lorsque vous aurez plusieurs URL à rediriger, mais que celles-ci seront toutes basées sur un modèle similaire. L'expression régulière vous fera alors gagner du temps.

Imaginons que vous ayez dix URL sous la forme monsite.com/categorie32/blabla-reste-url (`reste-url` serait différent à chaque fois). Dans ce cas, vous pourriez cocher la case *Expression régulière*, puis utiliser ces paramètres :

- URL source : http://www.monsite.com/categorie32/blabla(.*)
- URL cible : http://www.monsite.com/categorie32/blabla

Le concept est simple ici : dans URL source, chaque bloc `(.*)` correspond à une partie de l'URL qui va être différente à chaque fois.

Autre exemple, vous avez des dizaines d'erreurs 404 car vous aviez mal codé votre thème WordPress. Cela arrive, croyez-moi… Vous avez ainsi généré pour chaque page de votre site une fausse URL du type monsite.com/mavraieurl-bout-url-qui-sert-a-rien. Cette fois nous pourrions nous servir des paramètres suivants :

- URL source : `(.*)-boutdurlquisertarien`
- URL cible : `$1`

Ici, on ajoute un élément.

- On récupère dans l'URL source un élément différent à chaque fois : `(.*)`.
- On veut ensuite le conserver. Pour cela, on utilise `$1` dans l'URL cible.

Si on avait deux fois `(.*)` dans l'URL source, on pourrait alors employer `$1` et `$2` dans l'URL cible, et ainsi de suite.

> **ATTENTION N'oubliez pas de décocher la case Expression régulière**
>
> Une fois la case *Expression régulière* cochée, elle le reste pour toutes les redirections manuelles suivantes. Faites donc bien attention à la décocher quand vous n'en avez plus besoin, sinon vous allez planter votre site de façon mémorable en ajoutant une redirection avec expression régulière sans le vouloir.

Au-dessus de cet outil, vous allez voir s'afficher en vert la liste des redirections déjà mises en place, ainsi que le nombre de fois où chacune a été exécutée par WordPress. Si ces chiffres dépassent la centaine ou le millier, cela veut dire que ce lien erroné est souvent sollicité. Je vous conseille donc de chercher la source de ces erreurs et de la corriger, en conservant quand même la redirection.

Figure 4–7
La liste de vos redirections déjà mises en place s'affiche.

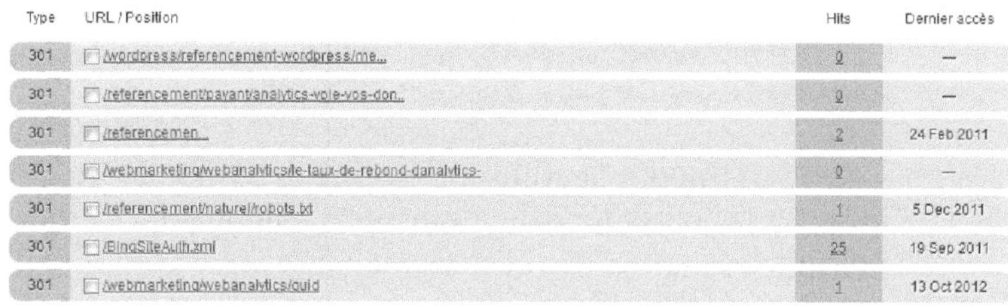

Dans l'onglet *Groupes*, l'extension va décomposer les redirections par types :

- vos redirections ajoutées manuellement (groupe *Redirections*) ;
- les redirections des articles modifiés (groupe *Modified Posts*).

Figure 4–8
Vous pouvez retrouver vos différentes redirections classées selon plusieurs groupes : voici les deux par défaut.

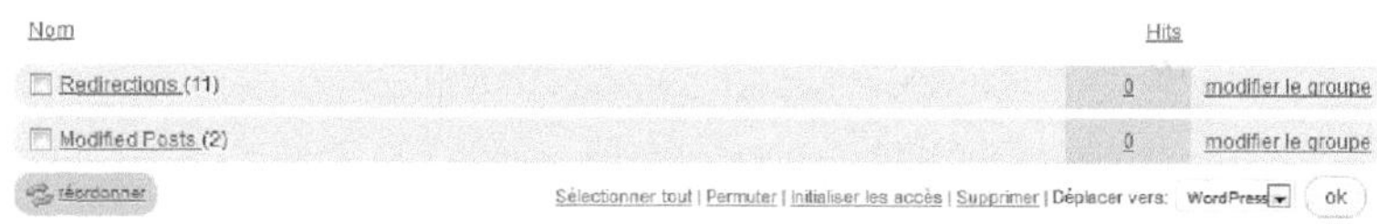

Ce point est très intéressant. Quand vous modifiez l'URL d'un article, WordPress va garder en mémoire l'ancienne pour pouvoir rediriger les anciennes adresses vers la nouvelle, et l'extension vous les affichera ici. Si jamais vous vouliez vous servir d'une ancienne URL pour un nouvel article, il vous suffirait de vous rendre sur ce menu pour supprimer la redirection et pouvoir réutiliser correctement l'ancienne adresse.

Et, cerise sur le gâteau, l'extension permet d'importer des redirections à l'aide d'un simple fichier CSV. Dans un tableur, par exemple Excel, vous pouvez créer un fichier CSV ayant le format suivant :

- la première ligne du fichier est forcément : `source,target,hits` ;
- chaque ligne se décompose ensuite ainsi :
  - URL à rediriger (l'URL sans le http ni le nom de domaine) ;
  - URL cible (l'URL complète) ;
  - le compte initial de la redirection (mettez 0 par défaut).

Voici maintenant un exemple de contenu de fichier CSV tiré de SeoMix.

Pour l'extension Redirection, exemple de fichier CSV

```
source,target,hits
/wordpress/referencement-wordpress/me,http://www.seomix.fr/meta-
description-tag/,0
/referencement/payant/analytics-vole-vos-don,http://www.seomix.fr/
analytics-vole-vos-donnees-adwords,0
```

Lors de l'import, je vous recommande d'ajouter toutes vos URL dans un nouveau groupe, notamment pour pouvoir facilement les distinguer. Cette fonctionnalité sera très utile et pratique lorsque vous changerez la structure de permaliens de tout votre site.

404 Notifier (erreurs 404)

INFORMATIONS SUR L'EXTENSION 404 Notifier

Version actuelle de l'extension : 1.3
Paramétrage de l'extension : *Réglages>404 notifier*

- http://wordpress.org/extend/plugins/404-notifier/

Intérêt : connaître en temps réel les erreurs 404 générées sur le site.

404 Notifier est une extension qui vous informe en temps réel des erreurs 404 générées sur votre site Internet, que ce soit par un visiteur ou un moteur de recherche.

Certains le savent peut-être déjà, mais l'extension Redirection dont nous avons parlé plus haut permet également d'enregistrer les erreurs 404. Mais malheureusement, elles ne sont pas pratiques d'accès. À l'inverse, l'extension 404 Notifier sert à connaître en temps réel ces erreurs soit par la création d'un flux RSS, soit par l'envoi d'e-mails.

Il suffit de renseigner son e-mail et de cocher l'option correspondante, ou alors d'utiliser un lecteur de flux RSS avec l'URL fournie dans le menu d'administration. Dès qu'une erreur est détectée, il ne reste plus qu'à la corriger.

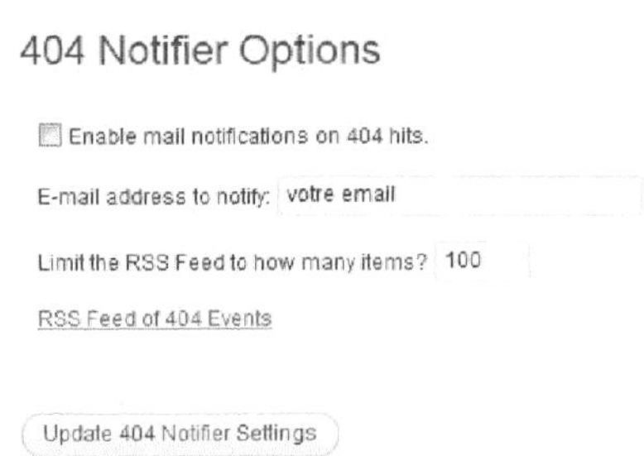

Figure 4–9
Le menu de paramétrage de l'extension 404 notifier

Selon moi, le seul défaut de cette extension est qu'elle va très rapidement prendre de la place dans votre base de données. Si vous générez beaucoup d'erreurs, celle-ci peut vite peser plusieurs mégaoctets juste pour cette seule extension.

Broken Link Checker (liens cassés)

> **INFORMATIONS SUR L'EXTENSION** **Broken Link Checker**
>
> Version actuelle de l'extension : 1.10.4
> Paramétrage de l'extension : *Outils>Liens cassés* pour gérer ses liens et *Réglages>Vérificateur de liens* pour paramétrer l'extension.
>
> ▸ http://wordpress.org/extend/plugins/broken-link-checker/
>
> Intérêt : détecter ou corriger les liens cassés ou redirigés de son site.

Broken Link Checker scanne à intervalles réguliers tous les liens situés dans les contenus de votre site. Il vous avertit automatiquement des liens cassés et vous permet ainsi de les modifier et corriger facilement. Cela vous évite de retourner sur chacun de vos articles pour tester chaque lien, ce qui s'avère très long et fastidieux.

Dans les articles, pages, commentaires ou encore dans les posts types les liens, il détecte les erreurs suivantes :

- erreur 404 ;
- erreur serveur ;
- redirection permanente ou temporaire (qui pourrait être indésirable) ;
- …

Rendez-vous dans *Outils>Broken Links* pour trouver la liste de ces liens, vous aurez alors accès à trois onglets :

- *Cassé* (liens cassés) ;
- *Redirections* (liens en redirection) ;
- *Tout* (tous vos liens).

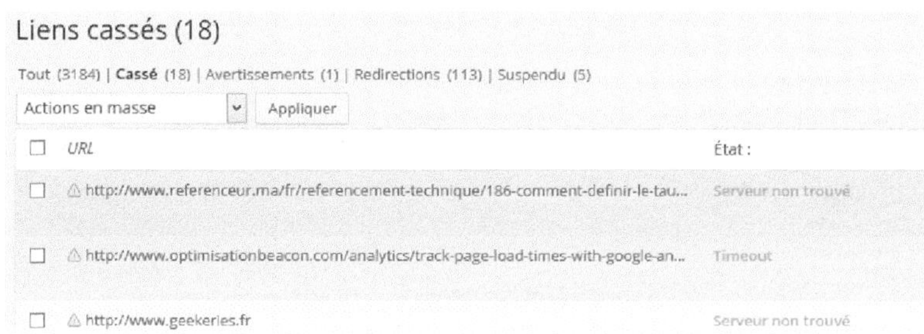

Figure 4–10
L'extension Broken Link Checker a détecté 18 liens cassés.

Pour chaque lien, vous disposez de plusieurs options :

- *Éditer l'URL* : pour modifier le lien ;
- *Délier* : pour supprimer le lien de vos contenus ;
- *Pas cassé* : pour indiquer à l'extension que le lien fonctionne. Broken Link Checker peut en effet parfois se tromper, même si cela reste rare ;
- *Suspendre* : pour demander à l'extension de ne plus afficher ce lien tant que son statut ne change pas.

D'une part, vous allez donc avoir un suivi pratique et constant de vos liens. D'autre part, cette extension peut vous aider à modifier en un clic un lien présent à plusieurs endroits de votre site Internet avec l'onglet contenant tous les liens du site.

Pour paramétrer l'extension, rendez-vous dans le menu *Réglages>Vérificateur de lien.*

Figure 4–11
Les cinq onglets de paramétrage de l'extension

1er onglet (Général)

Le premier menu indique à quel stade en est l'extension. En effet, il faut savoir qu'elle fonctionne en continu lorsque vous êtes connecté à l'administration. Dans cet exemple, elle est en attente (*Aucune URL dans la file d'attente.*), car elle a déjà scanné récemment les liens du site et a d'ailleurs trouvé 4 erreurs.

Figure 4–12
Le menu de configuration indique ce que fait l'extension en ce moment même.

Dans cet autre exemple, il est en train de scanner les liens du site. Il a déjà détecté 23 liens uniques parmi 26 liens différents au total, et il continue sa recherche de liens dans les contenus du site.

Figure 4–13
Broken Link Checker est en train de « continuer sa recherche » de liens.

Vous pouvez activer ou non les notifications par e-mail : c'est une question d'organisation interne et seul vous pouvez décider si vous préférez aller vérifier ponctuellement les liens cassés ou si vous préférez être averti en temps réel.

Pensez à décochez l'option *Appliquer un affichage spécifique aux liens* sinon votre site affichera les liens en erreur en les barrant, y compris pour vos visiteurs.

2e, 3e et 4e onglets

Si vous avez créé des posts types et des taxonomies personnalisées, il faudra penser à les activer dans le deuxième onglet *Rechercher des liens dans*.

Dans le troisième onglet *Quels liens vérifier*, cochez l'ensemble des types de liens à votre disposition afin de pouvoir tous les scanner.

Le 4e onglet *Protocoles & API* ne vous sera pas utile.

5e onglet (Options avancées)

Dans le dernier onglet, vous pouvez paramétrer plusieurs éléments, dont trois qui ont vraiment de l'importance :

- Le *Timeout* : temps au bout duquel le lien qui ne répond pas est considéré comme cassé. Vous pouvez laisser la valeur par défaut ;
- Le *Taux de charge limite du serveur* : si vous voyez des ralentissements de votre site lorsque l'extension travaille, diminuez-le. L'extension va ainsi se désactiver si le serveur est trop sollicité ;
- Le *Niveau d'utilisation des ressources* : comme pour le taux de charge du serveur, diminuez cette valeur si l'extension ralentit votre site ;
- Ne cochez pas *Activer les traces* ;
- *Forcer une revérification* : utilisez cette option lors de la première installation de l'extension ou lors de modifications majeures de votre site. Vous forcez ainsi un scan complet des contenus et vous n'avez plus qu'à attendre tranquillement que Broken Link Checker ait terminé son travail !

Le maillage interne

WP Sitemap Page

INFORMATIONS SUR L'EXTENSION WP Sitemap Page

Version actuelle de l'extension : 1.5.3
Paramétrage de l'extension : *Réglages>WP Sitemap Page*

▸ https://wordpress.org/plugins/wp-sitemap-page/

Intérêt : créer une page plan du site.

WP Sitemap Page est une extension qui permet de créer facilement une page plan du site, qui contient la liste intégrale de tous vos contenus. Parfois utile pour les visiteurs, elle sert surtout à faciliter l'indexation des contenus d'un site. En plaçant un lien vers cette page dans le pied de votre site, vous vous assurez que chaque moteur de recherche pourra accéder en moins de deux clics à n'importe quel autre contenu de votre site.

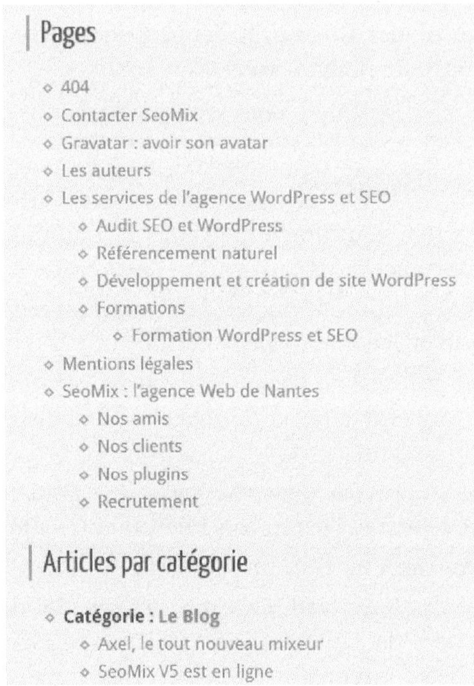

Figure 4–14
Un exemple du rendu d'une page plan du site

Pour cela, rien de plus simple ; il suffit d'installer et d'activer l'extension. Créez ensuite une page plan du site et ajoutez le code suivant dans le contenu :

```
[wp_sitemap_page]
```

Attention cependant, il y a deux petites subtilités. La première chose est de vérifier que la page plan du site ne reliste pas la page plan du site, pour éviter de faire un lien inutile vers soi-même. Pour cela, une fois votre page créée, regardez l'URL de celle-ci quand vous la modifiez. Elle sera du type mon-site.fr/wp-admin/post.php?post=156&action=edit.

1 Récupérez le chiffre présent dans cette adresse ; il s'agit de l'identifiant de la page.
2 Rendez-vous ensuite dans le menu *Réglages>WP Sitemap Page*.

3 Dans la case *Exclure des pages*, ajoutez le chiffre concerné. Ainsi, vous allez exclure la page ayant l'identifiant X de la page plan du site.

Figure 4–15
Vous pouvez exclure manuellement des pages du plan du site.

Faites de même avec toute page privée. Par exemple, si vous installez une extension E-commerce, les pages privées du type Panier, Mon Compte ou encore Paiement vont apparaître dans ce sitemap. Veillez à bien ajouter chaque identifiant de page que vous voulez exclure.

La seconde subtilité consiste à contrôler quels types de contenus sont ajoutés car, par défaut, l'extension ajoute tout. Et le souci, c'est que certains développeurs de thèmes et d'extensions oublient de rendre privés certains posts types ou taxonomies – pour rappel, les taxonomies sont des moyens de classer un post type (à savoir, un type de contenu). Vous risquez ainsi d'ajouter dans votre page plan du site des contenus qui ne devraient jamais être rendus publics directement, mais qui servent à afficher, trier ou filtrer vos différents contenus pour l'utilisateur.

Attention, si le développeur maîtrise mal WordPress, il va alors utiliser les fonctions de base de manière détournées, ce qui va nuire au référencement. Un exemple concret de ce cas de figure est lorsqu'un développeur veut afficher en page d'accueil une série d'articles « coup de cœur » ; il va alors créer une catégorie « coup de cœur » pour les regrouper. Dans ce cas de figure, on se retrouve avec une nouvelle catégorie complètement dénuée de sens. Bref, méfiez-vous toujours de vos extensions et de votre développeur.

WP-PageNavi (pagination)

> **INFORMATIONS SUR L'EXTENSION WP-PageNavi**
>
> Version actuelle de l'extension : 2.87
> Paramétrage de l'extension : *Réglages>WP-PageNavi*
> ▸ http://wordpress.org/extend/plugins/wp-pagenavi/
>
> Intérêt : mettre en place une navigation numérotée dans les pages d'archives.

Sur un site Internet, la pagination correspond au système de navigation que l'on retrouve en bas de page, grâce auquel on peut naviguer vers les articles suivants et précédents d'un site. Elle aide à la fois l'internaute à passer d'un contenu à un autre et les moteurs de recherche à accéder à tous vos contenus.

Malheureusement, la pagination par défaut des thèmes WordPress se résume à un simple lien pas vraiment approprié : *Articles plus anciens* ou *Articles plus récents*.

Figure 4–16
La pagination par défaut des blogs WordPress : peu ergonomique et peu optimisée pour le référencement

Cela pose deux problèmes :

- d'une part, il faudra beaucoup de clics au moteur de recherche pour aller indexer la dernière page du blog ;
- d'autre part, c'est anti-ergonomique pour l'utilisateur. On doit pouvoir lui laisser le choix de naviguer facilement de la première à la dernière page, ou encore de l'informer du nombre total de pages.

Une bonne pagination va permettre à vos visiteurs de naviguer facilement entre différents contenus, et ce sera également vrai pour les moteurs de recherche. La pagination facilite l'indexation de vos contenus, surtout pour les plus anciens d'entre eux.

Paramétrage

Voyons maintenant comment mettre en place cette pagination. Si vous ne vous sentez pas capable de modifier en profondeur votre thème, la meilleure solution est l'extension WP-PageNavi.

Installez-la sur votre blog WordPress, puis configurez comme suit les premiers paramètres :

- *Texte pour le nombre de pages* : `Page %CURRENT_PAGE% sur %TOTAL_PAGES%` ;
- *Texte pour la page affichée* : `%PAGE_NUMBER%` ;
- *Texte pour les pages* : `%PAGE_NUMBER%` ;
- *Texte pour la première page* : `« Première` ;
- *Texte pour la dernière page* : `Dernière »` ;
- *Texte pour la page précédente* : laisser vide ;
- *Texte pour la page suivante* : laisser vide ;
- *Texte pour les pages intermédiaires précédentes* : laisser vide ;
- *Texte pour les pages intermédiaires suivantes* : laisser vide.

Par défaut, indiquez les valeurs suivantes pour les autres paramètres :

- *Nombre de pages à afficher* : `3` (c'est le nombre de pages à afficher autour de la page actuelle) ;
- *Nombre d'étapes intermédiaires* : `3` ;
- *Afficher les étapes intermédiaires par multiples* : `5`.

Le code à installer

ATTENTION Pensez toujours à sauvegarder vos fichiers avant modification

Nous allons ici modifier des fichiers de votre thème. Faites toujours une sauvegarde de ces fichiers avant, car il est très facile de se tromper dans le code, et il serait dommage de casser votre site Internet en voulant l'optimiser.

Une fois ces paramètres renseignés, il faudra quand même modifier votre thème actuel. Avec un éditeur de texte, cherchez dans TOUS les fichiers de votre thème pour trouver l'intégralité des endroits où peut s'afficher la pagination par défaut de WordPress. Si le thème est vraiment bien conçu, vous ne trouverez le code concerné qu'à un seul endroit, par exemple dans le fichier `footer.php`.

Le code que vous recherchez ressemble à celui-ci.

Les fonctions de pagination par défaut : exemple 1

```
<div class="nav-previous"><?php next_posts_link( __( '<span
class="meta-nav">&larr;</span> Older posts', 'twentyten' ) ); ?></div>
<div class="nav-next"><?php previous_posts_link( __( 'Newer posts <span
class="meta-nav">&rarr;</span>', 'twentyten' ) ); ?></div>
```

Ce code peut malheureusement varier d'un thème à l'autre et peut également ressembler à cette variante plus simple.

Les fonctions de pagination par défaut : exemple 2

```
<?php next_posts_link(); ?>
<?php previous_posts_link(); ?>
```

Attention cependant, certains thèmes possèdent des fonctions portant un autre nom pour la pagination. C'est notamment le cas avec le thème par défaut TwentyTwelve qui utilise le code suivant.

La pagination dans le thème TwentyTwelve

```
<?php twentytwelve_content_nav( 'nav-below' ); ?>
```

Pour que l'extension WP PageNavi fonctionne, remplacez le ou les codes trouvés par celui-ci.

Afficher la pagination de l'extension WP-PageNavi

```
<?php if (function_exists('wp_pagenavi')) { wp_pagenavi(); } ?>
```

Une fois mise en place, voici à quoi ressemble la navigation.

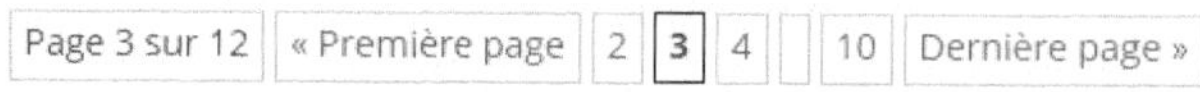

Figure 4–17
La pagination générée par l'extension WP-PageNavi : elle est plus optimisée pour le référencement et ergonomique.

Adapter les paramètres

Attention : les trois derniers paramètres cités plus haut dépendent de la taille de votre blog. Sur un petit blog, par exemple avec moins de 100 articles et ayant 15 à 20 articles par page, ces réglages sont parfaits. Mais si votre blog en contient des centaines voire des milliers, il va falloir paramétrer le tout autrement.

Quand vous avez beaucoup d'articles (plus de 200), il faut tout d'abord augmenter le nombre d'articles par page dans le menu *Réglages>Lecture*, avec par exemple 25 à 30 articles par page, voire plus. À vous de trouver le bon compromis entre un grand nombre d'articles et le temps de chargement de vos pages.

> RAPPEL **Qu'est-ce qu'une bonne pagination?**
>
> Une bonne pagination doit permettre à Google d'accéder à n'importe quelle page de votre site en moins de cinq clics pour faciliter au maximum l'indexation.
> Elle est d'autant plus utile si vous mettez à jour vos anciens articles, mais que ceux-ci sont perdus au milieu des autres ou au fin fond de votre site Internet.

On peut ensuite jouer avec les paramètres de WP-PageNavi. La méthode de calcul présentée ici est un peu complexe mais a fait ses preuves sur la plupart des sites pour lesquels j'ai travaillé. Voici les étapes à suivre.

1. On récupère le nombre total de pages du blog. Pour cela, il suffit de diviser le nombre total d'articles du blog par le nombre d'articles à afficher par page (dans le menu *Réglages>Lecture*). On saura ainsi le nombre de pages présentes dans notre pagination.
2. On divise par deux ce chiffre, puis on divise ensuite ce nouveau nombre par trois ou quatre. Cela donne le multiple à utiliser pour afficher les étapes intermédiaires. L'idée ici est de savoir quels seront les bonds de pagination à utiliser. Par exemple, dans cette pagination 1-2-3-10-20, les chiffres 10 et 20 sont des bonds de pagination.
3. On divise ensuite ce chiffre par deux, et on divise de nouveau le tout par deux pour obtenir le nombre de pages suivantes à afficher. En reprenant l'exemple du 1-2-3-10-20, les chiffres 2 et 3 sont les pages suivantes à afficher.

Cela nous donne l'enchaînement suivant :

- *Nombre d'intervalles* = 3 à 5 (3 pour un petit blog, 4 voire 5 pour les plus gros) ;
- *Multiple d'intervalles* = Nombre de pages total / 2 / Nombre d'intervalles ;
- *Nombre de pages à afficher* = Multiple d'intervalles / 2 / 2.

Prenons un exemple concret. Imaginons un blog ayant 178 pages, et que l'on veuille savoir comment Google peut réussir à indexer la 89e page :

- 1er clic : page d'accueil du site ;
- 2e clic : arrivée sur la page 80 (multiple d'intervalles de 20 avec 4 nombres d'intervalles) ;
- 3e clic : arrivée sur la page 86 (nombre de pages à afficher à 6) ;
- 4e clic : arrivée sur la page 89.

En cinq clics maximum, on arrive donc à atteindre n'importe quel contenu du site.

Attention cependant, sur certains blogs monstrueux, ayant par exemple plusieurs dizaines de milliers d'articles, il peut arriver que l'on obtienne un nombre de pages à afficher trop important. Pour la pagination, on ne pourra pas faire mieux malheureusement, mais d'autres extensions ou techniques vont nous permettre, plus loin dans ce livre, d'améliorer la structure, le maillage interne et l'indexation.

YARPP : Yet Another Related Posts Plugin (articles relatifs)

> **INFORMATIONS SUR L'EXTENSION YARPP**
>
> Version actuelle de l'extension : 4.2.4
> Paramétrage de l'extension : *Réglages>YARPP (Entrées similaires)*
>
> ▸ http://wordpress.org/extend/plugins/yet-another-related-posts-plugin/
>
> Intérêt : créer un système automatisé et pertinent d'articles relatifs.

La gestion des articles relatifs est un point crucial pour le maillage interne d'un site, surtout pour les plus gros d'entre eux où il serait beaucoup trop long ou trop contraignant de revenir sur chaque contenu pour en modifier les liens internes : l'idée étant que les anciens articles fassent automatiquement des liens vers les nouveaux et inversement.

La bonne gestion de ce maillage entre contenus similaires va renforcer le poids de chaque article et favoriser donc le positionnement des pages. De plus, cela incite vos visiteurs à rester sur le site et à poursuivre leur navigation.

L'extension se configure dans l'administration via quatre blocs, mais par défaut, vous n'en verrez que deux. Pour activer les deux autres, cherchez le bouton *Options de l'écran* situé en haut à droite quand vous serez dans le menu d'administration de l'extension. Cochez ensuite toutes les cases disponibles et vous verrez les deux blocs manquants apparaître.

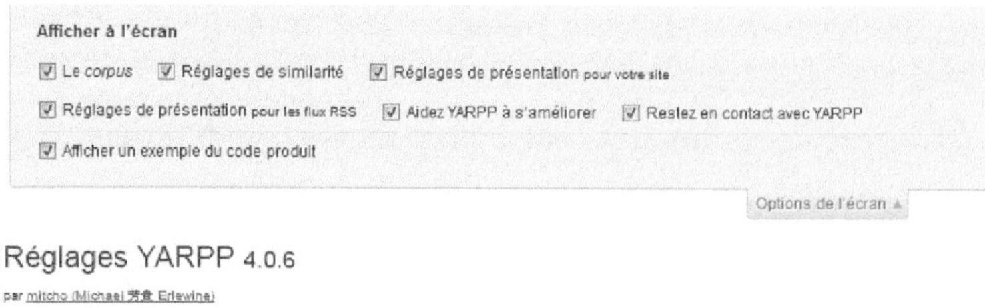

Figure 4–18
Le menu Options de l'écran permet de modifier l'affichage des blocs pour l'utilisateur. Vous pouvez y accéder pour toutes les autres extensions et les menus de paramétrage de WordPress.

Le corpus

Ce premier bloc a peu d'intérêt en règle générale. Il permet principalement :

- d'cxclure certains contenus du bloc d'articles relatifs (ce que je déconseille) ;
- d'inclure les entrées protégées par mot de passe (ce que je déconseille aussi)
- de n'afficher que des publications récentes (ce que je déconseille encore plus).

Ces trois options ont rarement un intérêt pour vos visiteurs, et encore moins pour les moteurs de recherche. Si vous les utilisez, vous risquez juste de réduire la pertinence des articles relatifs.

Réglages de similarité

Dans chaque article, YARPP choisit les contenus relatifs en leur attribuant une note. Dans ce bloc, nous pouvons définir à partir de quelle note on souhaite afficher un article, sachant que c'est toujours celui qui aura la meilleure qui sera affiché en premier. Je vous recommande de configurer le seuil d'affichage au minimum, par exemple avec une note de 1 ou 2. Ainsi, l'extension trouvera davantage d'articles relatifs, tout en choisissant toujours les mieux notés.

D'ailleurs, quand vous allez rédiger un article et après avoir sauvegardé une première fois votre brouillon, vous verrez un nouveau widget qui affichera les articles relatifs de celui-ci et la note correspondante entre parenthèses.

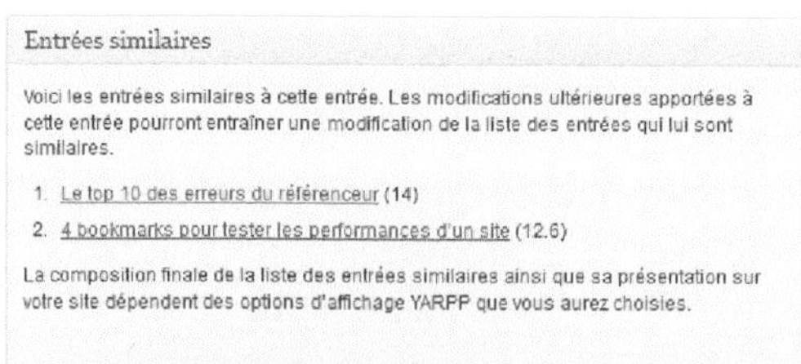

Figure 4–19
Vous verrez quels sont les articles qui seront associés au contenu que vous êtes en train d'éditer.

Je préconise la prise en compte de chaque élément, d'accorder plus d'importance aux titres des articles et, éventuellement, des catégories, et bien entendu d'inclure tous les types d'entrées. Vous vous assurez ainsi d'avoir des articles relatifs vraiment pertinents. Si vous n'avez aucune taxonomie ni post type supplémentaire, je vous conseille ensuite ces paramètres :

- *Titres* : prendre en compte avec plus d'importance ;
- *Contenus* : prendre en compte ;
- *Catégories* : prendre en compte ;
- *Mots-clefs* : prendre en compte ;
- *Inclure tous les types d'entrée dans les résultats* : OUI ;
- *Afficher seulement les entrées publiées antérieurement* : NON.

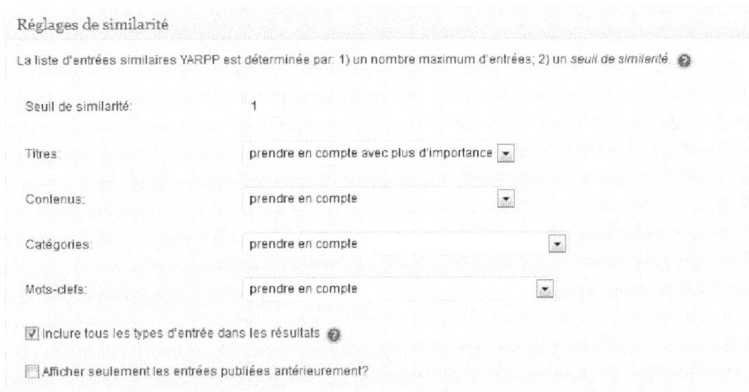

Figure 4–20
Le menu de calcul de similarité de YARPP

Règles de présentation pour votre site

Dans le troisième bloc, vous allez pouvoir choisir l'apparence des modules complémentaires. Voici ce que je préconise :

- cochez l'affichage automatique pour les articles ;
- cochez le modèle avec vignettes ;
- traduire les deux lignes situées en dessous et éventuellement remplacer l'image par défaut par une de votre choix.

Figure 4–21
Vous êtes bien entendu libre de choisir un modèle personnalisé pour afficher vos articles relatifs.

Si vous ne cochez pas l'affichage automatique des articles relatifs, il faudra copier-coller ce code à l'endroit désiré dans votre thème.

Afficher les articles relatifs de YARPP

```
<?php if (function_exists('related_posts')) { related_posts(); } ?>
```

Règles de présentation pour les flux RSS

Cette option permet d'ajouter dans votre flux RSS le module d'articles relatifs.

Libre à vous de l'activer ou non puisque l'impact en référencement naturel est faible, mais permet quand même de grappiller quelques liens là où votre actualité aura été aspirée par un agrégateur de contenus. Attention toutefois, vu que vous aurez sur une même page tous les articles relatifs de toutes vos publications, vous risquez d'avoir des doublons de liens.

Notez que, normalement, si vous suivez pas à pas les conseils de ce livre, ajouter ces liens relatifs dans le flux RSS n'aura pas vraiment d'intérêt.

Personnaliser YARPP

Ajouter une fonctionnalité pour un moteur de recherche sans penser à l'utilisateur est un non-sens. Il faut donc que vous puissiez rendre cet élément de contenu suffisamment visuel pour qu'il attire l'œil et que les internautes s'en servent. Pensez toujours à vérifier que les articles relatifs de YARPP s'intègrent de manière logique dans le design de votre site.

> **REMARQUE Ne paniquez pas si vous voyez la note sur votre site**
>
> Si vous êtes connecté en tant qu'administrateur, vous risquez de voir sur votre site les articles relatifs avec la note associée à chacun entre parenthèses : ne vous inquiétez pas, vous êtes le seul à la voir et les visiteurs ne voient pas cette information.

Figure 4–22
Restez zen : la note n'est visible que par vous-même quand vous êtes connecté.

SX No HomePage Pagination

> **INFORMATIONS SUR L'EXTENSION SX No HomePage Pagination**
>
> Version actuelle de l'extension : 1.1.1
> Paramétrage de l'extension : *aucun*
> ▸ https://wordpress.org/plugins/sx-no-homepage-pagination/
> Intérêt : désactiver proprement la pagination de l'accueil d'un site.

La pagination est un élément de navigation qui facilite l'indexation des contenus et permet aux internautes de retrouver tous ceux liés à une thématique. Cependant, ceci n'est vrai que lorsqu'on se trouve dans une thématique bien précise : par exemple, si je suis dans la catégorie *WordPress* du site SeoMix, je vais bien trouver tous les articles liés à ce thème.

Le souci, c'est qu'on retrouve des paginations à d'autres endroits, là où les articles listés n'ont pas forcément la même thématique :

- la page d'accueil ;
- les pages des auteurs ;
- les archives par date.

Dans ces cas-là, la pagination a très peu d'utilité pour l'internaute, et encore moins pour le moteur de recherche car on le force à analyser de nouvelles pages qui n'ont pas de réelle thématique. Pour optimiser le maillage interne et la diffusion de la popularité, il est ainsi conseiller de ne pas mettre de pagination sur ce type de page.

Pour le faire proprement, quelle que soit la configuration du site, j'ai créé l'extension SX No HomePage Pagination. Installez-la et activez-la pour retirer automatiquement toute pagination de la page d'accueil, y compris celle ajoutée dans le header des pages par d'autres extensions ou par WordPress.

SX No Author Pagination

Informations sur l'extension SX No Author Pagination

Version actuelle de l'extension : 1.2.1
Paramétrage de l'extension : *aucun*

▸ https://wordpress.org/plugins/sx-no-author-pagination/

Intérêt : désactiver proprement la pagination des pages auteurs d'un site.

Tout comme pour l'extension précédente, SX No Author Pagination retire automatiquement la pagination des pages auteurs. Là encore, il suffit de l'installer et de l'activer pour que cela fonctionne.

Les extensions de cache et de vitesse

Le cache, c'est quoi ?

Avant de vous parler de ce type d'extensions, il faut d'abord vous expliquer à quoi elles servent. Quand vous vous rendez sur un site WordPress, voici ce qu'il se passe (je simplifie).

1. WordPress s'initialise.
2. Le CMS interprète ensuite l'adresse que vous avez tapée pour savoir ce que vous cherchez (la page d'accueil, un article, une page…).
3. Votre site génère la page demandée.
4. WordPress envoie à l'internaute le contenu désiré.

L'extension de cache évite la phase de calcul car votre site aura déjà généré le bon contenu, qu'il aura mis en cache. Il donnera donc à l'utilisateur la version mise en cache déjà calculée, permettant donc de réduire les temps de chargement.

Pourquoi se préoccuper de la vitesse ?

Depuis 2011, Google nous dit qu'il prend en compte la vitesse comme facteur de positionnement. C'est malheureusement faux, du moins en partie.

En réalité, Google applique une légère pénalité aux sites vraiment très lents avec des temps de chargement supérieurs à 15 ou 20 secondes voire plus, et à l'inverse favorise légèrement les sites vraiment très rapides ayant moins d'une seconde de temps de chargement. La plupart des sites Internet au monde se situent justement entre les deux : à savoir entre 1 et 20 secondes de temps de chargement.

La vitesse n'influera donc presque pas sur votre référencement naturel. Alors pourquoi s'en soucier me direz-vous ? Tout simplement parce qu'être positionné sur Google en première position et avoir beaucoup de trafic n'est pas un but en soi, mais un moyen. Si les visiteurs n'achètent pas, ne s'inscrivent pas ou encore ne partagent pas vos contenus, l'intérêt est faible.

L'objectif de votre site peut être multiple. Par exemple :

- vendre des produits ou services ;
- faciliter le service après-vente ;
- informer, conseiller ou faire passer une idée ;
- améliorer l'image de marque ;
- faciliter le travail des commerciaux sur le terrain ;
- etc.

Si vous faites venir des milliers de visiteurs par le référencement, mais que le temps de chargement les fait fuir, cela ne servira à rien. Pour finir, voici quelques informations qui devraient vous donner une petite idée de l'importance de la vitesse d'un site (source : http://programming.oreilly.com/2009/07/velocity-making-your-site-fast.html) :

- si le comparateur de prix Shopzilla passe de 7 à 2 secondes son temps de chargement, il augmente de 7 à 12 % son chiffre d'affaires ;
- 0,1 seconde de temps de chargement supplémentaire, et Amazon perd 1 % de ses ventes ;
- 0,5 seconde de plus sur Google, c'est 20 % de recherches en moins ;
- 2 secondes de plus chez Bing, et c'est plus de 4 % de revenus en moins par utilisateur.

Bref, la vitesse est utile aux visiteurs, et vous ne pouvez pas vous en passer.

C'est d'autant plus vrai que l'on consulte souvent un site Internet sur un téléphone ou une tablette avec des vitesses de connexion plus faibles que sur un ordinateur. Si votre site n'est pas rapide, ces internautes-là ressentiront encore plus cette lenteur.

REMARQUE Pensez à prendre un bon hébergeur

Les extensions qui seront présentées juste après sont une première étape pour améliorer la vitesse d'un site Internet. Mais sachez que si vous choisissez un hébergeur de mauvaise qualité, vous n'arriverez jamais à corriger le tir ; voici ceux que je vous conseille :

- en hébergement mutualisé : Infomaniak ;
- en hébergement spécialisé : WP Serveur.

WP Super Cache, WP Rocket et autres extensions de cache

Il existe de nombreuses extensions de cache, plus ou moins performantes et plus ou moins pratiques à utiliser. Sur SeoMix, j'avais même réalisé un test en 2010 sur chacune d'elles : http://www.seomix.fr/meilleur-plugin-cache-wp/.

> **REMARQUE Les meilleurs systèmes de cache**
>
> Il s'agit d'un test des extensions de cache de WordPress. Mais il existe des systèmes de cache bien meilleurs qui vont les remplacer et qui agissent directement au niveau du serveur, comme Varnish ou Nginx. Si vous avez la possibilité d'utiliser ces systèmes de cache, vous pouvez arrêter de lire ce passage.

Parmi les extensions gratuites, j'ai une préférence pour WP Super Cache, mais les autres fonctionnent très bien elles aussi. Libre à vous d'en utiliser une autre mais choisissez-en une obligatoirement. Voici une petite liste des extensions à utiliser gratuitement :

- WP Super Cache : http://wordpress.org/extend/plugins/wp-super-cache/ ;
- Hyper Cache : http://wordpress.org/extend/plugins/hyper-cache/ ;
- W3 Total Cache : http://wordpress.org/extend/plugins/w3-total-cache/.

WP Super Cache est simple à installer et à paramétrer, et c'est un réel avantage. À l'inverse, W3 Total Cache est plus complète dans les options proposées, mais si elle est mal paramétrée, elle peut provoquer plus facilement des bogues comme des pages blanches, des messages d'erreurs ou encore des scripts JavaScript qui ne fonctionnent plus. Et là, c'est le drame…

Je ne rentrerai pas dans le détail du paramétrage, car les options vont changer fortement en fonction de votre serveur et de votre site. Sur la page officielle de l'extension, vous trouverez un guide d'explication en anglais ainsi qu'une foire aux questions dans laquelle vous devriez trouver toutes les réponses à vos questions. Mais sachez que la plupart des extensions de cache vont donner un réel coup de boost à votre site Internet.

> **INFORMATIONS SUR L'EXTENSION WP Super Cache**
>
> Version actuelle de l'extension : 1.4.4
> Paramétrage de l'extension : *Réglages>WP Super Cache*
> ▸ http://wordpress.org/extend/plugins/wp-super-cache/
> Intérêt : calculer et mettre en cache les différents contenus de votre site Internet.

Enfin, si vous avez un budget à y consacrer, je vous conseille fortement l'extension premium WP Rocket. Elle sera plus performante et plus simple simple à paramétrer que les extensions gratuites. Mais surtout, vous aurez accès à un support technique en cas de simple question ou de problème.

> **INFORMATIONS SUR L'EXTENSION WP Rocket**
>
> Version actuelle de l'extension : 2.5.4
> Paramétrage de l'extension : *Réglages>WP Rocket*
> ▸ http://wp-rocket.me/fr/
> Intérêt : calculer et mettre en cache les différents contenus de votre site Internet.

Gravatar Local Cache (extension de cache)

> **INFORMATIONS SUR L'EXTENSION Gravatar Local Cache**
>
> Version actuelle de l'extension : 1.1.2
> Paramétrage de l'extension : *Réglages>Gravatar Local Cache*
> ▸ http://wordpress.org/extend/plugins/gravatarlocalcache/
> Intérêt : mettre en cache les Gravatars (les photos des personnes qui commentent votre site Internet).

Une autre extension peut venir compléter celle de cache. Il s'agit de Gravatar Local Cache. Rappelez-vous, nous avions parlé au début des paramètres de discussion et notamment des avatars.

Si vous avez opté pour les Gravatars, sachez qu'ils ont un défaut. Pour chaque photo à afficher sur votre site, le navigateur va faire une requête vers les serveurs de Gravatar. Si vous avez 50 personnes différentes qui ont commenté un article, vous générez donc 50 requêtes externes supplémentaires pour charger votre article complètement.

L'extension Gravatar Local Cache permet de ne faire la requête qu'une seule fois, et de la stocker pendant plusieurs heures ou jours sur votre serveur, diminuant ainsi de manière drastique les requêtes inutiles.

WP Sweep (optimisation de la base de données)

> **INFORMATIONS SUR L'EXTENSION WP Sweep**
>
> Version actuelle de l'extension : 1.0.3
> Paramétrage de l'extension : *Outils>Sweep*
> ▸ https://wordpress.org/plugins/wp-sweep/
> Intérêt : optimiser rapidement sa base de données.

Dernière extension pour améliorer la vitesse, WP Sweep optimise en un seul clic la base de données de WordPress. Par ailleurs, elle permet de supprimer toute donnée orpheline ou en doublon afin de gagner réellement de la place.

En effet, notre CMS stocke temporairement des données, puis les supprime (ou vous les effacez dans l'administration). Il lui arrive aussi de ne supprimer que partiellement certaines données, et cela provoque lentement mais sûrement une désoptimisation de la base de données.

Attention avant d'utiliser cette extension, effectuez toujours une sauvegarde préalable de votre base de données.

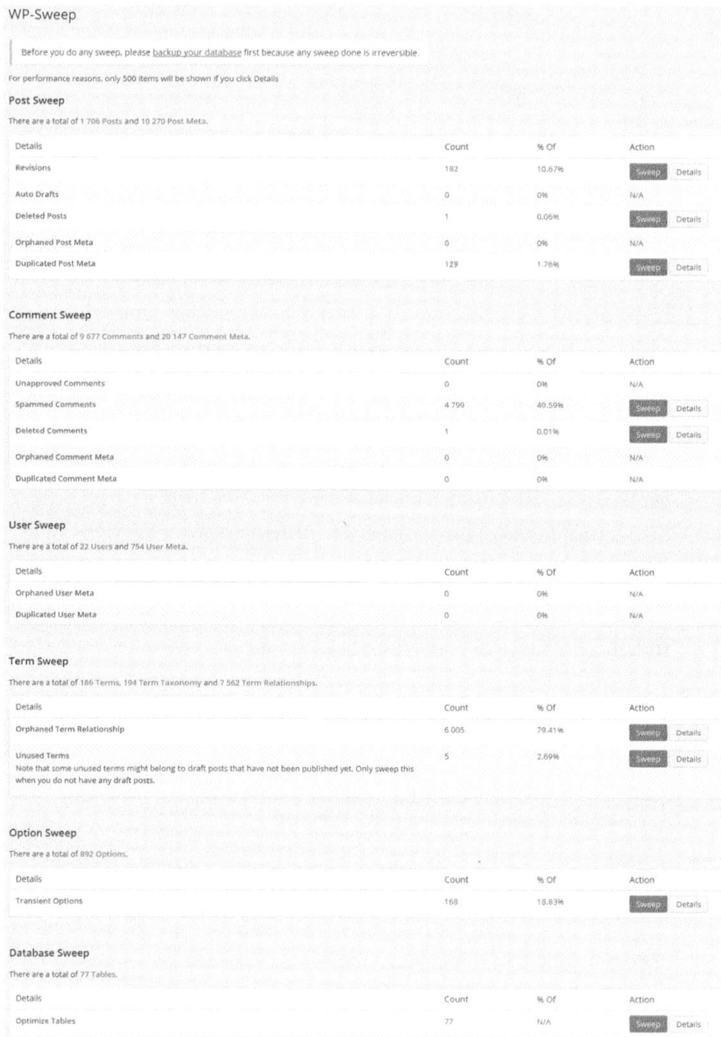

Figure 4–23
Aperçu de l'extension WP Sweep

WordPress SEO (extension de référencement)

INFORMATIONS SUR L'EXTENSION WordPress SEO

Version actuelle de l'extension : 2.2
Paramétrage de l'extension : *SEO*

‣ http://wordpress.org/extend/plugins/wordpress-seo/

Intérêt : optimiser, paramétrer et gérer de nombreux éléments indispensables au référencement naturel de WordPress.

Présentation de l'extension

Il s'agit de l'extension la plus utile qui existe actuellement pour le référencement naturel. Au tout début de ce livre, je vous ai brièvement parlé d'une des lacunes de WordPress : l'absence d'un grand nombre d'options de base pour le référencement, comme les champs pour modifier les balises `title` et `meta description` d'un article, ou encore l'impossibilité de générer un sitemap ou la balise `meta Canonical`.

Heureusement pour vous, cette extension est là.

Figure 4–24
WordPress SEO, la meilleure extension de référencement du moment, créée par Yoast

L'extension WordPress SEO est une véritable petite mine d'or. Celle-ci est actuellement la plus performante, mais surtout, la plus complète.

Voici les actions qu'elles permet de réaliser :

- gérer de manière globale et individuelle les titres et descriptions de toutes les pages du site ;
- donner des conseils concernant l'optimisation d'un contenu précis (densité de mots-clés, pertinence du titre, présence de balises `h2`…) ;
- générer un fichier sitemap ;
- générer un chemin de navigation ;
- générer les informations de Facebook (appelées « OpenGraph ») et de Twitter pour faciliter le partage sur les réseaux sociaux ;

- personnaliser le flux RSS ;
- optimiser les URL des différents contenus ainsi que différents paramètres supplémentaires pour le référencement naturel.

Bref, cette extension fait tout pour vous !

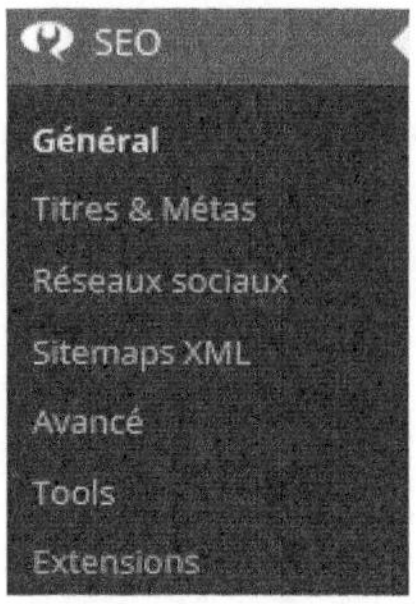

Figure 4–25
WordPress SEO fera apparaître un ensemble complet de menus pour gérer tous les paramètres SEO de votre site.

Je vais maintenant passer en revue chaque menu pour vous expliquer ce qu'il faut faire, et surtout ce qu'il faut éviter. Nous verrons dans le chapitre 7 dédié aux contenus comment optimiser manuellement chaque contenu.

Menu Général

Dans le premier menu, Yoast propose des options génériques, comme la visite guidée de l'extension ou encore la réinitialisation des paramètres. Comme pour beaucoup de menus de cette extension, vous verrez plusieurs onglets, chacun gérant un aspect de votre référencement naturel.

Dans le deuxième onglet *Vos informations (Your Info)*, renseignez si vous êtes une personne ou une société, puis remplissez les champs demandés. Ainsi, Google sait qui se trouve derrière un site grâce à son Google Knowledge Graph. Il s'agit d'une base de données et de connaissances qui permet à Google de lier les résultats de son moteur de recherche avec des informations sémantiques issues d'autres sources (Wikipédia ou Freebase par exemple). C'est notamment ce qui apparaît quand on fait une recherche sur une personne connue dans Google.

Dans le troisième onglet, vous pouvez associer votre site aux différents outils pour les webmasters.

Voici les URL des deux centres Webmaster les plus pertinents pour lesquels vous devez ajouter votre site Internet ; ils vous donneront justement les valeurs de vérification à renseigner :

- Google : http://www.google.com/webmasters/tools/?hl=fr ;
- Bing : http://www.bing.com/toolbox/webmaster.

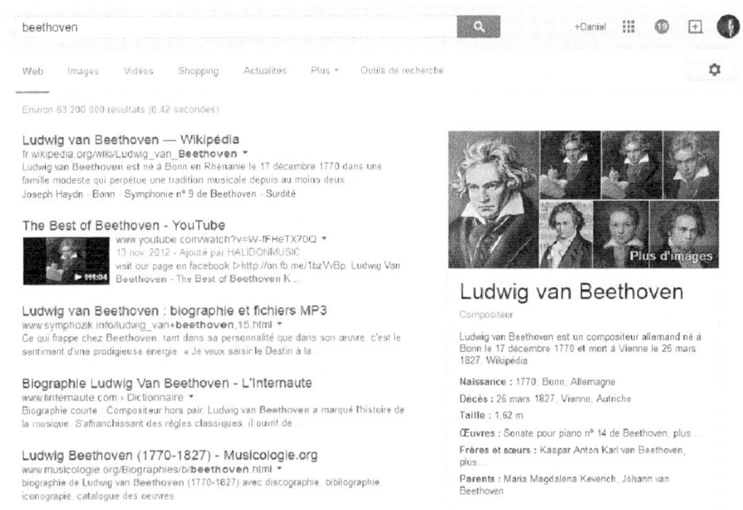

Figure 4–26
Un exemple de résultats issu du Knowledge Graph de Google

Figure 4–27
Remplissez les différentes options avec les paramètres qui vous sont donnés par les centres Webmaster correspondants.

Votre référencement ne sera pas amélioré, mais vous aurez accès à un tableau de bord dans chaque centre Webmaster, et vous pourrez y suivre l'état de santé de votre site (erreurs d'exploration, problèmes d'indexation, soumission de fichiers sitemap...). Vous saurez ainsi comment les moteurs de recherche comprennent votre site et vous pourrez agir en conséquence.

Le dernier onglet *Sécurité* sert à désactiver les options avancées de l'extension. Ne cochez pas cette case car nous en aurons besoin plus loin.

Titres et métas

Les choses vont se compliquer un peu ici. Le menu *Titres et métas* gère toutes les règles automatiques pour générer les balises situées dans l'en-tête (`header`) de vos pages, à savoir :

- la balise `title`, qui décrit en quelques mots le contenu de la page et est très importante en référencement naturel ;

- la balise `meta description`, qui décrit vos contenus dans les résultats de Google ;
- la balise `robots`, qui indique s'il faut indexer et suivre les différents liens et contenus ;
- les balises spécifiques à WordPress.

Ce menu se décompose en plusieurs onglets que nous allons détailler.

Onglet Général

La première option disponible, *Forcer la réécriture des titres*, ne doit être activée que si la modification des titres de vos pages ne fonctionne pas – ce qui signifie d'ailleurs que votre thème est mal conçu.

> **REMARQUE WordPress SEO et la balise title**
>
> Pour fonctionner correctement, le code utilisé pour générer la balise `title` de vos pages doit être le suivant (il sera toujours situé dans le fichier `header.php` de votre thème WordPress) :
>
> ```
> <title><?php wp_title(''); ?></title>
> ```
>
> Depuis la dernière version de WordPress (4.1), vous pouvez aussi avoir un fichier `header.php` qui ne contient pas du tout de code `<title>`. Dans ce cas, c'est le fichier `functions.php` de votre thème qui comprend le code suivant :
>
> ```
> add_theme_support( 'title-tag' );
> ```
>
> N'utilisez aucun autre code ni variante car vous allez voir que l'extension WordPress SEO va tout gérer pour vous (ajout du nom de la page actuelle, de celui du site quand c'est nécessaire...).

Pour le séparateur de titre, choisissez celui qui vous convient, sachant que `-` et `|` sont les plus répandus.

Onglet Page d'accueil

Vous allez pouvoir y paramétrer les informations spécifiques à votre page d'accueil, à savoir :

- *Le modèle de titre* : en d'autres termes la balise `title` de l'accueil ;
- *Le modèle de méta description*.

Si vous ne connaissez pas l'importante de ces deux éléments, ou si vous ne savez pas comment les rédiger, mettez ce point de côté et lisez le chapitre 7 dédié aux contenus pour savoir comment optimiser ces deux éléments.

Si vous avez opté pour une page statique sur l'accueil de votre site, sachez que WordPress SEO n'utilisera pas les informations remplies dans cet onglet mais celles renseignées dans la page statique elle-même. Nous y reviendrons un peu plus loin.

Dans le cas d'une configuration standard avec l'accueil qui affiche les derniers articles, vous pourrez optimiser ici directement les balises `title` et `meta description`.

Onglet Types d'articles

Pour chacun des types de contenus « posts types » qui existent (ceux par défaut et ceux que vous avez créés avec vos extensions ou votre thème), vous pouvez générer des règles par défaut. Quand vous publierez ou modifierez un contenu, l'extension utilisera ces paramètres, sauf si vous avez directement optimisé et renseigné le titre ou la description de votre contenu.

Pour faire simple, nous allons indiquer à WordPress comment il doit générer le titre et la métadescription de tous vos contenus. C'est une première étape, et vous pourrez ensuite optimiser chaque contenu manuellement (ce qui sera d'ailleurs le plus efficace). Nous parlerons de ce dernier point dans la 3e partie dédiée aux contenus.

Pour établir les règles pour les articles, les pages et les médias (les pages attachments), voici les paramètres que je vous conseille :

- Pour tous :
  - *Modèle de titre* : `%%title%%`
  - *Modèle de méta description* : `%%excerpt%%`
- Articles :
  - *Méta robots* : ne pas cocher. Ce serait dommage de désindexer vos contenus, non ?
- Pages :
  - *Méta robots* : ne pas cocher (pour la même raison)
- Médias :
  - *Méta robots* : cochez la case car les pages attachments ne sont que très rarement pertinentes pour l'internaute comme pour les moteurs de recherche.

Il y a deux options dont je n'ai pas parlé pour chaque post type car le paramétrage est identique. La première est *Désactiver la date dans l'affichage de l'extrait pour les articles* que vous devez cocher. Elle permet parfois de supprimer l'ajout de la date lors de l'affichage des résultats dans Google, à l'inverse de l'exemple suivant où elle apparaît encore avec le texte « il y a trois jours ».

Figure 4–28
Dans cet exemple, on peut voir que la date « 3 jours » apparaît avant ma description, et qu'elle réduit donc la taille de la balise meta description.

Je dis bien parfois, car Google fait des siennes, et le fait de cocher l'option ne vous garantit pas d'enlever la date dans les résultats de recherche pour avoir plus de place pour la description.

Ne cochez jamais l'option *WordPress SEO méta box* : *cacher* car c'est grâce à cette `meta box` que vous pourrez modifier le `title` et la `meta-description` contenu par contenu.

Il est probable que vous ayez en plus d'autres posts types – pour l'instant, nous avons en effet parlé seulement des articles, pages et médias. Une de vos extensions, ou votre thème, peut en effet créer de nouveaux types de contenus. Par défaut, appliquez le même paramétrage pour le modèle de titre et de métadescription. Par contre, vous devez vous poser la question suivante : « Ce type de contenu est-il destiné à être rendu public ? »

- Si oui, ne cochez rien de plus.
- Si non, cochez la case *noindex, follow.*

Onglet Taxonomies

Nous allons maintenant configurer les pages de taxonomies comme les catégories et les mots-clés.

Pour les archives des catégories, laissez l'indexation se faire naturellement. Il s'agit de la structure primaire de votre site, celle qui est censée être la plus pertinente et la plus voyante pour vos visiteurs et les moteurs de recherche. Ne cherchez jamais à désindexer ces pages, même celle principale. Ne cochez donc pas la case *noindex, follow*.

Les archives par mots-clés peuvent à l'inverse entraîner de très fortes duplications de contenus. Un grand nombre de sites conseillent ainsi de désindexer ce type de taxonomie. En faisant cela, les pages de mots-clés restent utiles pour les visiteurs pour naviguer de contenus en contenus, mais cela freine fortement l'indexation de vos publications et bloque le transfert de popularité entre elles. La question à se poser est toute simple : pourquoi vouloir offrir une fonctionnalité aux visiteurs mais pas aux moteurs de recherche ?

Vous devez donc également conserver l'indexation de vos mots-clés. Nous allons voir dans les chapitres 6 et 7 dédiés aux thèmes et aux contenus comment tirer profit de ces pages, et surtout comment éviter le pire avec ce type d'archive. Vous le verrez, dans WordPress, les pages de mots-clés peuvent avoir un effet dévastateur.

Pour toutes les raisons que je viens d'évoquer, voici le paramétrage que je préconise pour ce type d'archive :

- Pour tous :
  - *Modèle de titre* : `%%term_title%% %%page%%`. Le titre reprendra le nom de la catégorie ou du mot-clé, ainsi que le numéro de page actuel quand c'est nécessaire, par exemple « Page 2 ».
- Catégories :
  - *Modèle de méta description* : `%%category_description%%`.

- Mots-clés :
  - *Modèle de méta description* : `%%tag_description%%`.
- Les autres taxonomies :
  - *Modèle de titre* : `%%term_title%% %%page%%`.
  - *Modèle de méta description* : `%%term_description%%`.

> **BON À SAVOIR** **Mes autres taxonomies sont-elles pertinentes?**
>
> Pour savoir si vous devez ou non cocher la case *méta robots* pour vos autres taxonomies, il existe une solution simple. Rendez-vous sur votre site et regardez si vous pouvez consulter directement cette taxonomie, exactement comme vous le feriez pour une catégorie ou un mot-clé.
>
> - Si vous trouvez la taxonomie dans votre site, ne cochez pas la case.
> - Si vous ne la trouvez pas, cochez la case.
>
> L'autre question à se poser est de savoir si trouver cette taxonomie sur votre site a un intérêt ou non. S'il n'y en a pas, il faudra non seulement cocher la case *noindex, follow*, mais aussi corriger votre thème ou vos extensions pour ne plus faire de lien vers cette taxonomie.

Onglet Archives

Ce dernier onglet permet de configurer les règles pour les derniers types de taxonomies.

Les auteurs

Les pages d'auteurs ne sont pertinentes que dans certains cas.

- Si vous avez un seul auteur, elle n'est pas utile et mieux vaut créer une page « à propos » qui parlera de vous de manière détaillée. Dans ce cas de figure, cochez les cases *noindex, follow* et *Désactiver les archives de l'auteur* dans la partie *« Prévention du contenu dupliqué »*.
- Si à l'inverse il y a plusieurs auteurs, le plus simple est de les utiliser pour pouvoir vous positionner sur les nom et prénom de chaque auteur. Ne cochez donc pas ces cases, mais utilisez les paramètres suivants :
  - *Modèle de titre* : `%%name%%, auteur sur %%sitename%%` ;
  - *Modèle de méta description* : laissez vide. Il faudra la remplir manuellement dans le profil de chaque utilisateur.

Les dates

Les archives par date peuvent (et doivent) être désindexées dans 99 % des cas. Nc les laissez actives que dans le cas où votre contenu est très fortement lié à la notion de date, de période et de saisonnalité, et que cela s'en ressent dans les mots-clés que vous ciblez.

Sinon, cette méthode de structuration de contenus n'a aucun intérêt pour l'internaute car il existe d'autres moyens pour afficher clairement une date de publication. Pire encore, une classification par date n'a aucun sens sémantique pour un moteur de recherche. Cochez donc les cases *noindex, follow* et *Désactiver les archives par date*.

Les pages spéciales

Les titres des pages spéciales *Pages de recherche* et *Pages 404* ne seront jamais indexés. Vous pouvez donc mettre le modèle de titre que vous voulez sans aucune incidence sur votre référencement. Ici, pensez donc avant tout à vos visiteurs.

Onglet Autres

Dans ce dernier onglet, vous trouverez les options suivantes.

- *Ne pas indexer les sous-pages des archives* : ne jamais cocher cette case, car elle force la désindexation des paginations de chaque type d'archive (auteur, dates, catégories, mots-clés et autres taxonomies personnalisées). Tout doit reposer sur le thème que vous allez utiliser pour éviter les duplications de contenus et autres problèmes de référencement, et non pas sur cette option.
  - Ces pages sont utiles car :
  - elles ont un intérêt pour le visiteur ;
  - en modifiant le thème, on peut facilement leur donner une réelle plus-value ;
  - elles facilitent l'indexation des publications.
- *Utiliser la balise méta keywords* : cette case ne doit pas être cochée. En effet, Google n'emploie plus, depuis des années, la balise `meta keywords` pour le référencement naturel. Cette option ne sert donc qu'aux nostalgiques...
- *Ajouter la balise méta robots noodp sur tout le site* et *Ajouter la balise méta robots noydir sur tout le site* : par sécurité, cochez ces cases. Théoriquement, les moteurs de recherche n'agissent plus de la sorte, mais à une époque, ils pouvaient se servir des descriptions issues de leurs annuaires respectifs pour présenter votre site (Dmoz pour Google et Yahoo Directory pour Yahoo!).

Réseaux sociaux

Les réseaux sociaux ont le vent en poupe depuis 2012. Tous les référenceurs s'accordent à dire qu'ils ont un impact en référencement naturel, même si celui-ci est plus faible que des liens de qualité.

En général, les webmasters se contentent d'ajouter les boutons *Twitter*, *J'aime* et *+1* sans modification supplémentaire. Cependant, ce menu de WordPress SEO va faciliter la diffusion de vos contenus sur ces plates-formes sociales.

Onglet Comptes

Commencez tout d'abord par remplir tous vos profils sociaux :

- Facebook ;
- Twitter ;
- Instagram ;
- LinkedIn ;
- MySpace ;
- Pinterest ;
- YouTube ;
- Google+.

Attention, pour Twitter, ne saisissez pas l'URL de votre profil, mais seulement votre nom d'utilisateur.

Onglet Facebook

Avec l'extension WordPress SEO, un simple clic sur *Ajouter les balises meta OpenGraph* va permettre l'ajout automatique des balises `meta` spécifiques à Facebook, à savoir :

- `og:locale` : la langue de la page ;
- `og:title` : le titre ;
- `og:description` : une courte description du contenu ;
- `og:url` : l'URL ;
- `og:site_name` : le nom du site ;
- `og:type` : le type de contenu ;
- `og:image` : l'image de l'article.

Grâce à cela, toute personne qui partagera un contenu sur Facebook pourra récupérer automatiquement la bonne image, la bonne description et le bon titre de l'article, que ce soit via un partage direct de l'utilisateur sur le site ou via un clic sur le bouton *J'aime*.

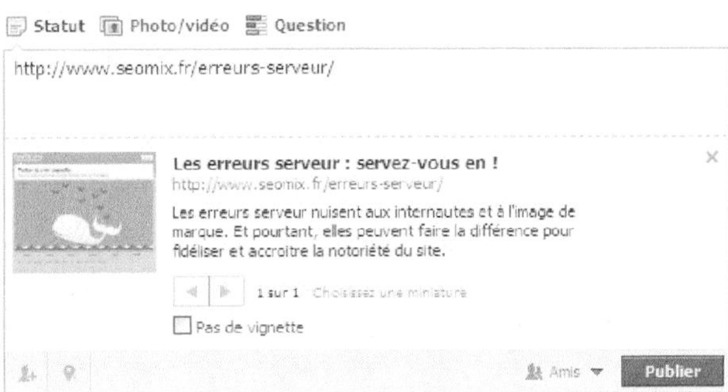

Figure 4–29
Avec les données OpenGraph, Facebook récupère les bonnes informations pour partager un contenu.

L'extension permet également d'associer facilement votre site à un compte administrateur (ou à une application) sur Facebook. Vous pourrez ainsi, sur Facebook, accéder à l'administration de votre site pour obtenir des informations sur ceux qui aiment votre page avec toutes les statistiques qui vont avec (taux de clic, répartition par âge ou sexe…).

Pensez aussi à remplir l'image, le titre et la description souhaités pour votre page d'accueil. Remplissez aussi l'image par défaut qui sera utilisée lors du partage de vos contenus lorsque ceux-ci n'ont pas de visuel.

Si jamais le partage d'un de vos contenus ne fonctionne pas, pensez à l'outil Facebook Debug qui pourra vous aider à comprendre ce qui pose problème lors du partage : https://developers.facebook.com/tools/debug/. C'est souvent le cas notamment quand l'image à la une de vos contenus est trop petite.

Onglet Twitter

Twitter essaye lui aussi de fournir des informations supplémentaires aux internautes : c'est ce que l'on appelle les « Twitter Cards ». Elles permettent non pas d'améliorer le référencement de son site, mais de donner plus de visibilité à nos contenus sur ce réseau social, et donc là aussi de potentiellement augmenter le trafic.

Figure 4–30
Pour certains liens partagés, le bouton Voir le résumé permet d'accéder à des informations supplémentaires.

Figure 4–31
En cliquant sur ce lien, voici les informations que l'internaute peut consulter directement sur Twitter.

Activez l'option en cochant la première case, puis renseignez tout simplement votre nom d'utilisateur Twitter.

Attention, si vous cochez une Twitter Card différente de « *Résumé* », par exemple « *Résumé avec grande image* », il vous faut demander une autorisation auprès de Twitter pour que le réseau social prenne en compte votre format de partage. Pour cela, allez sur le site Twitter Card Validator et soumettez n'importe lequel de vos articles. L'outil vous indiquera alors si votre nom de domaine n'est pas « whitelisté ». Vous n'aurez alors plus qu'à appuyer sur le bouton et à remplir le formulaire pour en faire la demande pour le mettre en liste blanche.

Figure 4–32
Un exemple de site non autorisé

Onglet Pinterest

Ici, rien de plus simple : copiez le code de vérification de Pinterest.

Onglet Google+

Les options de cet onglet permettent de gérer les données de Google+, notamment l'association avec votre page Google+.

Le champ *page Google Publisher* associe une page entreprise du réseau social Google+ à votre site (pas un profil), et permet notamment de bénéficier d'un affichage amélioré dans les moteurs de recherche.

Figure 4–33
Dans cette capture d'écran, on voit l'association avec la page entreprise de Google (cet espace apparaît à droite dans le moteur de recherche) quand on fait une recherche sur le nom du site concerné.

Si vous n'avez pas de profil ni de page Google+, je vous conseille de le faire au plus vite : http://plus.google.com.

Sitemaps XML

Le sitemap XML est un fichier qui recense l'ensemble des contenus de votre site. Il n'influe pas sur le positionnement de vos pages, mais il assure que tous vos contenus sont correctement indexés par les moteurs de recherche.

WordPress SEO permet de générer automatiquement ce fichier. Dans le quatrième menu de paramétrage, il vous suffit de cocher la case *cocher cette case pour activer la fonctionnalité sitemap XML*.

Sur un site bien conçu, l'impact du fichier sitemap sera inexistant (c'est bien dommage…). Sur un site très mal conçu, il peut faire la différence en palliant les défauts de votre site pour l'indexation de vos contenus. Attention, cela ne vous dispense pas de corriger, améliorer et optimiser votre site.

Onglet Général

Le premier onglet ne sert à rien, sauf à récupérer l'adresse de votre fichier sitemap. Il vous sera utile à la fin du paramétrage de ce menu.

Onglet Sitemap utilisateur

Le *Sitemap utilisateur* permet d'ajouter un sitemap qui va lister tous les auteurs du site. Si vous n'en avez qu'un seul, mieux vaut le désactiver en cochant l'option *Désactiver le sitemap auteur/utilisateur*. Si, en revanche, vous souhaitez mettre plusieurs rédacteurs en avant et vous positionner sur leurs noms et prénoms, laissez cette option cochée.

Laissez également toujours cochée la case *Désactiver les utilisateurs avec 0 articles*.

Et surtout, ne cochez que les types d'utilisateurs qui sont pertinents parmi ceux proposés : administrateurs, éditeurs, auteurs… Il arrive en effet que certains sites permettent aux internautes de créer un compte sur un blog WordPress pour pouvoir utiliser certaines fonctions, mais cela peut provoquer la création de dizaines, centaines voire milliers de pages auteurs inutiles.

Onglet Types d'article

Vous pouvez ici sélectionner les sitemaps que vous **ne voulez pas** générer. Voici le paramétrage que je vous recommande pour les sitemaps par défaut.

- *Articles (post)* : ne pas cocher ;
- *Pages (page)* : ne pas cocher :
- *Médias (attachment)* : à cocher ;

Onglet Taxonomies

Là encore, voici le paramétrage par défaut idéal :

- *Catégories (category)* : ne pas cocher ;
- *Mots-clefs (post_tag)* : ne pas cocher ;
- *Format (post_format)* : à cocher.

En effet, les médias (pages attachments) n'ayant que très peu d'intérêt pour le visiteur et le moteur de recherche, ceux-ci ne doivent pas être présents dans le fichier sitemap. De même, le *post_format* est une taxonomie qui n'apparaît que lorsque vous activez les formats d'articles. Mieux vaut donc ne pas les indexer et ne pas faire apparaître ces nouvelles pages d'archives qui vont là aussi dupliquer le contenu.

> **ATTENTION Le sitemap ne doit pas forcément tout inclure!**
>
> Dès que vous allez créer une custom taxonomie ou un custom post type, ce menu va les ajouter automatiquement au sitemap. Mais ces taxonomies et posts types peuvent parfois servir uniquement à classer différemment vos contenus, sans pour autant vouloir les afficher pour les moteurs de recherche et les visiteurs. Pensez donc à les cocher pour les exclure. Nous verrons plus en détail de quoi il s'agit dans le chapitre 10.

Vous avez à ce stade-là un sitemap automatisé avec les bons contenus. Vous aurez accès directement à l'URL de votre fichier sitemap via le bouton *XML Sitemap*. Théoriquement, celle-ci sera sous la forme : monsite.com/sitemap_index.xml.

La dernière étape consiste à vous connecter au centre Webmaster de Google et de Bing pour y associer le fichier sitemap à votre site, et le tour est joué. Ne le faites cependant pas tout de suite, car il est préférable de tout nettoyer et d'optimiser votre site avant de soumettre ce fichier.

Avancé

Onglet Breadcrumbs

Anciennement appelée lien interne, cette extension fait référence au chemin de navigation (aussi appelé « fil d'Ariane ») qu'on retrouve sur de nombreux sites, comme ici sur Abondance.com.

Figure 4–34
Voici un exemple de fil d'Ariane

Le chemin de navigation sert :

- à l'utilisateur :
  - il lui indique où il se trouve ;
  - il facilite la navigation vers les niveaux supérieurs ;
- au moteur de recherche :
  - il lui indique où il se trouve ;
  - il facilite le maillage interne et l'indexation.

Contrairement aux premières versions, le chemin de navigation est désormais inséré avec le bon marquage `schema.org`, ce qui facilite le travail de Google pour l'interpréter.

Commencez par activer cette option via la case *Activer les fils d'Ariane*. Libre à vous ensuite de paramétrer le reste comme bon vous semble :

- le *séparateur*, par exemple : >, », - ou encore • ;
- le *texte d'ancrage pour l'accueil*, par exemple : « Accueil » ou le nom de votre site ;
- le *préfixe pour le fil d'Ariane, celui de la recherche et des archives*, par exemple : « Vous êtes ici » ou « Votre recherche ».

Vous avez ensuite la possibilité de choisir pour chaque post type et taxonomie les contenus à afficher dans le fil d'Ariane. Pour vos articles, déterminez donc en toute logique les *catégories*. L'extension vous indiquera alors le code à insérer dans votre thème pour afficher correctement ce chemin de navigation.

Onglet Permaliens

Certaines options disponibles ici sont une petite mine d'or, mais c'est aussi là que vous pouvez casser votre site très facilement. Restez donc très vigilant quant aux choix que vous allez faire !

Enlever le répertoire de base de la catégorie

Rappelez-vous que lorsque nous parlions du paramétrage de base des permaliens, il était possible de demander à WordPress de remplacer dans les URL la partie /category/ par un autre mot-clé pour vos catégories, mais qu'il était impossible de s'en débarrasser. Pourtant, c'est exactement ce qu'il faut faire pour pouvoir gérer plus facilement ses contenus, changer de structure et optimiser son référencement.

> **ATTENTION Les répertoires peuvent vous nuire**
>
> Quand Google voit des répertoires parents dans une URL, il va les tester, même sans trouver de liens vers eux. Il va donc visiter l'URL monsite.com/category/ qui est une page d'erreur 404.

Avant de modifier cette option, listez dans un fichier Excel toutes les URL de vos catégories. Vous pouvez ensuite cocher cette option pour vous débarrasser du `/category/`. Vos catégories seront alors sous la forme : monsite.com/nomdecategorie au lieu de monsite/com/category/nomcategorie.

Vérifiez juste après que les anciennes URL de catégories sont correctement redirigées vers les nouvelles. Si ce n'est pas le cas, utilisez l'extension Redirection dont nous avons parlé un peu plus haut.

Rediriger l'URL des pièces jointes vers celle de l'article parent

Quand un utilisateur ajoute une image dans un contenu, WordPress lui offre deux possibilités d'interactions lorsqu'il clique dessus :

- soit l'utilisateur est dirigé vers l'image en taille réelle, par exemple monsite.com/wp-content/2012/05/monimage.jpg (*Adresse web du fichier*) ;
- soit l'utilisateur est dirigé vers une page attachment monsite.com/url-de-votre-article/monimage/ (*Adresse de l'article du fichier joint*).

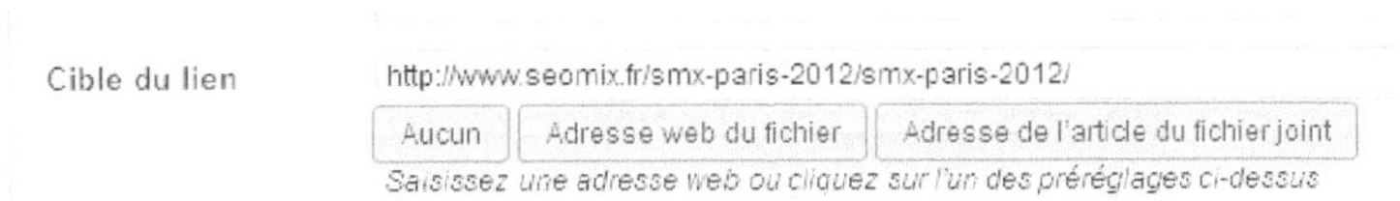

Figure 4–35
Optez toujours pour l'adresse web du fichier. Contrairement à l'exemple montré ici, vous devez impérativement voir le nom du fichier et son extension (.jpg, .png…) dans l'adresse.

Au tout début de l'ouvrage, nous avons vu que les pages attachments sont très souvent nuisibles. Il faut donc cocher l'option *Rediriger le lien URL des pièces-jointes au lien URL de l'article parent*. Ainsi, même si l'utilisateur utilise à tort l'option *Adresse de l'article du fichier joint*, l'internaute et le moteur de recherche seront redirigés vers l'article, et non vers la page attachment.

Supprimer les variables ?replytocom

Depuis plusieurs versions, WordPress propose une fonctionnalité pour répondre à un commentaire spécifique. Rappelez-vous, nous l'avons déjà désactivée dans le paramétrage de WordPress (dans le menu *Discussions*).

Le hic, c'est que Google conserve dans son index toutes les URL contenant le paramètre de réponse à un commentaire, et qui se présentent sous la forme suivante : urlarticle/?replytocom=ID. Cela est surtout vrai pour les anciens thèmes mal conçus qui indiquaient clairement ce paramètre à l'activation d'un bouton de réponse.

En cochant l'option *Supprimer les variables ?replytocom*, WordPress SEO va supprimer et rediriger proprement toutes les URL qui contenaient ce paramètre. Faites-le.

Forcer l'ajout d'une barre oblique à la fin de tous les liens

Si vous avez bien suivi ce qui a été expliqué sur les permaliens dans le chapitre 3 sur les réglages, toutes vos URL se terminent désormais avec un / final pour vos articles et vos taxonomies.

Le problème, c'est que WordPress et les moteurs de recherche peuvent considérer que les URL sans / sont des adresses web différentes, provoquant soit une erreur 404 dans le pire des cas, soit une redirection de contenu inutile dans le meilleur. C'est d'autant plus problématique qu'il est malheureusement fréquent d'omettre ce slash à certains endroits de votre thème, ou quand un site externe fait un lien vers vous en se trompant d'URL.

WordPress SEO permet de forcer ici l'ajout systématique d'un slash, et cela en activant tout simplement cette option. Alors faites-le aussi.

Rediriger les liens URL laids vers des permaliens propres

Il est indiqué clairement « non recommandé dans la majorité des cas » et, croyez-moi, il faut suivre ce conseil.

Nettoyer la section Head

Cette partie permet de nettoyer le header des pages qui contiennent non seulement des informations inutiles, mais aussi des liens que les moteurs de recherche suivent et qui vont donc ralentir une fois de plus l'indexation. Voici le paramétrage à adopter.

- *Masquer les liens RSD* : cochez cette case. WordPress ajoute certaines balises spécifiques pour indiquer les technologies qu'il contient, et vous n'en aurez pas besoin dans 99 % des cas.
- *Masquer les liens manifestes WLW* : cochez également cette case, pour les mêmes raisons.
- *Masquer le lien court pour les articles* : cochez cette case. Sans cela, WordPress va générer des liens raccourcis dans l'en-tête de chacun de vos articles. Ces liens seront suivis inutilement par les moteurs de recherche. J'insiste sur le terme « inutilement » car ils redirigeront vers la page sur laquelle ils se trouvent déjà. Ces liens raccourcis n'ont aucun intérêt en référencement naturel, bien au contraire…
- *Masquer les liens RSS* : cochez cette option. Les flux d'actualités RSS peuvent être utiles pour les visiteurs et les moteurs de recherche, mais par défaut, WordPress en ajoute beaucoup trop. Nous verrons dans la partie dédiée aux thèmes comment faire pour n'en activer qu'un seul.

Onglet RSS

Cette dernière partie, vous allez pouvoir personnaliser le contenu des flux d'actualités RSS, en ajoutant avant ou après du contenu supplémentaire. On peut aussi ajouter certains contenus dynamiques avec les balises suivantes :

- `%%AUTHORLINK%%` : un lien vers l'auteur avec le nom de l'auteur comme ancre ;
- `%%POSTLINK%%` : un lien vers l'article avec le titre comme ancre ;
- `%%BLOGLINK%%` : un lien vers votre site avec le nom de votre site comme ancre ;
- `%%BLOGDESCLINK%%` : un lien avec le nom du site et la description comme ancre.

Comme nous avons déjà réduit les risques de duplication de contenus du site avec les paramètres de WordPress, il n'est pas obligatoire d'utiliser cette section : à vous de voir si cela a un intérêt pour les visiteurs d'ajouter du contenu supplémentaire et personnalisé.

Vous pourriez par exemple ajouter après chaque élément du flux RSS le code suivant : `%%POSTLINK%%` a été publié en premier sur `%%BLOGLINK%%`.

Menu Tools

Importer et exporter les données SEO

Certains d'entre vous n'ont peut-être pas cette extension de référencement mais une autre.

Pour en avoir testé plusieurs, Yoast est loin devant, mais il est contraignant de tout réinstaller. Heureusement, WordPress SEO prévoit des fonctions d'importation ou d'exportation de données dans le menu *Tools*. Vous pouvez donc importer des données depuis :

- un fichier d'import d'un autre WordPress SEO ;
- HeadSpace2 ;
- AllInOneSEO (ancienne et nouvelle versions) ;
- le framework SEO de WooThemes.

Si vous utilisez une autre extension ou un framework (ou encore votre thème) pour gérer votre SEO, abandonnez ce système et servez-vous le plus rapidement possible de l'extension WordPress SEO : cela prendra plus ou moins de temps pour tout mettre en place mais vous aurez un vrai outil de qualité à la place.

Éditeur par lot

Dans ses outils, WordPress SEO propose un outil d'édition en masse. Ainsi, vous pourrez notamment éditer sur une seule et même page les balises `title` et `meta description` de tous vos contenus.

Cet outil vous fera gagner du temps, mais sachez que cela peut rendre parfois plus difficile l'optimisation car on ne voit pas chaque contenu dans son ensemble.

Sécurité et WordPress 5

On pourrait penser à tort que la sécurité d'un site n'a pas de liens directs avec le référencement. Et pourtant, cet aspect souvent négligé pourrait causer des dégâts sérieux au positionnement de votre site Internet.

WordPress, sécurité et SEO (par Julio Potier)

Dans un Web heureux, personne ne serait tenté d'exploiter les lacunes des services Internet. Malheureusement, des pirates « commerciaux » sont à la poursuite de milliards de dollars de recettes et des pirates « d'État » tentent de dominer le Web.

Il n'y a rien que vous ne puissiez faire pour empêcher quelqu'un d'essayer de pénétrer dans votre site web. Vous pouvez être en mesure de le verrouiller afin qu'ils ne puissent pas entrer car, lorsque votre site est en panne ou tagué comme étant infecté par des malwares, cela vous coûte de l'argent.

S'attaquer au SEO

Certains hackers se font discrets pour rester cachés le plus longtemps possible afin d'exploiter au maximum vos ressources telles que votre bande passante, votre capacité de stockage mais aussi, et surtout, votre visibilité en front-end.

Ce sont les plus dangereux, car ils s'attaquent principalement au SEO. S'ils parviennent à détourner vos contenus, vos pages, vos e-mails, vos liens vers leurs contenus, pages, e-mails et liens, alors ils gagneront de l'argent pendant que vous et vos clients en perdront.

Les méthodes d'attaques

Elles sont basiques, comme l'insertion de liens en pied de page directement via la modification du fichier du thème ou l'injection de codes en JavaScript ; elles peuvent également être plus complexes en modifiant et créant des redirections dans le fichier `.htaccess` ou des iframes en base de données.

Ils savent rester discrets et se cacher. Si vous visitez votre site, il vous paraîtra tout à fait normal, et il en sera de même pour vos visiteurs. Mais les moteurs de recherche auront, eux, une tout autre version de votre site, ultracloackée, c'est-à-dire remplie de liens en tout genre, ou ils pourront être redirigés vers d'autres sites « exotiques ».

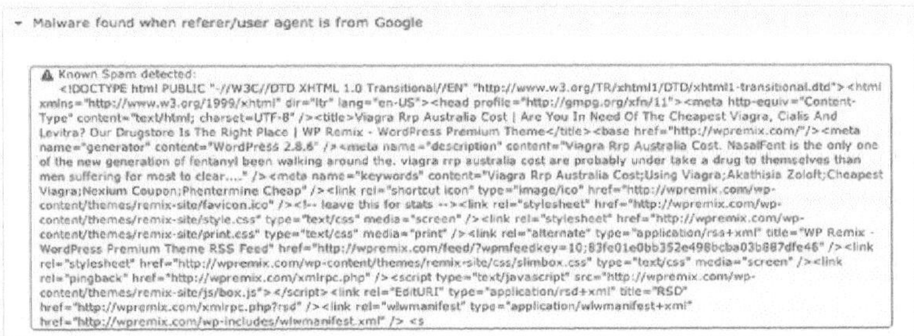

Figure 5–1
Évidemment, ces liens auront une place d'honneur dans les SERP ; votre SEO sera alors fort impacté.

Les ressources de votre site

Les ressources de votre site sont également une mine d'or pour les hackers. Par exemple, l'utilisation abusive de la fonction d'e-mailing est aussi une pratique bien connue des hackers afin de spammer des liens depuis l'adresse de votre serveur.

Une fois votre site banni, tagué comme spammeur, vous ne pourrez plus au mieux légitimement envoyer d'e-mails ; au pire, vous serez toujours classé automatiquement dans les spams des destinataires.

Votre site peut aussi servir d'hébergeur de hameçonnages *(phishing)* contenant encore une fois d'autres liens SEO pour faire grimper le clic et falsifier des identités.

Quoi qu'il en soit, qu'importe la technique utilisée, ces hackers du SEO ne veulent que très rarement votre compte admin ou, en tout cas, ils ne souhaitent pas casser votre site. Ils misent plutôt sur du backlink et des SERP, et souhaitent tenir votre site debout le plus longtemps possible sans se faire repérer.

WordPress est-il la cause de ces piratages ?

WordPress n'est bien évidemment pas la cause des piratages. Il n'en est que le moyen.

Les causes sont multiples. Les piratages peuvent par exemple venir de votre hébergeur, de votre serveur, d'une mauvaise configuration PHP, Apache, NGNIX. D'autres facteurs peuvent par ailleurs se révéler fatals, comme un mot de passe faible ou le prêt de compte administrateur à « des amis ». Sachez que les causes les plus courantes sont les vulnérabilités contenues dans les extensions et les thèmes.

Pour se protéger, pensez-y avant !

Il est alors important de toujours chercher à protéger son site pour que, le jour où vous serez la cible d'un piratage, vous soyez prêt tout comme votre site, afin qu'il ressorte indemne de ces attaques.

Malheureusement, trop nombreux sont les webmasters qui y penseront trop tard, une fois l'attaque effectuée, n'imaginant pas être une cible potentielle ou être infectés, jusqu'au jour où…

Ne soyez pas ce webmaster et sachez protéger votre site contre les pirates. Pour ce faire, il existe des personnes capables de vous aider ou des extensions qui vous simplifieront la tâche. Si vous pensez avoir déjà suffisamment sécurisé votre site, recommencez !

> **Remarque**
>
> Pour cette première partie du chapitre, je remercie Julio Potier, expert en sécurité chez BoiteAWeb (http://boiteaweb.fr/), d'avoir partagé ici sa vision de la sécurité de WordPress et de son impact en référencement naturel.

Deux problèmes de sécurité en référencement naturel

Pour optimiser la visibilité d'un site sur les moteurs de recherche, il faut déjà qu'il soit correctement référencé. Et ce n'est pas toujours le cas, les moteurs et les antivirus refusant de mettre en avant des sites potentiellement dangereux pour les internautes.

Les moteurs de recherche

De base, un moteur de recherche ne contrôle pas la sécurité d'un site. Cela n'est pas un de ses critères de positionnement. Sécuriser un site ne va pas le faire gagner en visibilité ; en revanche, l'inverse est vrai. En effet, un site non sécurisé peut disparaître des résultats après un piratage. Google et les autres moteurs de recherche souhaitent donner accès aux contenus qui vont répondre aux besoins de l'internaute. Ils vont donc automatiquement masquer tous les sites qui peuvent nuire ou endommager l'ordinateur de celui-ci. En voici un exemple.

Figure 5–2
Un message d'alerte de Google

En d'autres termes, un site non sécurisé prend le risque de voir ses efforts de référencement naturel réduits à néant. Il est donc primordial de toujours vous préoccuper de la sécurité de votre site.

Les antivirus

La seconde problématique, en plus de l'impact qu'un virus ou un piratage peut avoir sur l'image de marque et la notoriété, c'est que les moteurs de recherche ne sont pas les seuls à classer les sites. Les logiciels d'antivirus le font également.

Et c'est là que cela se complique. Suite à un piratage puis au nettoyage du site, un moteur de recherche peut débloquer rapidement la pénalité, permettant normalement de retrouver ses positions. Avec un antivirus, les délais pour que chacun d'eux supprime une URL des sites infectés peut être très long (six mois pour certains). Il est donc crucial qu'aucun logiciel antivirus ne puisse catégoriser votre site comme étant nuisible.

Sécuriser WordPress

Pour sécuriser ce CMS, il existe heureusement plusieurs solutions. Malheureusement, aucune ne garantit une sécurité totale, mais cela vous permettra de renforcer grandement la fiabilité de votre site.

Le fichier wp-config.php

Le fichier `wp-config.php` situé à la racine de votre installation WordPress sert à gérer le paramétrage de votre site. Vous pourrez lui ajouter ou modifier certains éléments pour améliorer la sécurité.

Utilisateur et mot de passe

Commencez par vérifier que le nom d'utilisateur pour la base de données (`db_user`) et que le mot de passe (`db_password`) ne sont pas :

- trop simples ;
- déjà utilisés ailleurs (par exemple, pour l'administration du site) ;

- facilement devinables (par exemple, en reprenant le nom du site).

Attention, notez que si vous changez l'un ou l'autre, vous devrez avant tout effectuer cette modification auprès de votre hébergeur.

Filtrage des uploads

Chacune des lignes suivantes peut être ajoutée dans le fichier, idéalement après les lignes liées à la base de données (`db_host`, `db_name`, `db_user`, `db_password`).

La ligne suivante force notamment WordPress à toujours filtrer tous les fichiers mis en ligne, quels que soient les extensions ou le thème utilisés. Placez-la dans le fichier `functions.php` de votre thème, extension ou mu-plugin :

Forcer le filtre des uploads

```
define( 'ALLOW_UNFILTERED_UPLOADS', FALSE );
```

Les éditeurs de fichiers dans l'administration

Autres éléments de sécurité à contrôler : les menus de WordPress qui permettent à un utilisateur de modifier les fichiers présents dans le serveur (ceux des extensions et des thèmes). Vous pouvez en effet trouver des menus « *Éditer* » dans les menus « *Apparence* » et « *Extensions* » de WordPress, qui posent deux problèmes :

- si vous vous trompez lors de la modification d'un fichier, vous risquez de perdre l'accès à l'administration de WordPress et donc de ne plus pouvoir revenir en arrière ;
- si un pirate parvient à accéder à l'administration du site, il va pouvoir très facilement modifier tous vos fichiers.

Pour éviter cela, ajoutez la ligne suivante.

Pas d'éditeur de fichier dans l'administration de WordPress

```
define( 'DISALLOW_FILE_EDIT', TRUE );
```

Le préfixe de table

Vous pouvez aussi vérifier le préfixe utilisé pour votre base de données WordPress. Par défaut, c'est celui de l'installation est `wp_`.

Le préfixe de base des bases de données WordPress

```
$table_prefix = 'wp_';
```

Facile à deviner par un pirate, l'idéal est donc de le modifier. Avec un nouveau site WordPress, c'est très simple : on vous le demandera lors de l'installation.

Figure 5–3
Le menu d'installation de WordPress

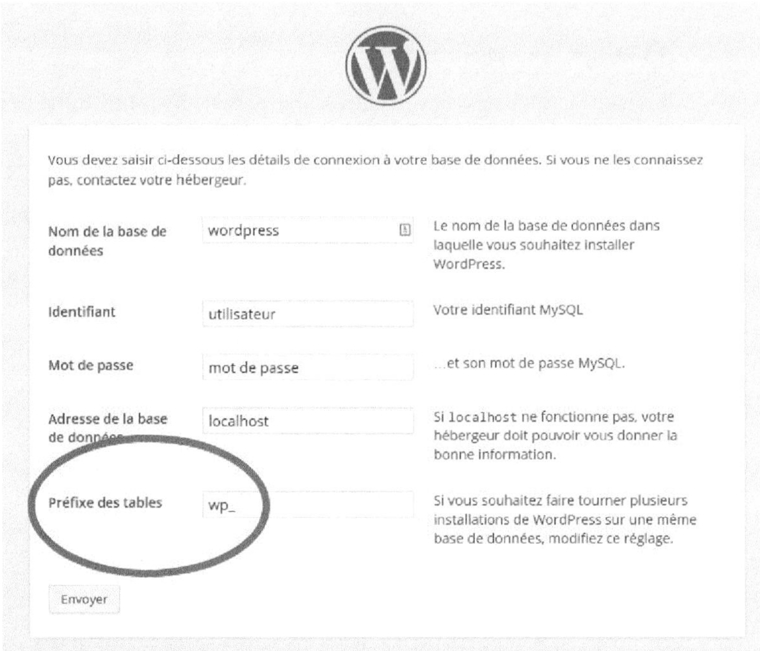

En revanche, si votre site existe déjà, vous devrez vous connecter d'abord à votre base de données pour ensuite modifier ce préfixe dans le fichier `wp-config.php`. Pour cela, je vous conseille notamment cette extension WordPress : Change DB Prefix.

> INFORMATIONS SUR L'EXTENSION **Change DB Prefix**
>
> Version actuelle de l'extension : 1.2
>
> ▸ https://wordpress.org/plugins/db-prefix-change/

Les clés de sécurité

Toujours dans le fichier de configuration, vous trouverez plusieurs lignes liées aux clés de sécurité (`define AUTH_Key` notamment). Si ce n'est pas le cas, ajoutez-les. Et si elles sont vides, remplissez-les avec cet outil en ligne : https://api.wordpress.org/secret-key/1.1/salt/.

Les clés par défaut dans le fichier wp-config.php

```
/**#@+
* Clés uniques d'authentification et salage.
*
* Remplacez les valeurs par défaut par des phrases uniques !
* Vous pouvez générer des phrases aléatoires en utilisant
* {@link https://api.wordpress.org/secret-key/1.1/salt/ le service de
clés secrètes de WordPress.org}.
* Vous pouvez modifier ces phrases à n'importe quel moment, afin
d'invalider tous les cookies existants.
* Cela forcera également tous les utilisateurs à se reconnecter.
*
* @since 2.6.0
*/
define('AUTH_KEY',         'put your unique phrase here');
define('SECURE_AUTH_KEY',  'put your unique phrase here');
define('LOGGED_IN_KEY',    'put your unique phrase here');
define('NONCE_KEY',        'put your unique phrase here');
define('AUTH_SALT',        'put your unique phrase here');
define('SECURE_AUTH_SALT', 'put your unique phrase here');
define('LOGGED_IN_SALT',   'put your unique phrase here');
define('NONCE_SALT',       'put your unique phrase here');
```

Le fichier .htaccess

Nous allons maintenant modifier un autre fichier pour y ajouter des règles de sécurité : il s'agit du fichier `.htaccess`, situé à la racine de votre installation WordPress.

Le premier code bloque l'accès à ce fichier :

Protection du fichier .htaccess

```
<files .htaccess>
order allow,deny
deny from all
</files>
```

Le deuxième évite qu'un internaute puisse lister les fichiers présents dans un répertoire :

Protection de la lecture des répertoires

```
Options -Indexes
```

Et, enfin, on protège avec le troisième code l'accès au fichier de configuration du site :

Protection du fichier wp-config.php

```
<files wp-config.php>
order allow,deny
deny from all
</files>
```

Les utilisateurs et les bonnes pratiques

Une des plus grosses failles de sécurité qui puisse exister sur WordPress, c'est l'utilisateur, et donc vous ! Heureusement, il existe un grand nombre de conseils et de bonnes pratiques à mettre en place pour éviter se retrouver dans des situations trop difficiles. Sur chaque site WordPress, validez les points suivants :

- le compte admin ne doit pas exister, car il est trop simple de le deviner, tout comme le compte ayant l'identifiant n° 1, et ce, pour la même raison ;
- aucun login ne doit pouvoir être deviné. Il faut notamment éviter les nom/prénom pour les logins ;
- tous les mots de passe doivent être uniques, c'est-à-dire ne pas être employés sur d'autres sites ou avec d'autres comptes ;
- tous les mots de passe doivent être forts et donc constitués d'une suite de caractères incluant des chiffres, des majuscules, des minuscules et des caractères spéciaux (par exemple, RxE68cuJp^6szCw) ;
- chaque utilisateur ne doit posséder que les accès dont il a besoin. Par exemple, la personne en charge de la publication des contenus pourra avoir le rôle d'auteur ou d'éditeur. Il sera inutile de lui donner un rôle d'administrateur ;
- si un compte devient inactif et/ou inutile, pensez à le supprimer.

Les extensions

Au-delà de ces bonnes pratiques, certaines extensions WordPress vont également permettre de corriger certaines failles de sécurité. En voici une liste.

> INFORMATIONS SUR L'EXTENSION **Login LockDown**
>
> Version actuelle de l'extension : 1.6.1
>
> ▸ https://wordpress.org/plugins/login-lockdown/

Cette extension limite le nombre de tentatives de connexion à l'administration d'un site.

> **INFORMATIONS SUR L'EXTENSION Breach Avoider**
>
> Version actuelle de l'extension : 1.2
>
> ▸ https://wordpress.org/plugins/baw-breach-avoider/

Breach Avoider prémunit de la vulnérabilité présente chez certains hébergeurs dans le protocole HTTPS.

> **INFORMATIONS SUR L'EXTENSION SF Author URL Control**
>
> Version actuelle de l'extension : 1.1.2
>
> ▸ https://wordpress.org/plugins/user-switching/

Cette extension permet de modifier manuellement les URL des pages auteur, dans le but de trouver plus difficilement le login réel d'un utilisateur.

> **INFORMATIONS SUR L'EXTENSION Block Bad Queries**
>
> Version actuelle de l'extension : 20150314
>
> ▸ https://wordpress.org/plugins/block-bad-queries/

Block Bad Queries est une extension WordPress qui bloque automatiquement des requêtes d'URL malicieuses.

> **INFORMATIONS SUR L'EXTENSION User Name Security**
>
> Version actuelle de l'extension : 2.3
>
> ▸ https://wordpress.org/plugins/user-name-security/

Cette extension que j'ai créée avec Julio Potier rend plus difficile l'accès au réel login de l'utilisateur. Elle masque tout d'abord dans la fonction `body_class` le login et le numéro d'identifiant des utilisateurs. Elle va également forcer le fait d'avoir un nom public différent du login réel.

Le développement des thèmes et des extensions

Sachez qu'une autre partie des failles proviennent non pas de WordPress, mais des extensions et thèmes installés, qu'ils soient payants ou gratuits, connus ou non. Par exemple, des failles de sécurité ont été trouvés dans de célèbres extensions (WordPress SEO, MailPoet, Revolution Slider ou encore WPML). Chaque développeur crée en effet des fonctionnalités, mais ils peuvent y inclure sans le savoir différents types de failles de sécurité.

Pour éviter cela, il faudrait auditer chaque extension et chaque thème qu'on installe, mais cela prend un temps considérable et nécessite surtout de réelles connaissances dans ce domaine.

Pour s'en prémunir, l'idéal est donc de toujours disposer d'une sauvegarde récente de son site, contenant à la fois des fichiers présents sur le serveur et une copie de la base de données. Là encore, une extension peut vous aider.

INFORMATIONS SUR L'EXTENSION **BackWPup Free**

Version actuelle de l'extension : 3.1.4

- https://wordpress.org/plugins/backwpup/

Intérêt : programmer des sauvegardes du site et, surtout, choisir vers où stocker ces données, notamment par e-mail, par FTP, sur Dropbox ou encore sur Amazon.

Enfin, si vous êtes développeur ou intégrateur WordPress, apprenez cette page par cœur : https://codex.wordpress.org/Data_Validation. Il s'agit de toutes les fonctions de sécurité que vous devez utiliser pour traiter, sauvegarder ou afficher des données.

Les thèmes de WordPress

6

Patience ! Avant d'aborder les contenus, il est impératif de passer un peu de temps sur votre thème WordPress.

En référencement naturel, c'est à la fois votre meilleur allié et votre pire ennemi. S'il est mal conçu, vos contenus seront dupliqués et votre site ne sera ni ergonomique pour l'utilisateur, ni efficace pour le moteur de recherche. Après avoir rappelé comment un thème fonctionne, je vais vous expliquer comment l'optimiser.

Avant de créer un thème

Comme je l'ai déjà dit plusieurs fois, le pire problème que l'on peut rencontrer avec WordPress est la duplication de contenus. Par défaut, un thème va copier chacun de vos contenus à l'identique un peu partout sur votre site. Même en optimisant correctement le CMS avec les bonnes extensions et en ayant de bons contenus, cela ne suffira pas, surtout avec un thème mal conçu.

Chaque site, chaque client et chaque secteur d'activité est différent : je ne peux donc pas vous dire exactement comment créer et coder votre thème. Cependant, nous verrons dans ce chapitre comment ils fonctionnent, et surtout nous apprendrons à regarder, ajouter, supprimer ou optimiser certains éléments pour éradiquer définitivement les problèmes les plus récurrents.

La première question qu'il faut se poser est : « Sur chaque type de contenu, que recherche le visiteur ? » Mettez-vous à sa place et anticipez sa recherche pour y répondre au mieux :

- sur l'accueil, il cherchera peut-être vos coordonnées ou vos dernières publications ;

- sur un article ou une page, il souhaitera lire le contenu publié ;
- sur la recherche, il cherchera à trouver facilement n'importe lequel de vos contenus ;
- sur une page d'auteur, il voudra trouver des informations sur celui-ci, et pas uniquement la liste de ses dernières publications ;
- etc.

Par conséquent, en répondant à cette question, vous aurez déjà un ordre d'idée de ce qu'il faut ajouter ou supprimer sur chaque type de contenu. Rappelez-vous que WordPress permet de publier des types de contenus classés par taxonomies. Pour les deux, c'est le thème qui détermine comment ils s'afficheront. À vous ensuite d'utiliser toutes les indications qui vont suivre pour que cet affichage soit optimal.

Rappelez-vous bien que vous ne devez jamais trouver un seul contenu entièrement dupliqué sur votre site. Je ne parle pas des images en miniatures ou des extraits d'articles, mais bien de contenus qui seraient copiés intégralement, comme un article qui se trouverait entièrement lisible dans une catégorie.

Vous devez aussi chasser le faux contenu dupliqué, c'est-à-dire toutes les pages différentes mais qui traitent exactement du même sujet, comme une catégorie et un mot-clé portant exactement sur la même thématique.

> À SAVOIR **L'intérêt de lire attentivement les pages qui suivent**
>
> À la fin des explications sur le Template Hierachy, je vous donnerai un exemple concret d'adaptation de contenu avant d'aborder dans une seconde partie la chasse au contenu dupliqué et les fonctions à utiliser presque systématiquement.
> La partie sur le Template Hierachy vous paraîtra rébarbative, mais elle est **indispensable** pour apprendre à créer, personnaliser et optimiser son thème.

Attention aux thèmes payants et gratuits

Premièrement, ne vous fiez jamais à la provenance d'un thème pour juger de sa qualité. Ce n'est pas parce que vous achetez un thème qu'il est meilleur. Ce n'est pas non plus parce que vous avez téléchargé un thème gratuit qu'il est moins bon. Et ce n'est pas parce que le thème vient d'un référenceur ou d'une agence qu'il est optimisé et bien conçu. Tout dépend toujours du développeur derrière le thème, de ses compétences et du temps qu'il a consacré à sa conception.

ATTENTION Méfiez-vous des développeurs !

Dans la suite de ce chapitre, nous verrons comment fonctionne un thème. Vous devriez ensuite être capable de comprendre parfaitement le vôtre pour l'optimiser.
Mais, cela implique que le développeur et l'intégrateur aient bien travaillé : certains d'entre eux ne respectent absolument pas les préconisations de WordPress, ce qui fait que vous trouverez des fichiers ayant des noms différents et faisant des inclusions inutiles de fichiers à droite et à gauche.
Si vous êtes dans ce cas de figure, aucun livre ne pourra vous aider à comprendre le créateur de votre thème : il faudra mettre les mains dedans et tester pour retrouver sa logique. Dans tous les cas, je vous souhaite bon courage pour comprendre sa logique lors de l'optimisation.

Avant de continuer, je laisse la parole ici à Alexandre Bortolotti, de l'excellent site WP Marmite. Spécialiste des thèmes WordPress, je voulais partager avec vous son point de vue sur le choix d'un thème, d'autant plus que ce choix peut avoir un énorme impact sur l'ergonomie ou encore sur votre image de marque. Il permettra surtout de valider définitivement ou presque votre thème, afin d'éviter de répéter vos optimisations en référencement naturel plusieurs fois à chaque changement.

Le choix d'un thème, par Alexandre Bortolotti

Vous êtes-vous déjà trompé en achetant un thème WordPress ? Si oui, souvenez-vous de ce que vous avez ressenti. Vous avez probablement pensé : « Allez, encore de l'argent de jeté par la fenêtre... ».

À mon sens, la raison principale qui mène à un mauvais achat de thème (sur Themeforest ou une autre boutique) est une mauvaise définition des besoins du projet...

Vous ne devez pas choisir un thème uniquement parce que vous le trouvez beau. C'est un peu plus compliqué que ça. De même, par pitié, n'achetez jamais un thème sur un coup de tête. En procédant ainsi, vous êtes quasiment assuré d'aller droit dans le mur.

Comme pour toute décision importante, vous devez garder la tête froide. Rappelez-vous que le thème que vous choisirez va vous représenter (ou votre client) sur Internet pendant quelques années.

Remarque

Cet article est une adaptation d'un chapitre du guide gratuit *Themeforest : Le guide ultime pour dénicher votre thème WordPress*. Merci à Alexandre de me permettre de partager ces conseils avec vous :).

Reprenons. Le site que vous êtes en train de construire est le salon dans lequel vous inviterez des centaines de personnes. Cela ferait mauvais genre de les recevoir dans de mauvaises conditions, n'est-ce pas ? Votre objectif est que vos visiteurs passent un agréable moment sur votre site et surtout qu'ils trouvent ce qu'ils sont venus chercher.

Pour cela, fermez tout sur votre ordinateur à l'exception de cet article. Oui vraiment. Nous n'avons besoin de rien d'autre pour le moment. Prenez simplement une feuille de papier, un crayon et répondez aux questions qui suivent.

Quel est le but de votre site ? Que va-t-il proposer ?

Recopiez et complétez la phrase suivante : MONSITE est un site dont l'objectif est de VERBE + BUT.

Voici quelques exemples pour vous aider :

- WP Marmite est un site dont l'objectif est d'accompagner ses lecteurs à créer leur propre site avec WordPress ;
- Meetic est un site dont l'objectif est d'aider les célibataires à trouver l'amour ;
- Capitaine Train est un site dont l'objectif est de simplifier l'achat de billets de train sur Internet.

Quel est votre public cible ? À qui vous adressez-vous ?

Une erreur classique est de croire que vous vous adressez à tout le monde. Votre site est forcément destiné à une catégorie de personnes particulière.

Recopiez et complétez la phrase suivante : MONSITE s'adresse aux personnes DESCRIPTION.

La description de votre public cible peut inclure et combiner les informations suivantes :

- la tranche d'âge ;
- le sexe ;
- la localisation ;
- le métier ;
- les valeurs ;
- les goûts.

Reprenons nos exemples :

- WP Marmite s'adresse aux personnes qui veulent créer des sites avec WordPress ;
- Meetic s'adresse aux personnes célibataires désirant trouver quelqu'un ;
- Capitaine Train s'adresse aux personnes qui s'arrachent les cheveux sur le site de la SNCF.

Quelles sont les valeurs que vous désirez transmettre ?

Concrètement, un site Internet n'est qu'un ensemble de pixels sur un écran. Rien de plus. C'est plutôt froid et l'humain n'est pas présent. Pour vous démarquer des sites avec qui vous serez en concurrence, il faut vous distinguer autrement.

Imaginons que vous soyez artiste peintre. Votre site devrait arriver à transmettre votre passion pour la peinture. Il faut qu'en face de leur écran, vos visiteurs comprennent que vous vous donnez à fond dans ce que vous faites.

Si vous fréquentez régulièrement WP Marmite ou Webmarketing & Co'm, j'espère que vous ressentez cela. Quel que soit votre secteur d'activité, votre site doit mettre en avant ce en quoi vous croyez.

Recopiez et complétez la phrase suivante : les valeurs de MONSITE sont VALEUR1, VALEUR2 et VALEUR3.

Exemples :

- les valeurs de WP Marmite sont le partage, la bonne humeur et la transparence ;
- les valeurs de Meetic sont la confiance, la sécurité et la convivialité ;
- les valeurs de Capitaine Train sont la simplicité, la réactivité et le bon design.

Quelle est l'action unique que vos visiteurs doivent accomplir sur votre site ?

Avec cet article, je veux que vous preniez des notes. Vous créez un site avec un objectif bien précis. Nous avons défini cela lors de la première question.

Maintenant, qu'allez-vous mettre en œuvre pour atteindre cet objectif ? À mon sens, un site doit être élaboré de manière à rendre ses visiteurs actifs.

Recopiez et complétez la phrase suivante : sur MONSITE, les visiteurs doivent ACTION.

Avec nos exemples cela donne :

- sur WP Marmite, les visiteurs doivent s'inscrire à la newsletter ;
- sur Meetic, les visiteurs doivent s'inscrire ;
- sur Capitaine Train, les visiteurs doivent acheter un billet de train.

Par quels adjectifs les visiteurs décriront votre site ?

Cette étape est très importante car elle vous force à vous mettre à la place de vos visiteurs. Si vous désirez que votre site reflète la simplicité, le thème que vous choisirez ne devra pas comporter des animations qui fusent de partout.

Cet exercice est similaire à la définition de vos valeurs excepté qu'il faut associer des adjectifs plutôt que des noms à votre site.

Recopiez et complétez la phrase suivante : les visiteurs de MONSITE doivent le trouver ADJECTIF1, ADJECTIF2 et ADJECTIF3.

Exemples :

- les visiteurs de WP Marmite doivent le trouver clair, instructif et utile ;

- les visiteurs de Meetic doivent le trouver ergonomique, efficace et engageant ;
- les visiteurs de CapitaineTrain doivent le trouver rapide, simple et clair.

Qui sont vos concurrents ? En quoi votre site sera-t-il différent ?

Internet est si vaste qu'il y a vraiment très peu de chances pour que votre site soit le seul dans son domaine. Il existe forcément d'autres sites qui proposent plus ou moins la même chose que vous.

Et même dans le cas où vous seriez seul, il faudra vous faire remarquer, montrer pourquoi les gens devraient visiter votre site et passer à l'action.

Trouvez trois sites qui ciblent le même public que vous. Ensuite, recopiez et complétez la phrase suivante : **MONSITE** se différencie de **SITE1** car **RAISON**.

Faites de même pour **SITE2** et **SITE3**.

Exemples :

- WP Marmite se différencie de GeekPress.fr car il publie des articles régulièrement ;
- Meetic se différencie de Zoosk car il organise des événements ;
- Capitaine Train se différencie de Voyages-SNCF car il est simple d'utilisation.

Quel style de thème recherchez-vous ?

Passons maintenant à l'aspect graphique de votre thème (et donc de votre site). Si vous possédez un logo, il faudra que votre site s'accorde avec lui pour conserver de la cohérence.

Posons-nous quelques questions sur ce qui concerne l'apparence.

- Dans quelle gamme de couleur votre site devra-t-il se situer ?
- Quelles polices d'écriture devront être employées ?
- Est-ce qu'un arrière-plan est nécessaire ?

Ces questions peuvent paraître un peu floues mais elles ont leur importance.

Si vous désirez lancer un blog sur le jardinage, il va de soi que ses couleurs tendront plus vers le vert que vers le rouge. L'idée étant de créer une atmosphère paisible, champêtre et naturelle. Ce que la couleur rouge ne transmet pas du tout.

Attention donc aux couleurs que vous choisirez. Préférez utiliser une seule couleur pour éviter les mauvaises combinaisons.

Quelles fonctionnalités votre site devra-t-il comporter ?

Que vous créiez un blog, un site vitrine ou un site e-commerce, il devra posséder un certain nombre de fonctionnalités (newsletter, boutons de partage sur les réseaux sociaux, etc.).

Vous devez savoir que tout ce dont vous avez besoin ne figure pas uniquement dans le thème. Vous devrez utiliser des extensions pour enrichir les fonctionnalités de votre site.

En fait, le rôle d'un thème est d'apporter l'aspect visuel. Les extensions quant à elles apportent les fonctionnalités. Il est important que vous ayez bien ce point en tête lorsque vous lancerez vos recherches.

Réfléchissez et listez les fonctionnalités que vous estimez nécessaires à votre site.

Avec toutes ces questions, j'imagine que vous devez avoir une meilleure vision de votre projet de création de site avec WordPress. Passons à la dernière étape.

Créer des maquettes pour modéliser les pages de votre site

Rassurez-vous, il n'y a pas besoin d'être un artiste pour créer des maquettes de pages. L'idée est de déterminer un agencement qui va vous servir de guide lorsque vous lancerez vos recherches.

Prenez plusieurs feuilles A4 et associez-les avec chaque type de page dont vous avez besoin.

Selon votre projet, vous nécessiterez une page blog, une page pour un article seul, une page boutique, une page portfolio, etc. En tout cas, vous aurez besoin d'un modèle de page d'accueil et d'un modèle de page classique (pour la page contact et à propos).

Déterminez ensuite comment chaque modèle de page devra s'agencer. Si vous estimez que votre page d'accueil doit se composer de sections horizontales, dessinez-les. Si les pages qui listent les articles doivent comporter 2 colonnes, dessinez-les également.

Le but n'est pas d'aller très loin dans les détails mais de vous donner une trame qui vous permet de trier efficacement les thèmes que vous rencontrerez lors de la phase de recherche.

Lancez enfin vos recherches

Après avoir conçu votre cahier des charges grâce à cet article, vous devriez avoir une meilleure vision de votre projet. Cela vous permettra de ne plus parcourir les boutiques de thèmes WordPress à l'aveuglette.

Ce cahier des charges vous aura permis de créer une sorte de tamis à travers lequel vous ferez passer les thèmes que vous trouverez. En somme, vous pourrez faire le tri entre le bon grain et l'ivraie.

Encore une fois, ne vous laissez pas embarquer par vos émotions et n'oubliez pas le travail que vous venez d'accomplir parce que vous avez découvert une pépite.

Encore merci à Alexandre pour sa participation.

Le problème des thèmes : DUST et duplication de contenus

Parmi les deux plus gros freins que l'on rencontre avec les thèmes, on trouve d'un côté la duplication des contenus, et de l'autre une forme plus vicieuse de duplication, le DUST.

La duplication des contenus est le fait de trouver un contenu strictement identique sur deux pages différentes d'un site. Cela freine votre indexation et dilue inutilement votre popularité, sans parler du manque d'optimisation que cela provoque pour cibler un mot-clé sur une URL précise. Le meilleur exemple de cela est quand vous pouvez lire l'intégralité du contenu d'un article directement dans la page de catégorie.

De l'autre côté, le DUST permet d'accéder de plusieurs façons possibles à un même contenu, alors que ces différentes URL ne devraient pas coexister. Là encore, un autre exemple très simple me vient en tête : les thèmes qui vous permettent de trier la catégorie actuelle par date ou par prix. Cela ajoute à tort un paramètre dans l'URL, et vous avez donc le même contenu accessible avec deux URL :

- site.fr/categorie/
- site.fr/categorie/?tri=plusrecent

En d'autres termes, le DUST est le fait de pouvoir accéder strictement au même contenu avec une URL différente, souvent avec l'ajout de paramètres dans l'URL. Un autre exemple fréquent que l'on peut citer est le suivant :

- site.fr
- site.fr/index.html

Mon thème est-il bien conçu ?

Afin de bien appréhender la problématique du référencement naturel de WordPress, on peut très facilement dire que 60 à 80 % des freins au SEO proviennent du thème et non pas des contenus en eux-mêmes ni des réglages ou des extensions utilisées.

Ce qu'il faut savoir, c'est que les thèmes que l'on installe sur nos sites sont choisis systématiquement selon les fonctionnalités qu'ils proposent ou selon leur aspect graphique. Le souci c'est qu'on ne voit jamais comment est généré le code final, ni si le thème respecte les standards de WordPress.

Il existe bien une extension qui s'appelle Theme Checker, et qui teste ou non la présence de certaines fonctions et leur implantation correcte. Mais même si cette extension indique que votre thème respecte les standards, cela ne signifiera jamais que ce dernier est optimisé pour le référencement.

Le seul moyen pour vous d'en être sûr, c'est d'une part de regarder le rendu de votre contenu avec le thème choisi, et d'autre part de vérifier point par point les différents passages qui vont suivre.

Conseils de base pour vos thèmes

Maintenant, il est important d'avoir les bases de compréhension nécessaires pour pouvoir optimiser votre site. Chaque thème utilise un ou plusieurs fichiers pour afficher chacun de vos contenus. Il est ainsi possible de faire varier complètement la disposition, le contenu et la charte graphique entre différents types de contenus. Voici un exemple d'affichage différent entre l'accueil de SeoMix, un article et une catégorie.

Figure 6–1 Sur ce site, les trois types de pages affichent les contenus de manière différente.

L'HTML

Avant de vous parler en détail de tous les templates de WordPress, il faut savoir qu'il existe des règles à respecter quel que soit le CMS ou la solution utilisée pour créer son site Internet.

La structure d'un site se base sur un socle technique : le code source. Vous avez d'un côté le contenu, souvent situé dans une base de données, et de l'autre le code qui va permettre de l'afficher, souvent en HTML.

Ce langage utilise une balise logique pour structurer chaque type d'élément :

- `<h1>` à `<h6>` pour les titres (qui englobent vos sections) ;
- `<p>` pour les paragraphes ;
- `<img>` pour les images ;

- <a> pour les liens ;
- <blockquote> pour les citations ;
- <code> pour afficher du code ;
- etc.

Sans prétendre remplacer un manuel complet sur l'HTML, rappelons cependant quelques règles à connaître et à respecter dans vos thèmes :

- la balise `h1` est le titre de la page actuellement consultée, et chaque section distincte de celle-ci commence par un `h2` ;
- sur l'accueil, le `H1` est le titre du site ;
- sur un article le `h1` est le titre de la publication ;
- etc.

> **REMARQUE Nuances sur les h1**
>
> Rien n'interdit d'utiliser plusieurs `H1` au sein d'une page web. Cependant, certaines pratiques et recommandations sont devenues courantes. Ainsi, on part du principe qu'en HTML4 il n'y a qu'un seul `h1` par page, tandis que qu'en HTML5 on peut avoir plusieurs `h1`, un par section.
>
> Avec plusieurs `h1`, il est possible de nuire en référencement à la structure de son contenu tandis qu'en avoir un seul ne vous nuira jamais. Mieux vaut donc suivre le principe de précaution et partir toujours sur la règle du `h1` unique qui devra décrire l'ensemble du contenu de la page.

- une balise `alt` (un texte alternatif) doit être insérée dans chacune de vos balises images pour les décrire et pouvoir expliquer à Google le contenu de vos visuels. Cela servira aussi en accessibilité ;
- les balises `div` et `span` ne doivent servir que pour la mise en page, et non pour hiérarchiser directement les contenus, même si c'est parfois lié ;
- n'ajoutez pas à tort ou à travers les balises
 (saut de ligne) ou les ` ` (espaces), car on peut faire la même chose de manière beaucoup plus propre en CSS, et donc avec des pages un peu plus rapides à charger.

Ces quelques conseils sont bien sûr basiques, mais si déjà chacun d'entre vous pouvait les suivre, cela représenterait un pas de géant dans le Web mondial.

D'autres points sont à surveiller dans le code de votre thème WordPress, à la fois pour la vitesse de votre site mais aussi pour vous assurer que le code est le plus propre possible pour son indexation par Google.

Là encore je n'entrerai pas dans le détail car d'autres livres ou sites traitent en profondeur ces sujets, mais voici deux recommandations essentielles :

- vous aurez :
  - un seul fichier CSS pour la mise en page du site ;

   – un seul fichier JavaScript pour gérer vos interactions ;
   – un seul script provenant d'un outil de web analytics.
- supprimez tous les éléments compris entre des balises `<!--` et `-->` : ce sont des commentaires qui ne servent ni aux visiteurs ni aux moteurs de recherche. Gardez-les uniquement sur votre installation de développement pour aider les développeurs à mieux comprendre le code de votre site.

> **Ressources HTML5**
>
> Rodolphe Rimelé, *HTML 5 – Une référence pour le développeur web*, Eyrolles 2013

Tester la structure HTML

Une fois que vous avez effectué tout cela, vous allez pouvoir procéder à deux tests pour contrôler la structure générale de votre thème WordPress.

> Les étapes suivantes se passent sous Firefox, navigateur réputé notamment pour ses extensions et options mises à la disposition des développeurs. Il existe bien entendu des équivalents pour Chrome.

Installez d'abord l'extension *Webdevelopper* si ce n'est déjà fait. Sachez qu'il existe des équivalents pour les autres navigateurs.

Puis, commencez par désactiver les CSS. Cette première option met en évidence les problèmes de structure. Sans mise en page CSS, l'ordre et l'affichage de vos contenus doivent rester compréhensibles. Si cela ne vous paraît pas logique, c'est que votre page est mal conçue dès la base. Théoriquement, les contenus principaux doivent être en haut du document et les contenus secondaires en bas.

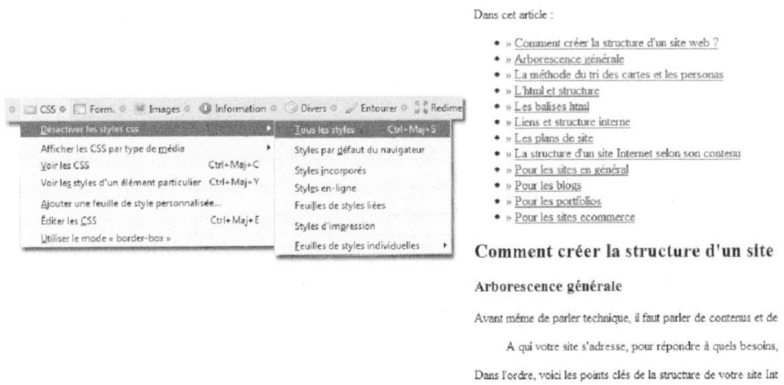

Figure 6–2
Regardez à quoi ressemble votre contenu sans CSS : la lecture est-elle logique ?

Le deuxième test consiste à afficher le plan de la page, c'est-à-dire comment est structuré votre contenu selon les balises `h1` à `h6`.

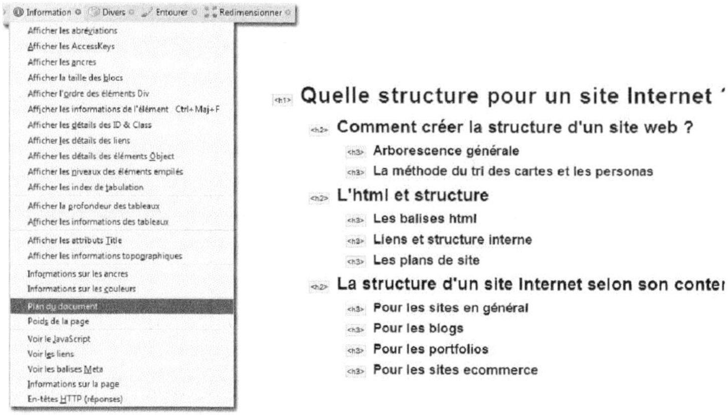

Figure 6–3
Affichez votre contenu avec le plan de page pour vérifier la structure du contenu.

Ce plan de page doit respecter quelques règles logiques.

- Vous ne devez avoir qu'un seul titre `h1`, qui peut contenir plusieurs `h2`, qui eux-mêmes peuvent contenir plusieurs `h3`, et ainsi de suite.
- Ne sautez pas de niveau (par exemple, ne passez jamais du `h1` au `h3` sans passer par un `h2`).
- Au-delà des `h3`, les balises `h4`, `h5` et `h6` sont souvent superflues.
- Il n'y a aucune obligation à se servir des balises `h2` ou `h3`, mais il est préférable d'en mettre dans le contenu pour structurer toute la page.
- Les balises `h1` doivent être uniques et différentes sur chaque page.
- Toute les balises doivent contenir si possible les mots-clés liés au contenu de la page et de la section concernée.
- Ces balises doivent toujours être rédigées pour le visiteur avant d'être rédigées pour le moteur de recherche. On évitera donc de vouloir y placer à tout prix des mots-clés à chaque fois.

Liens et structure interne

Même si votre site est bien pensé sur le papier, c'est parfois une toute autre chose une fois mis en ligne sur Internet. Quand on imagine une page ou un site dans son ensemble, il faut observer quelques principes simples.

Ce qui se conçoit bien s'énonce clairement

Tous vos intitulés et contenus doivent être explicites. Autrement dit, ils doivent être compris par 100 % des internautes.

Prenons pour exemple un site e-commerce : un bouton *Ajouter au panier* sera mieux que *Ajouter au Caddie*, lui-même meilleur que *J'achète* (ce dernier peut notamment impliquer pour le visiteur qu'il achètera le produit dès le clic ou sans panier alors que ce n'est pas forcément le cas).

Évitez donc les liens trop peu clairs, comme *cliquez ici*, *là*, et autre *ce lien* pour vos différents boutons, liens et actions possibles.

Limiter le nombre de contenus affichés

« The Magical Number Seven, Plus or Minus Two » est un concept de psychologie qui explique que l'être humain retient sans difficulté sept informations en même temps. Au-delà, nous aurions tous du mal à retenir des éléments supplémentaires.

Ne vous focalisez cependant pas sur le chiffre 7. Il faut juste retenir le concept de base : « trop d'informations tuent l'information ». Chaque page doit donc afficher l'essentiel, toujours dans l'optique d'atteindre vos objectifs (ventes, prises de contact, inscriptions, clics publicitaires...).

C'est le cas également pour vos liens : moins ils seront nombreux sur chaque page, plus chacun aura de poids sur le trafic de vos visiteurs et sur votre positionnement.

Avec cette idée en tête, vous allez donc parfois devoir réduire le nombre de liens par page pour supprimer ceux qui ne servent à rien.

Certains moteurs de recherche, dont Google, indiquaient auparavant une limite de 100 liens par page pour votre référencement naturel. En réalité, il est possible d'en avoir beaucoup plus, mais cela ne présente aucun intérêt pour vos visiteurs. Ne placez donc que des liens pertinents pour les internautes. La question maintenant est donc de savoir comment optimiser votre thème.

Les templates de WordPress (Template Hierarchy)

Pour pouvoir faire varier l'affichage de chaque type de contenu, WordPress utilise ce que l'on appelle le Template Hierarchy. Quand vous vous rendez sur une URL, le CMS vérifie en base de données à quel type de contenu cela correspond, puis il fait appel au fichier du thème correspondant.

De base, un thème WordPress est placé dans un répertoire situé à cet endroit : mon-site.com/wp-content/themes/. Il nécessite deux fichiers pour fonctionner :

- `style.css` qui contient les règles d'affichage en CSS et les informations essentielles du thème ;
- `index.php` qui est le fichier par défaut pour afficher n'importe quel type de contenu (il ne s'agit pas du fichier qui gère l'affichage de l'accueil).

Vous pourriez donc ne vous servir que du fichier `index.php` pour afficher toutes vos publications, mais cela vous compliquerait énormément la tâche.

WordPress utilise également souvent un fichier `functions.php` contenant des fonctions spécifiques à votre thème, et qui peuvent être employées par tous les autres fichiers (comme une fonction pour afficher les derniers commentaires publiés sur le site ou un sommaire pour vos articles).

Puisque WordPress sait quel est le contenu qu'il doit montrer pour chaque adresse web, il va se servir du fichier le plus pertinent dans votre thème. La figure 6-4 illustre l'arborescence complète (et indigeste) du Template Hierachy.

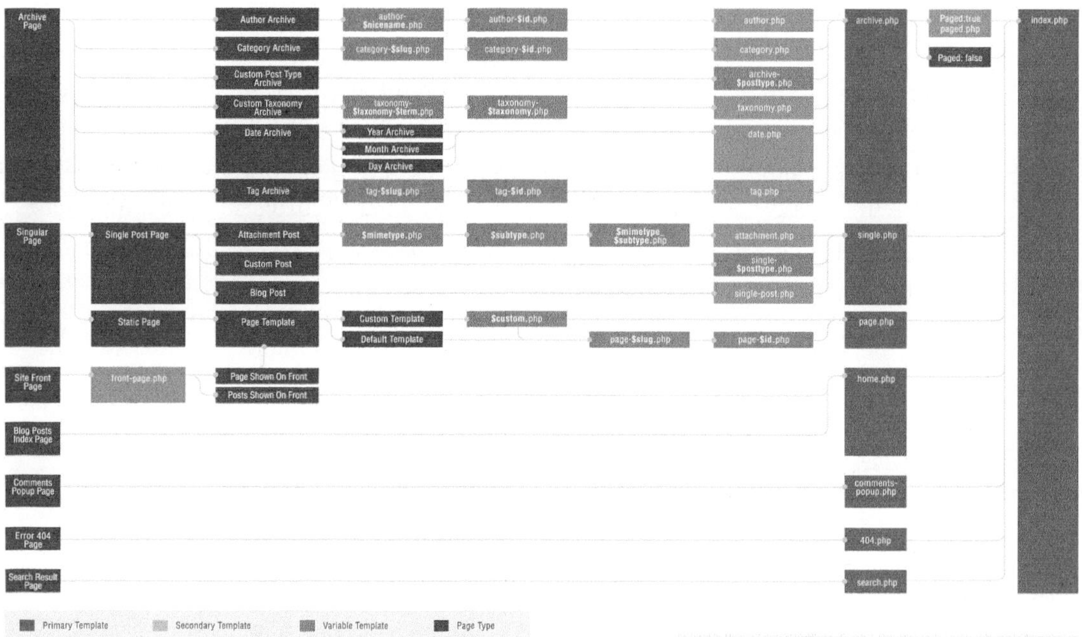

Figure 6–4 Le schéma officiel de fonctionnement d'un thème WordPress

Le concept est simple : pour chaque type de contenu, WordPress va chercher le fichier le plus précis qui pourrait le concerner. S'il ne le trouve pas, il va alors en chercher un autre moins ciblé, pour enfin utiliser `index.php` si jamais il n'a pas trouvé de fichier plus pertinent et ciblé.

Nous allons voir tout cela en détail. Pour chaque type de contenu, l'ordre des fichiers que je vais indiquer est celui qui sera utilisé par WordPress. Dès que le CMS trouve un fichier de thème qui correspond, il s'arrête et l'utilise pour afficher votre contenu. Par exemple, il prendra en premier `home.php` s'il le trouve dans votre thème pour afficher l'accueil de votre site. Mais s'il ne le trouve pas, il cherchera dans le fichier `index.php`.

Il est possible que votre thème utilise tous les fichiers du Template Hierarchy ou qu'il n'en utilise que certains. Si vous êtes dans le second cas, il existe deux possibilités :

- le développeur affiche tous les contenus de la même façon, et je vous souhaite alors bon courage pour l'optimisation ;
- il utilise les « tags conditionnels » à l'intérieur de certains fichiers, par exemple à l'intérieur du fichier `index.php`.

Les tags conditionnels permettent de demander à WordPress si l'on se trouve ou non sur un contenu précis. Je les détaillerai plus loin, mais voici un exemple simple pour comprendre de quoi il s'agit :

- `is_home()` vérifie que l'on est sur l'accueil du site ;
- `is_page()` vérifie que l'on est sur une page ;
- `is_single()` vérifie que l'on est sur un article ;
- etc.

On peut ainsi faire varier l'affichage de différents contenus avec un même fichier. Si votre thème n'utilise que le fichier `index.php`, voici comment vous pourriez afficher à l'intérieur un contenu différent ou présenté différemment.

Exemple d'utilisation de tags conditionnels

```
//Si je suis l'accueil
if ( is_home() ) {
    echo 'Superbe page d'accueil';
//Si je suis une page
} elseif ( is_page() ) {
    echo 'Sans doute la meilleure page du monde';
//Si je suis un article
} elseif ( is_single() ) {
    echo 'Rien ne vaut un bon article';
}
```

Les thèmes qui utilisent la totalité du Template Hierachy sont en général les mieux conçus et les plus aisés à modifier. On les repère grâce au fait qu'ils ne font jamais appel au fichier par défaut `index.php`, pour la simple et bonne raison que WordPress fera toujours appel à un fichier spécifique avant d'en avoir besoin. **Attention**, cela ne veut pas dire que ceux qui ne l'utilisent pas sont mauvais, mais c'est un gage de qualité.

Reprenons tout cela plus en détail maintenant.

> **REMARQUE Les noms de fichiers avec le caractère $**
>
> Dans les pages qui suivent, vous verrez parfois le signe `$` dans le nom du fichier. Cela signifie que c'est à cet endroit-là que vous devez remplacer le terme qui suit par le SLUG ou l'ID que vous ciblez. Nous vous expliquerons cela lors du premier exemple.

L'accueil du site

Détecter la page d'accueil

Les fichiers suivants peuvent intervenir dans l'affichage de la page d'accueil :

- `front-page.php` : si vous avez défini dans l'administration de votre site l'affichage d'une page statique pour votre accueil ;
- `home.php` : pour l'accueil des sites qui affichent directement les derniers articles (c'est le comportement par défaut de WordPress) ;
- `index.php` : le fichier par défaut ;
- tags conditionnels : `is_home` ou `is_front_page`.

Avec ces fichiers, vous pouvez facilement appliquer un style différent pour la page d'accueil du site, ou pour ajouter et supprimer des contenus spécifiques. Par exemple, ajouter un texte de présentation de l'entreprise, une description de vos services ou encore des statistiques sur votre communauté.

Attention aux tags conditionnels de l'accueil

Sans les fichiers `front-page.php` et `home.php`, vous pouvez recourir à `index.php` avec des tags conditionnels à l'intérieur. Attention toutefois, ceux de l'accueil ont un vilain défaut : il faut les utiliser dans le bon ordre pour qu'ils fonctionnent dans n'importe quel cas de figure, et surtout ils ne fonctionnent pas exactement comme les noms de fichiers du Template Hierarchy.

Je vous avais conseillé plus haut de paramétrer WordPress pour afficher par défaut les derniers articles publiés. Si vous l'avez fait, le tag conditionnel à utiliser est `is_home`.

Dans le cas contraire, il faudra se servir de `is_front_page` pour l'affichage d'une page statique pour l'accueil du site. Mais, dans ce cas, WordPress donne aussi la possibilité de définir une page pour afficher les derniers articles publiés, par exemple une page *nos articles* ou encore *nos actualités*. Or, celle-ci va malheureusement utiliser le tag conditionnel `is_home`, alors qu'il s'agit d'une page interne et non plus de l'accueil de votre site.

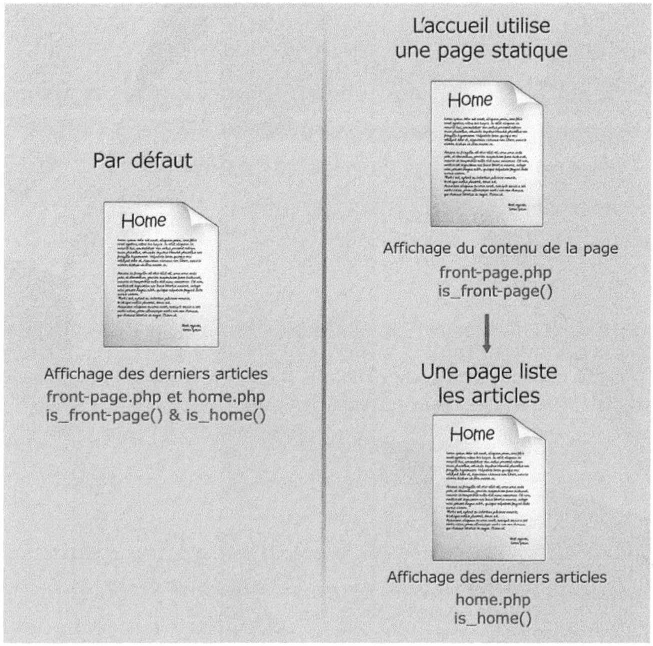

Figure 6–5
WordPress peut paramétrer son accueil de deux façons différentes.

Pour fonctionner à coup sûr, il faut donc impérativement utiliser systématiquement tous ces tags conditionnels de l'accueil, et dans cet ordre précis.

Bien utiliser is_front_page et is_home

```
if ( is_front_page() && is_home() ) {
      //Affichage de l'accueil du site avec les articles par défaut
} elseif ( is_front_page()) {
      //Affichage de l'accueil si une page statique a été définie
} elseif ( is_home()) {
      //Affichage de la page de blog (si vous avez défini une page qui liste les
articles dans l'administration de WordPress)
}
```

Retenez bien que ce conseil s'applique pour l'accueil du site, mais aussi pour toute fonction créée dans le fichier `functions.php` de votre thème ou dans une extension. **Si vous devez à un moment donné tester l'accueil du site, utilisez toujours le code précédent.**

Pour chacun des contenus qui vont suivre (un article, une catégorie, une page...), je vais lister les templates correspondants. Cela vous permettra à la fois de choisir le plus approprié et de pouvoir personnaliser certains contenus si besoin.

Un article

Pour les articles, voici les fichiers de template utilisables :

- `single-post.php` : uniquement pour les posts types articles ;
- `single.php` : pour tous les posts types autres que les pages (donc les articles, les attachments ou vos custom posts types) ;
- `index.php` : le fichier par défaut ;
- tags conditionnels : `is_single()` ou `is_singular()`.

> **À RETENIR Le fichier article est le plus important de votre thème**
>
> C'est le cœur de votre site (avec les pages). Si vous devez optimiser les contenus, l'ergonomie ou la vitesse, c'est ici que cela se passe en priorité.

Une page

Vous pourrez utiliser les fichiers de template suivants pour les pages :

- `page-$slug.php` : une page spécifique en fonction de son SLUG. Ici, remplacez `$slug` par l'URL de la page ciblée. Par exemple, pour la page contact (site.fr/contact/), le fichier `page-contact.php` ;
- `page-$id.php` : une page spécifique en fonction de son ID. Ici, remplacez `$id` par l'identifiant unique de la page concernée ;
- `page.php` : le fichier par défaut pour les pages ;
- `index.php` : le fichier par défaut ;
- tags conditionnels : `is_page()` ou `is_singular()`.

> **À RETENIR Après les articles, les pages sont également très importantes**
>
> Même conseil que pour les articles. c'est le cœur de vos contenus, et vous devez donc vous focaliser en priorité dessus.

Un custom post type

Si vous avez créé un nouveau post type, vous pouvez le cibler avec :

- `single-$posttype.php` : pour cibler un post type. Remplacez `$posttype` par le nom du post type que vous avez créé ;
- `single.php` : pour cibler tous les posts types ;
- `index.php` : le fichier par défaut ;
- tags conditionnels : `is_single()` ou `is_singular()`.

Une catégorie

Pour les catégories, voici les fichiers de template utilisables :

- `category-$slug.php` : une catégorie spécifique en fonction de son SLUG ;
- `category-$id.php` : une catégorie spécifique en fonction de son ID ;
- `category.php` : une catégorie ;
- `archive.php` : le fichier par défaut pour les taxonomies ;
- `index.php` : le fichier par défaut ;
- tags conditionnels : `is_category()` ou `is_archive()`.

> **CONSEIL Comment concevoir une bonne catégorie?**
>
> Les catégories sont le meilleur moyen de structurer et d'indexer vos contenus. Elles doivent donc être uniques et permettre d'atteindre rapidement tous les articles qu'elles contiennent.

Un mot-clé

Pour les mots-clés, voici les fichiers de template utilisables :

- `tag-$slug.php` : un mot-clé spécifique en fonction de son SLUG ;
- `tag-$id.php` : un mot-clé spécifique en fonction de son ID ;
- `tag.php` : un mot-clé ;
- `archive.php` : le fichier par défaut pour les taxonomies ;
- `index.php` : le fichier par défaut ;
- tags conditionnels : `is_tag()` ou `is_archive()`.

> **ATTENTION Le problème des mots-clés**
>
> Les mots-clés sont souvent un fléau dans WordPress, car ils dupliquent fréquemment (pas toujours) les contenus avec les catégories ou entre eux.
> Si le site utilise les mots-clés, vous devez donc **impérativement** différencier les pages de mots-clés de vos pages de catégories.

Un auteur

Pour les pages auteurs (administrateurs, contributeurs, auteurs, éditeurs...), voici les fichiers de template utilisables :

- `author-$nicename.php` : un auteur spécifique en fonction de son nicename (le SLUG) ;
- `author-$id.php` : un auteur spécifique en fonction de son ID ;

- `author.php` : un auteur ;
- `archive.php` : le fichier par défaut pour les taxonomies ;
- `index.php` : le fichier par défaut ;
- tags conditionnels : `is_author()` ou `is_archive()`.

> **REMARQUE Les pages d'auteurs ne sont pas toujours utiles**
>
> Si le site n'a qu'un seul auteur, ce template ne vous servira à rien et il est conseillé de les désactiver comme indiqué dans les chapitres précédents. À l'inverse, cette partie du thème est pratique pour créer des pages dédiées à chaque auteur.
> Attention cependant car ce type de template fonctionne comme une archive (donc comme une catégorie ou un mot-clé), sauf que les articles d'un même auteur ne sont pas forcément tous sur la même thématique. Pensez donc bien à installer l'extension SX No Author Pagination.

Une archive par date

Pour les archives par date (que je vous déconseille d'utiliser), voici les fichiers de template utilisables :

- `date.php` : pour les archives par date ;
- `archive.php` : le fichier par défaut pour les taxonomies ;
- `index.php` : le fichier par défaut ;
- tags conditionnels : `is_date()`, `is_year()`, `is_month()`, `is_day()` et `is_time()`.

> **ATTENTION Bannissez les archives par date**
>
> Ne vous en servez jamais. Il faut bannir les archives par date car elles ne pourront jamais avoir de sémantique réelle pour pouvoir se positionner correctement.
> Ne pas utiliser ces archives est déjà un premier pas dans l'optimisation de votre référencement.

Une custom taxonomie

Si vous avez créé votre propre taxonomie, voici les fichiers de template utilisables :

- `taxonomy-$taxonomy-$term.php` : pour un terme spécifique dans une taxonomie ;
- `taxonomy-$taxonomy.php` : pour une taxonomie spécifique ;
- `archive.php` : le fichier par défaut pour les taxonomies ;
- `index.php` : le fichier par défaut ;
- tags conditionnels : `is_tax()` ou `is_archive()`.

La recherche

Pour la page de recherche, voici les fichiers de template utilisables :

- `search.php` ;
- `index.php` : le fichier par défaut ;
- tag conditionnel : `is_search()`.

Une page d'erreur

Pour la page d'erreur 404, voici les fichiers de template utilisables :

- `404.php` ;
- `index.php` : le fichier par défaut ;
- tag conditionnel : `is_404()`.

> **CONSEIL La page 404 ne doit pas être oubliée**
>
> Cela peut paraître bête mais tout thème doit impérativement personnaliser sa page d'erreur. Si le vôtre n'en a pas, il est temps de corriger cette erreur pour ne pas perdre de visiteurs.

Une page attachment

Pour les pages attachments, voici les fichiers de template utilisables :

- `$mimetype.php` : le type de fichier attachment (par exemple `image.php`, `video.php`, `text.php`...) ;
- `$subtype.php` : le format de fichier (`jpg.php`...) ;
- `$mimetype_subtype.php` : les deux paramètres ensemble ;
- `attachment.php` : le fichier pour tous les attachments (c'est généralement celui que l'on utilise) ;
- `index.php` : le fichier par défaut.

Comme expliqué précédemment, elles peuvent très facilement vous nuire. Si vous décidez quand même de les afficher aux visiteurs et aux moteurs de recherche, il existe heureusement quelques astuces à mettre en place. Nous en reparlerons juste après.

Une page de commentaire

Malheureusement, il n'existe pas de template pour les pages de commentaires, et il n'existe pas non plus de tag conditionnel.

Je vous ai conseillé jusqu'ici de bannir les pages de commentaires car elles pouvaient nuire à votre référencement naturel. Si toutefois votre client ou le site en question est dans un cas de figure où vous devez quand même faire appel à des pages de commentaires, il faudra utiliser le fichier de template des articles ou du post type concerné (`single.php` par exemple).

Pour détecter dans ce fichier que l'on se trouve sur une page de commentaire, voici l'astuce qui consiste à récupérer une variable globale liées aux sous-pages de commentaires.

Détecter une page de commentaire

```
$cpage = get_query_var( 'cpage' );
if ( is_singular() && $cpage > 0 ){
    //Le code spécifique aux pages de commentaires
}
```

En général, on utilise la fonction `the_content()` pour afficher le contenu dans le fichier `single.php`. Sans optimisation, vous allez donc dupliquer l'intégralité de votre article entre votre publication réelle et toutes les sous-pages de commentaires. Pour éviter cela, remplacez le code qui affiche le contenu (`the_content()`) par celui-ci, toujours dans le fichier `single.php` et dans tous les fichiers liés à l'affichage de vos posts types.

Pas de duplication de contenus sur les pages de commentaires

```
//© SeoMix
$cpage = get_query_var( 'cpage' );
if ( is_singular() && $cpage > 0 ) {
  //Si je suis sur une page de commentaire
  the_excerpt();
} else {
  //Si je suis sur la page réelle du contenu
  the_content();
}
```

Ainsi, pas de duplication de contenus liée aux pages de commentaire. Mais rappelez-vous, ce n'est parce que vous appliquez ce code que cela vous dispense de vous débarrasser définitivement des pages de commentaires dans les réglages de base de WordPress.

Un exemple concret

Toute la partie précédente vous a expliqué quels fichiers ou quels tags conditionnels utiliser pour modifier le contenu et le personnaliser entre chaque type de publication. Comme je vous l'ai dit, vous seul pouvez adapter parfaitement votre thème pour répondre aux besoins spécifiques de votre secteur d'activité.

Je vais cependant vous donner un exemple concret pour que vous puissiez comprendre comment procéder, et surtout pour vous illustrer l'utilité de ce que je viens de détailler.

Imaginons que notre site parle du bonheur, et qu'un rédacteur ait créé le mot-clé « Bonheur ». Dans mon exemple, ce mot-clé possède l'ID 1248 et le slug « bonheur ». WordPress va donc tester dans l'ordre la présence des fichiers suivants, puis s'arrêtera dès qu'il en trouvera un :

- `tag-bonheur.php` : affichage spécifique pour ce mot-clé ;
- `tag-1248.php` : affichage spécifique pour ce mot-clé ;
- `tag.php` : affichage pour tous les mots-clés ;
- `archive.php` : affichage pour toutes les taxonomies ;
- `index.php` : affichage pour tout le site.

Imaginons maintenant que les articles associés au mot-clé soient très proches de ceux associés à la catégorie « Joie ». La question qu'il faut vous poser est simple : que cherche l'internaute sur cette page de mot-clé par rapport à la page de la catégorie ?

> **REMARQUE Vos mots-clés doivent avoir un intérêt**
>
> Je pars du principe qu'il y avait un réel intérêt sémantique à créer ce mot-clé par rapport à la catégorie. Si ce n'est pas le cas, autant tout simplement supprimer le mot-clé qui n'apporte rien au visiteur.

Les réponses peuvent être multiples, mais vous pourriez très bien :

- afficher des descriptions plus courtes pour les publications de vos mots-clés, avec une image en plus ;
- proposer au début de la page de mots-clés une description unique de ce mot-clé, permettant de la différencier de la catégorie ;
- afficher les autres mots-clés également associés aux articles présents sur cette page ;
- etc.

Bref, à vous de faire travailler votre imagination.

La duplication de contenus et le manque de contenu unique

Nous allons voir ici comment supprimer le contenu dupliqué de certains fichiers du thème, mais aussi comment les modifier ou en ajouter pour donner une réelle plus-value à chaque type de page.

Les articles sont partout

Maintenant, il est grand temps d'entrer dans le vif du sujet. À ce stade, vous devriez déjà avoir réfléchi aux optimisations de votre thème pour apporter un contenu différent et pertinent à vos visiteurs sur chaque type de contenu.

Mais il reste certains pièges à éviter à tout prix, et heureusement il existe des méthodologies pour les contourner de manière presque automatisée. Comme nous l'avons vu, WordPress pose problème quant à la duplication de contenus. Sur les thèmes les plus mal conçus, on peut retrouver le même texte dupliqué au moins six fois sur un même site :

- l'accueil ;
- l'article en lui-même : c'est ici que se situe la version originale de votre texte ;
- les archives par date ;
- la page de l'auteur ;
- la ou les catégories ;
- le ou les mots-clés.

La première étape consiste donc à corriger tous les fichiers de votre thème pour qu'ils fassent appel à un extrait de vos articles sur toutes les pages sauf celle du contenu principal, donc sur :

- l'accueil ;
- les mots-clés ;
- les catégories ;
- les auteurs ;
- les archives par date ;
- etc.

Cet extrait se nomme l'« excerpt ». Dans votre thème, vous devriez voir la fonction `the_content()` qui affiche l'intégralité de votre article. C'est le cas soit via les tags conditionnels `is_single()`, soit avec les fichiers de thèmes `single.php`, `page.php` et les autres fichiers liés à l'affichage de vos posts types. C'est tout à fait normal.

Sur tout le reste de vos templates, vous devez impérativement utiliser `the_excerpt()` ! Grâce à cette astuce, seul l'article contiendra l'intégralité du contenu, et vos autres pages afficheront un extrait de ce dernier. Le seul contenu dupliqué qui nous restera à traiter est celui présent entre les différentes taxonomies : catégories, tags, auteurs, dates et custom taxonomies.

> **À SAVOIR L'excerpt par défaut**
>
> L'excerpt est un résumé de votre article. Il est soit rédigé manuellement par vos soins, soit généré de manière automatique par WordPress avec les 55 premiers mots de votre article.

À ce stade, voilà où nous en sommes :

- la page d'article affiche tout le contenu ;
- les autres pages affichent l'extrait.

> **Remarque** **Afficher le contenu avant la balise more**
>
> On peut également utiliser une variante et se servir de `the_content()` partout.
> Mais ceci n'est vrai que si vous utilisez dans tous vos articles le bouton *Lire la suite*, aussi appelée balise `more`. Nous y reviendrons en détail dans le chapitre 7 sur la rédaction de contenu pour ceux qui ne savent pas ce que c'est.
> Au lieu d'utiliser `the_content()` sur toutes vos autres pages, remplacez-le par ce code qui affichera le bouton *Lire la suite* : `the_content('Lire la suite');`
> Cela implique donc que chaque utilisateur se serve systématiquement du bouton `more` lorsqu'il rédige un contenu. Par sécurité, je déconseille donc cette seconde méthodologie car on ne peut jamais faire confiance à 100 % à un utilisateur (il y aura toujours des oublis).

Les catégories

Les catégories sont la base de votre structure (avec les articles et les pages bien entendu). Elles permettent de créer des sections avec des contenus homogènes. Elles sont donc utiles pour l'internaute et Google à la fois. En référencement, elles vont nous permettre de créer des silos. Chaque section (chaque catégorie) cible une expression clé, et chaque sous-catégorie et article va ainsi venir renforcer l'ensemble du silo.

Le problème, c'est que l'on se retrouve souvent avec des contenus presque identiques entre plusieurs catégories et/ou mots-clés.

La première étape consiste à ajouter du contenu unique dans chaque catégorie. Et WordPress a une fonction toute prête pour cela :

```
<?php echo category_description();?>
```

Placez cette fonction avant la boucle de WordPress pour afficher la description de la catégorie de manière automatique (si toutefois celle-ci a été renseignée dans l'administration de WordPress).

Pensez également à vérifier au passage que vous affichez proprement le titre de la catégorie dans une balise `h1`, par exemple avec le code suivant :

```
<h1><?php single_cat_title(''); ?></h1>
```

Pour placer du contenu pertinent, on peut également ajouter dans les catégories parentes la liste des catégories enfants, de manière à faciliter la navigation de l'internaute autrement que par votre menu principal, et surtout pour montrer de manière plus explicite à Google les catégories qui dépendent d'elles.

Pour cela, ajoutez le code suivant dans vos templates de catégorie.

Afficher les catégories enfants

```
<?php if ( is_category() ) {
  $params = array('parent' => get_queried_object_id() );
  if ( count( get_categories( $params ) ) ) {
    echo '<ul>';
    wp_list_categories( $params );
    echo '</ul>';
  }
} ?>
```

Mots-clés

Les utilisateurs raffolent des mots-clés quand ils utilisent WordPress. Pourtant, ces pages sont souvent dupliquées entre elles et n'apportent aucune information supplémentaire à l'internaute. Aussi, nous verrons plus loin comment nettoyer vos mots-clés de manière automatisée, mais il faut d'abord ajouter du contenu unique dans ces pages.

Cela se déroule de la même façon que dans les catégories, avec un nom de mots-clé placé dans une balise `h1` et une description de mot-clé affichée automatiquement si elle existe :

```
<h1><?php single_tag_title(''); ?></h1>
<?php echo tag_description(); ?>
```

On peut également perfectionner les pages des mots-clés en améliorant le maillage interne entre toutes les pages de tags. Prenons un exemple fréquent : dans de nombreux thèmes, on utilise à tort la fonction `the_tags()` dans les pages de mots-clés. Cela signifie que sur les pages de mots-clés, on liste pour chaque article tous les mots-clés associés, y compris celui actuellement consulté. On va ainsi créer dans cette page plusieurs liens qui redirigent l'internaute et le moteur de recherche sur la page sur laquelle il se trouve déjà.

L'idée ici est de supprimer cette fonction, et d'afficher à un autre endroit les autres mots-clés associés aux articles visibles dans cette page de tags. Par exemple, pour le mot-clé « Nutella », on pourrait proposer aux internautes de consulter les autres pages de mots-clés comme « Miel », « Dessert » ou « Gourmandise », et cela de manière automatique et sans duplication inutile de liens.

Le code est un peu plus complexe. Avant le début de la boucle, il faut définir la variable `$tags` comme ceci :

```
<?php
//On déclare la variable $tags qui va contenir les mots-clés
$tags = array();
```

Vous devriez avoir ensuite le début habituel du Loop de WordPress :

```
  //Déclaration et début de la boucle
  if ( have_posts() ) : while ( have_posts() ) : the_post();
```

Juste après, collez le code suivant :

```
    //Étape 1, on récupère les infos des mots-clés pour chaque article
    $posttags = get_the_tags($post->ID);
    if ($posttags){
    foreach ($posttags as $posttag){
        $tags[$posttag->term_id] = $posttag->name;}}?>
```

Après ce code, affichez ensuite les articles comme bon vous semble dans votre boucle traditionnelle.

Après celle-ci (donc après le `endwhile`), ajoutez le code suivant pour afficher proprement et sans aucune duplication la liste des autres mots-clés qui pourraient intéresser les internautes. On aura au passage supprimé le mot-clé sur lequel nous nous trouvons déjà avec le `array_diff`.

```
<?php //Fin de la boucle
endwhile;

//Étape 2, on filtre et on affiche
//On supprime le mot-clé sur lequel on se trouve déjà
$currenttag = array(single_tag_title('', false));
$tags=array_diff($tags,$currenttag);

//On affiche les mots-clés associés aux autres articles déjà présents
if ($tags){
  echo '<h2>Retrouvez les autres thèmes associés à ces articles</h2><ul>';
  foreach ( $tags as $k ) {
    $tag = get_term_by('name',$k, 'post_tag');
    $permalink = get_permalink( $tag->term_id );
    echo '<li><a href="'.$permalink.'" title="Les articles sur '.$k.'">'.$k.'
         </a></li>';}
  echo '</ul>';}
endif;
?>
```

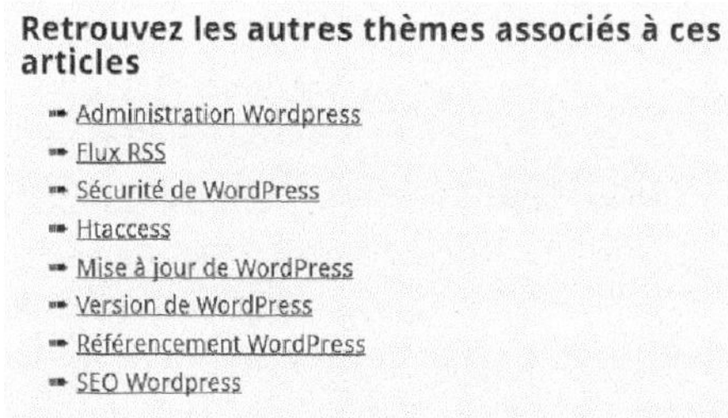

Figure 6–6
Dans ma page de mots-clés, j'affiche les autres mots qui peuvent intéresser le moteur de recherche et l'internaute.

Et voici le code complet. Le texte « LE LOOP DE VOTRE THEME » sera bien évidemment différent chez chacun d'entre vous.

Afficher les autres mots-clés associés aux articles visibles

```
<?php
//On déclare l'array qui va contenir les mots-clés
$tags = array();

  //Déclaration et début de la boucle
  if ( have_posts() ) : while ( have_posts() ) : the_post();

    //Étape 1, on récupère les infos
    $posttags = get_the_tags($post->ID);
    if ($posttags){
      foreach ($posttags as $posttag){
         $tags[$posttag->term_id] = $posttag->name;}}?>

  //PLACEZ ICI LE LOOP DE VOTRE THEME

<?php //Fin de la boucle
endwhile;

//Étape 2, on filtre et on affiche
//On supprime le mot-clé sur lequel on se trouve déjà
$currenttag = array(single_tag_title('', false));
$tags=array_diff($tags,$currenttag);

//On affiche les mots-clés associés aux autres articles déjà présents
if ($tags){
  echo '<h2>Retrouvez les autres thèmes associés à ces articles</h2><ul>';
  foreach ( $tags as $k ) {
    $tag = get_term_by('name',$k, 'post_tag');
    $permalink = get_permalink( $tag->term_id );
    echo '<li><a href="'.$permalink.'" title="Les articles sur '.$k.'">'.$k
         .'</a></li>';}
  echo '</ul>';}
endif;
?>
```

Auteur

Pour les pages d'auteur, on cherche en général à mettre l'accent sur l'individu, et non pas sur la liste intégrale de ses publications, comme c'est le cas par défaut sur 99 % des pages d'auteurs des thèmes WordPress. Il est donc conseillé de remanier en profondeur le fichier qui gère le template des pages d'auteurs pour éviter qu'elles ne soient de simples listes d'articles, surtout que ces derniers n'ont pas forcément de liens entre eux.

Voici quelques exemples de ce que vous pouvez faire pour ajouter de la pertinence sur ce type de contenu.

Ajouter une grande image de l'auteur

Copiez le code suivant dans le fichier de template de l'auteur, normalement `author.php` :

```
<?php echo get_avatar(get_the_author_meta('ID'), '150'); ?>
```

Ajouter une description plus détaillée de l'auteur

Pour cela, copiez le code suivant dans le fichier `functions.php` de votre thème. Cela permettra d'ajouter un nouveau champ *Description détaillée* pour chaque profil utilisateur dans l'administration de WordPress.

Infos supplémentaires sur les auteurs

```
add_action( 'show_user_profile', 'extra_user_profile_fields' );
add_action( 'edit_user_profile', 'extra_user_profile_fields' );
function extra_user_profile_fields($user) { ?>
<h3>Informations complémentaires sur le profil</h3>
<table class="form-table">
  <tr><th><label for="address">Description détaillée de l'utilisateur</label></
th><td>
  <textarea name="shortdesc" id="shortdesc" cols="8" rows="3"><?php echo
esc_textarea(get_the_author_meta('shortdesc', $user->ID) ); ?></textarea><br />
  </td></tr>
</table>
<?php }
add_action( 'personal_options_update', 'save_extra_user_profile_fields' );
add_action( 'edit_user_profile_update', 'save_extra_user_profile_fields' );
function save_extra_user_profile_fields( $user_id ) {
  if ( !current_user_can( 'edit_user', $user_id ) ) {
    return false;}
  update_usermeta( $user_id, 'shortdesc', $_POST['shortdesc'] );
}
```

Ensuite, pour afficher cette description, copiez le code suivant directement dans le fichier de template de l'auteur à l'endroit souhaité, normalement `author.php` :

```
<?php the_author_meta('shortdesc');?>
```

Dans l'administration de l'utilisateur, il ne vous reste plus qu'à remplir le nouveau champ *Description détaillée* dont je vous ai parlé, et ceci pour chaque membre.

Ajouter les cinq derniers commentaires

On peut innover également en ajoutant les cinq derniers commentaires de cet auteur sur sa page. Pour cela, ajoutez tout en haut du fichier `author.php` les lignes de code qui suivent.

Récupérer les informations sur l'auteur

```
<?php $curauth = (isset($_GET['author_name'])) ? get_user_by('slug',
$author_name) : get_userdata(intval($author));
$myid = $curauth->ID;query_posts(author=$myid&posts_per_page=-1);?>
```

Puis ajoutez le code suivant à l'endroit où vous voulez afficher les commentaires de l'auteur.

Cinq derniers commentaires de l'auteur

```
<h2>Ses 5 derniers commentaires</h2>
<?php
  $comments = get_comments(author_email=$curauth->user_email&number=5);
  foreach($comments as $comment) :
    $theid = $comment->comment_post_ID;
    echo '<blockquote><p>'.$comment->comment_content.'</p></blockquote>
      <p>Le '.get_comment_date( 'd F Y', $comment->comment_ID ).' dans
<strong><a href="'.get_permalink($theid).'"
title="'.get_the_title($theid).'">'.get_the_title($theid).'</a></strong></p><br
/>';
  endforeach;
?>
```

Date

Rappelez-vous que les archives par date n'ont aucun intérêt, et que l'extension WordPress SEO permet de ne pas indexer ces pages et de ne pas les inclure dans le fichier `sitemap.xml`. Mais votre thème peut cependant afficher des liens vers ces pages d'archives par date, ce qui dilue inutilement la popularité et l'indexation sur des pages non pertinentes.

Les fonctions `the_date()` et `get_the_date()` récupèrent proprement la date, mais certains thèmes comme ceux par défaut peuvent utiliser des fonctions propres à eux comme `twentytwelve_entry_meta()` qui ajoute un lien pour aller sur la page d'archive par date. Il faut donc supprimer toute référence dans votre thème à ces archives, et vous éliminerez par ce biais un grand nombre de liens inutiles. Pensez à faire ce travail dans votre thème, mais également dans vos widgets.

En résumé, à chaque fois qu'une page fait un lien vers une page de date, vous devez trouver puis supprimer la fonction qui l'affiche, et ceci même si vous avez coché l'option « Désactiver les archives par date » dans l'extension WordPress SEO.

Attachment

Comme expliqué précédemment, les pages attachments permettent de mettre en avant une image. Dans les thèmes de base de WordPress (par exemple, TwentyTwelve), leur contenu est très pauvre.

Ces pages affichent l'image avec éventuellement une description ainsi qu'un lien *Suivant/Précédent* pour voir les autres images mises en ligne dans le même article, et non pas celles affichées dans le même article. Cela pose plusieurs problèmes :

- la description doit être remplie par l'utilisateur : lors de la mise en ligne, cela est presque systématiquement oublié ;
- l'image doit avoir été chargée dans le bon article : la page ne fonctionnera pas logiquement pour l'utilisateur si vous utilisez des images d'anciens articles (car vos fonctions vont retourner les valeurs de l'autre article). Et si, pour corriger ce défaut, vous téléchargez de nouveau la même image dans votre nouvel article, vous dupliquerez vos visuels… ;
- le visiteur ne peut retourner dans l'article associé car aucun lien ne le permet dans les thèmes par défaut.

Comme nous l'avions vu lors du paramétrage de l'extension WordPress SEO, les pages attachments sont donc rarement conseillées.

Si toutefois vous jugez qu'elles sont réellement pertinentes dans votre cas de figure (par exemple un site de photographe), voici quelques exemples de ce que vous pouvez faire pour améliorer le contenu de ces pages. Tout d'abord, il faut s'assurer de bien afficher les informations que l'utilisateur renseigne pour chaque image, à savoir sa légende et sa description (la balise `alt` et le titre sont déjà utilisés automatiquement lors de l'affichage des images).

WordPress se sert des mêmes fonctions que d'habitude, sauf qu'elles s'adaptent au post type attachment :

- `the_excerpt()` correspond à la légende de l'image ;
- `the_content()` correspond à la description de l'image.

À vous de vous assurer que ces deux fonctions soient bien présentes dans le template `attachment.php`.

On peut ensuite aller plus loin, par exemple en ajoutant sous l'image un lien vers l'article associé, ainsi que le début de l'article concerné et un lien vers l'auteur ayant mis en ligne l'image. Pour récupérer les bonnes informations et les afficher, on utilisera le code suivant.

Ajout d'informations pertinentes dans une page attachment

```
<?php
//On récupère l'attachment
$currentimage = get_post($post->ID);
//On récupère toutes les informations de l'article
$parentid = $currentimage->post_parent;
$parenttitle = get_the_title( $parentid );
$parentpermalink = get_permalink( $parentid );
$content_post = get_post($parentid);
//On génère notre propre extrait
$parentcontent = $content_post->post_content;
$parentcontent = strip_shortcodes( $parentcontent );
$parentcontent = apply_filters('the_content', $parentcontent);
$parentcontent = str_replace(']]>', ']]&gt;', $parentcontent);
$parentcontent = strip_tags($parentcontent);
$parentcontent = 'Début de l\'article : '.wp_trim_words( $parentcontent, 55);
//On affiche ensuite ces informations
?>
<h2>Article associé</h2>
<?php
      echo '<p>Cette image a été publiée dans <a href="'.$parentpermalink.'"
title="Article associé '.$parenttitle.'">'.$parenttitle.'</a></p>';
      echo $parentcontent;?>
<p>Auteur de l'article : <?php the_author_posts_link();?>
?>
```

On peut aller encore plus loin en affichant par exemple les données EXIF et IPTC contenues dans les images comme le type d'appareil photo utilisé, la vitesse d'ouverture, le copyright, la date de la prise de vue… Et là aussi WordPress nous fournit une fonction toute faite : `wp_get_attachment_metadata()`.

Données EXIF de l'image

```
//On récupère les données des images
$meta = wp_get_attachment_metadata($post->id);
if ( is_array ($meta) ) {
  $newarray = $meta['image_meta'];
```

```
    //On nettoie les données vides
    foreach ( $newarray as $array_key=>$array_item ) {
      if ( $newarray[$array_key] == 0 ) {
        unset($newarray[$array_key]);
      }
    }

    //On affiche
    if ( !empty ($newarray) ) {
      foreach ( $newarray as $array_key=>$array_item ) {

        //Correction du timestamp pour la date
        if ( $array_key == 'created_timestamp') {
          $array_item = date('d/m/Y H:i', $array_item) ;
        }
        echo '<strong>'.$array_key.'</strong>: '.$array_item.'<br>';
      }
    }
  }
```

Vous devriez obtenir le rendu suivant.

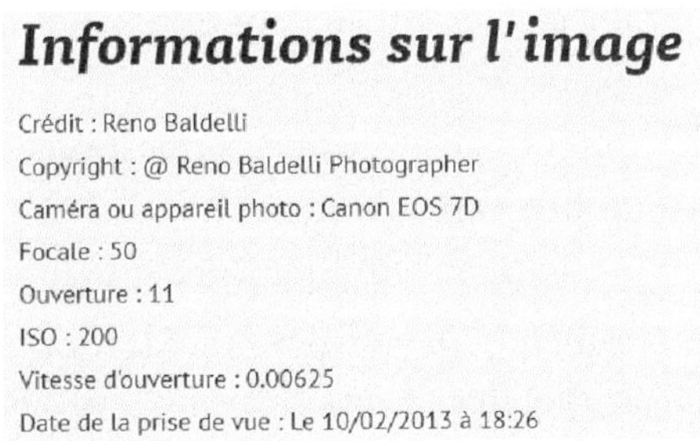

Figure 6–7
Dans cet exemple, on ajoute du contenu unique et pertinent pour les moteurs de recherche pour chacune de nos pages d'images.

La duplication des ancres

En référencement naturel, un même lien présent plusieurs fois dans une page peut être nuisible, puisque Google ne prendra en compte que le premier qu'il rencontre en occultant complètement les suivants. Nous avons déjà observé ce comportement grâce à plusieurs tests réalisés par différents référenceurs sur Axenet, SeoMoz ou encore sur SeoMix :

- http://www.seomoz.org/ugc/3-ways-to-avoid-the-first-link-counts-rule
- http://blog.axe-net.fr/ancres-multiples-referencement-test-seo/
- http://labo.seomix.fr/test-duplication-lien.php

Même si l'on optimise les ancres de chaque lien, seul le premier lien aura de l'importance. Mais surtout, pensez à vos utilisateurs : quel est l'intérêt de mettre cinq fois le même lien dans une page, ou encore de mettre des liens qui ramènent sur la page sur laquelle ils se trouvent déjà ? Une fois que vous avez compris cela, vous voyez qu'il est logique de se débarrasser de cette duplication (quand cela est possible).

Comme dans n'importe quel autre CMS, WordPress lui aussi duplique les liens présents dans une même page, et cela à plusieurs niveaux :

- dans le contenu même de la page ;
- dans le thème ;
- avec les extensions.

Sachez qu'il y aura toujours des liens dupliqués dans une page. Ce n'est pas grave d'en avoir mais le fait de diminuer leur nombre va rendre plus performante la structure de votre site, et là encore c'est vrai pour le moteur de recherche mais aussi pour les internautes.

Au niveau du thème, cela dépend fortement de celui qui est utilisé à la base. En général, on duplique obligatoirement certains liens, comme ceux situés dans le menu de navigation et le chemin de navigation. Là, on ne pourra pas y faire grand-chose sans nuire à l'ergonomie.

Mais en ce qui concerne les autres liens dupliqués, on peut agir, un peu comme l'exemple de la fonction `the_tags` située dans la taxonomie de mot-clé que nous avons évoquée avant.

Pour chaque type de contenu, posez-vous les questions suivantes.

- Ce contenu fait-il un lien vers lui-même ?
- Ce contenu fait-il plusieurs fois un lien vers la même page ?

Comme tout dépend beaucoup de votre thème, il n'existe pas de règles obligatoires à suivre. Cependant, voici quelques exemples concrets d'optimisation.

Les informations de l'article

Pour les ancres présentes dans les informations de vos articles, posez-vous la question suivante : « Sont-elles toujours pertinentes ? »

Je vais prendre des exemples concrets.

- Le texte « Publié dans NOM DE LA CATEGORIE » est-il pertinent dans les pages de catégorie ? Le visiteur est censé déjà savoir où il est théoriquement…
- Le texte « Publié par Daniel Roch » est-il pertinent sur la page de l'auteur ? ;
- Le texte « Mots-clés associés : XXX » est-il utile dans les pages de mots-clés ?

La réponse étant non à chaque fois, je vous conseille de vivement supprimer ces informations dans les pages concernées.

Les sélections d'articles

Sur de nombreux sites, on retrouve des blocs du type :

- articles les plus commentés ;
- articles les plus populaires ;
- notre sélection d'articles ;
- etc.

Ces listes de contenus sont utiles pour mettre en avant vos magnifiques contenus, produits et services. Mais il y a une chance sur deux que votre thème duplique des contenus à cause d'elles. Bien souvent, ces blocs se situent dans une colonne (une sidebar) ou juste avant la liste des articles. Pour savoir si vous dupliquez vos contenus, il suffit de regarder si les articles présents dans ces sections sont aussi dans le reste de la page où vous êtes déjà. Et cela donne des situations cocasses, comme :

- une page d'article qui affiche en sidebar une sélection de contenus qui comprend celui sur lequel on se trouve déjà ;
- l'accueil du site qui liste les cinq articles les plus commentés, et ces cinq articles se trouvent être aussi vos cinq derniers articles publiés (qui sont affichés une seconde fois juste en dessous) ;
- etc.

Tout cela est inutile et peu ergonomique pour l'utilisateur, et desservira votre site auprès du moteur de recherche. Vous devez donc demander à WordPress de ne pas dupliquer votre contenu. À chaque fois que votre thème provoque cette situation, procédez de cette manière.

1. Définissez l'emplacement prioritaire et les emplacements secondaires : par exemple, dans un article, c'est le contenu qui est prioritaire par rapport à une sidebar.
2. Définissez dans l'emplacement prioritaire les articles à ne pas dupliquer.
3. Filtrez dans les emplacements secondaires les articles à ne pas afficher.

Pour faire cela, WordPress nous aide. Dans l'emplacement prioritaire, il faut ajouter ce code dans la boucle (à l'intérieur du `While`).

Définir les articles à ne pas dupliquer

```
$do_not_duplicate[] = $post->ID;
```

Ensuite, dans la ou les boucles de contenus secondaires, il faut forcer WordPress à ne pas afficher les contenus concernés. Pour cela, le code se place juste après le début de la boucle des contenus secondaires, donc juste après le `While`.

Si le contenu est non désiré, passez au suivant

```
if (in_array($post->ID, $do_not_duplicate)) continue;
```

Voici un exemple dans lequel j'ai créé une boucle supplémentaire pour mes articles à mettre en avant, suivie de l'affichage habituel des articles.

Ne pas afficher deux fois un même contenu

```
<?php
//Ma boucle pour afficher des articles mis en avant
while ($query->have_posts()) : $query->the_post();
    //On stocke dans $do_not_duplicate les articles à ne pas afficher plus tard
    $do_not_duplicate[] = $post->ID;
    // Le contenu de ma première boucle est placé ici
endwhile;
?>

<?php
//Ma boucle pour afficher les articles habituels
if ( have_posts() ) : while ( have_posts() ) : the_post();
      //On n'affiche pas les articles déjà affichés
      if (in_array($post->ID, $do_not_duplicate)) continue;
      //LOOP
      …
```

Et le tour est joué ! Vos listes d'articles supplémentaires ne dupliquent plus inutilement vos contenus.

Les sélections de commentaires

Les commentaires récents ne provoquent que rarement une duplication de contenus. Toutefois, le fait d'y ajouter le lien renseigné par l'auteur est une magnifique incitation au spam, sans compter que cela vous fait perdre des visiteurs qui cliqueraient sur ces liens externes au lieu de naviguer sur le reste de votre site.

Je vous recommande donc de faire appel au code suivant, qui indiquera toujours l'auteur du commentaire sans afficher pour autant son lien sur l'ensemble des pages de votre site.

// Les quatre derniers commentaires

```
<?php
  $comment_array = $wpdb->get_results(SELECT comment_date_gmt, comment_type,
comment_author, comment_ID, comment_post_ID FROM $wpdb->comments WHERE
comment_approved = '1' AND comment_type != 'trackback' ORDER BY comment_date_gmt
DESC LIMIT 4);
```

```
  $comment_total = count($comment_array);
  echo '<ul>';
  for ($x = 0; $x < $comment_total; $x++) {
      echo '<li>'.esc_html($comment_array[$x]->comment_author).' dans ';
      echo '<a href="'. get_permalink($comment_array[$x]->comment_post_ID) .
'#comment-' . $comment_array[$x]->comment_ID . '">';
      echo get_the_title($comment_array[$x]->comment_post_ID);
      echo '</a></li>';}
  echo '</ul>';
?>
```

Et voici le rendu.

Figure 6–8
Les commentaires récents s'affichent sans lien sur l'auteur.

Cette remarque est valable pour tous les blocs qui affichent des sélections de commentaires, y compris les derniers commentaires, les meilleurs commentaires ou encore les plus grands commentateurs de votre site.

Hooks : actions et filtres

Nous allons maintenant attaquer la partie que je préfère dans l'optimisation des thèmes de WordPress : l'automatisation grâce aux *hooks*.

Vous avez déjà passé beaucoup de temps à améliorer votre thème, template par template. Mais ce n'est pas forcément suffisant car vous avez peut-être publié bien trop de contenus peu pertinents, ou vous voulez peut-être modifier automatiquement des contenus sans rentrer dans chaque fichier.

Il est possible de les améliorer manuellement, mais ce serait dommage de perdre des heures de travail quand quelques lignes de code peuvent faire ce travail pour vous : c'est là qu'interviennent les hooks qui permettent d'intercepter et modifier les données générées par de nombreuses fonctions de WordPress.

Un hook, c'est un peu comme une porte de service laissée par les développeurs de WordPress dans une grande partie de leurs fonctions. En d'autres termes, le CMS permet d'une part d'activer certaines fonctions supplémentaires à des moments précis, et d'autre part de modifier et filtrer des données à d'autres endroits. Ces hooks se présentent donc sous deux formes :

- les *actions* : pour déclencher une action lors d'un événement précis. On peut ainsi lancer une action à l'initialisation de WordPress, lors de l'activation d'un thème ou encore lors de la sauvegarde d'un article ;
- les *filtres* : pour modifier les données avant de les utiliser ou de les afficher ailleurs. On applique nos propres fonctions à celles présentes dans WordPress, dans une extension ou dans le thème, le tout pour les modifier avant affichage ou utilisation.

Sachez que les deux vont nous permettre d'améliorer notre référencement naturel. Là encore, ce que vous pouvez en faire dépendra beaucoup de votre secteur d'activité et de vos besoins.

Cependant, voici quelques petites fonctions assez sympathiques.

Commençons avec un exemple basique : imaginons que vous voulez faire varier la longueur des extraits en fonction du type de page où l'utilisateur se trouve, il suffirait d'appliquer une fonction sur le filtre `excerpt_length`, en indiquant le nombre de mots désirés (et cela dans le fichier `functions.php` de votre thème).

Modifier la taille des extraits

```
function seomix_seo_excerpt_length( $length ) {
    if (is_feed())
        return 180; //180 mots pour les flux RSS
    elseif (is_tag())
        return 200; //200 mots pour les pages de mots-clés
    else
        return 90; //90 mots pour le reste du site
}
add_filter( 'excerpt_length', 'seomix_seo_excerpt_length', 100 );
```

Et le tour est joué !

Comme vous pouvez le voir, on déclare notre fonction `seomix_seo_excerpt_length` qui prend la donnée que l'on veut modifier `$length`. Notre fonction la modifie comme on le souhaite en fonction du type de contenu avec des tags conditionnels et en faisant systématiquement un `return` de la valeur souhaitée. Il suffit ensuite de l'appliquer sur le bon filtre avec la fonction `add_filter`.

Je vous laisse consulter le Codex de WordPress si vous souhaitez creuser le sujet et voir plus en détail comment fonctionnent les hooks : http://codex.wordpress.org/Plugin_API/Hooks.

Les mots-clés

Les fonctions qui vont suivre ne sont pas obligatoires mais pertinentes dans de nombreux cas. Prenons le problème des mots-clés. Il arrive souvent que les utilisateurs associent beaucoup de mots-clés à un même article, et que la moitié d'entre eux ne soient associés qu'à un seul article. Dans ce cas, voici ce qui se passe quand l'internaute consulte un article.

1. Il lit un article.
2. Il clique sur le mot-clé en espérant trouver d'autres articles similaires.
3. Il arrive sur la page du mot-clé qui ne contient que l'article sur lequel il se trouvait.
4. Il revient à la case départ.

L'intérêt est nul pour le visiteur, et dites-vous bien que le moteur de recherche se dit la même chose. Théoriquement, l'affichage de ces mots-clés fait appel à la fonction `the_tags()`, qui elle-même fait appel à `get_the_terms()`. Vous allez constater que les filtres sont magiques, puisqu'avec les codes suivants, je vais automatiquement masquer tous les mots-clés qui ne sont pas associés à au moins trois articles.

1re étape, ne pas afficher ces mots-clés dans les articles (fichier functions.php)

```
/**
Supprimer de la fonction get_the_terms tout mot-clé ayant moins de 3 articles
* © Daniel Roch
*/
function seomix_seo_the_tag_limit($terms) {
  if ( !is_admin() ){
    foreach($terms as $k => $tag){
    //s'il s'agit d'un tag
    if ( $tag->taxonomy == 'post_tag' ){
      //On élimine les tags de moins de 3 articles
      if ( $tag->count<3 )
        unset($terms[$k]);
      }
    }
  }
  return $terms;}
add_filter( "get_the_terms", 'seomix_seo_the_tag_limit', 10, 1 );
```

Une fois cette étape réalisée, il faut aussi s'assurer que votre fichier sitemap et votre page plan du site fassent la même chose. Si votre site est conforme aux standards de WordPress, ces pages doivent faire appel à la fonction `get_terms` que l'on va également filtrer.

Filtrer les mots-clés dans les autres endroits du site (fichier functions.php)

```
/**
Supprimer de la fonction get_terms tout mot-clé ayant moins de 3 articles
* Notamment utile pour la génération du sitemap de WordPress SEO
* © Daniel Roch
*/
function seomix_seo_tag_get_terms($terms){
  if ( !is_admin() ){
    foreach( $terms as $k => $tag ){
      if( $tag->taxonomy == "post_tag" ) {
        if( $tag->count<3 )
          unset( $terms[$k] );
      }
    }
  }
  return $terms;
}
add_filter( 'get_terms', 'seomix_seo_tag_get_terms');
```

Le souci, c'est que vous avez peut-être mis en place ces fonctions des mois ou des années après le lancement du site, et Google a sans doute déjà indexé ces pages pauvres en contenus. Ce n'est pas grave, car on va mettre en place une redirection 301, en utilisant justement l'action correspondante : `template_redirect`.

Rediriger l'utilisateur vers l'accueil pour ces pages de mots-clés (fichier functions.php)

```
/**
Rediriger automatiquement les mots-clés de moins de 3 articles vers l'accueil
* © Daniel Roch
*/
function seomix_seo_tag_redirect () {
  if ( is_tag () ) {
    $term_id = get_query_var( 'tag_id' );
    $term = get_term_by ('id', $term_id, 'post_tag');
    $termcount = $term->count;
    $homeurl = home_url();
    if ($termcount < 3 ) {
      wp_redirect( $homeurl , '301' );
      die;
    }
  }
}
add_action( 'template_redirect', 'seomix_seo_tag_redirect' );
```

Voilà ! Vous n'affichez plus que les mots-clés associés à au moins trois articles. Mais vous pourriez aller plus loin en faisant de même avec les mots-clés qui n'ont pas de description associée par exemple, ou en faisant une requête pour rediriger le mot-clé vers un autre mot-clé proche sémantiquement.

Les auteurs et la page d'accueil statique

Je viens de prendre l'exemple des mots-clés, mais voyons aussi ce que l'on peut faire avec notre page d'accueil statique ou encore avec les pages des auteurs.

Ici, j'ai fusionné deux astuces dans une seule fonction, et le concept est simple :

- si l'accueil du site utilise un page statique (je vous rappelle que je le déconseille), je redirige la pagination qui est devenue inutile et qui est peut-être encore indexée par Google (et qui doit donc générer des erreurs 404) ;
- si je suis sur une page d'auteur, je redirige toute la pagination vers la page principale de l'auteur pour n'avoir qu'une page unique qui parle de chaque utilisateur.

Mettre en place des redirections automatiques (fichier functions.php)

```
/**
SEO automatic redirections
* Redirect homepage pagination (if is_front_page is true)
* Redirect author pagination
* © Daniel Roch
*/
function seomix_seo_redirect_paginate () {
  global $paged, $page;
  //Si je suis une sous-page de l'accueil
  if ( is_front_page () && ( $paged >= 2 || $page >= 2 ) ) {
    //La page d'accueil statique a-t-elle été définie ?
    if( get_option('show_on_front') == 'page') {
      //Si oui, on redirige
      wp_redirect( home_url() , '301' );}
  }
  //Si je suis une sous-page d'une page d'auteur
  elseif ( is_author () && ( $paged >= 2 || $page >= 2 ) ) {
    //On redirige vers la page de l'auteur
    global $wp_rewrite;
    $url = home_url().'/'.$wp_rewrite->author_base.'/
'.$GLOBALS['author_name'].'/';
    wp_redirect( $url , '301' );}}
add_action( 'template_redirect', 'seomix_seo_redirect_paginate' );
```

Remarque : pour la partie du code précédent et pour le code suivant lié à la pagination, ils vous seront inutiles si vous avez installé l'extension SX No Author Pagination.

Nous venons tout juste de nettoyer les pages des auteurs pour qu'elles soient uniques et sans pagination. Mais pour le moment, WordPress et les fonctions associées, y compris celles des extensions, vont vouloir afficher quand même les pages suivantes, alors qu'elles feront une redirection 301 vers la page principale de l'auteur.

Là encore, un filtre va tout d'abord forcer (dans l'exemple suivant) à n'afficher que quatre articles par page sur les pages auteurs.

Afficher uniquement quatre articles sur les pages des auteurs (fichier functions.php)

```
/**
  Fixer le nombre d'articles par page sur les pages d'auteurs
  */
function seomix_filter_press_tax( $query ){
  if( $query->is_author() && $query->is_main_query()):
    $query->set('posts_per_page', 4);
    return;
  endif;
}
add_action('pre_get_posts', 'seomix_filter_press_tax');
```

Mais, là encore, la pagination peut encore s'afficher dans certains cas. Pour s'en débarrasser définitivement, il suffit de demander proprement à WordPress de ne pas générer de pagination sur les pages auteurs (ce qui est le meilleur moyen de faire cela car les extensions comme WordPress SEO n'ajouteront pas des données inutiles de pagination dans l'en-tête).

Ne pas générer de pagination sur certains contenus (fichier functions.php)

```
/**
  Ne pas générer de pagination sur les pages d'auteurs
  * © Daniel Roch
  */
function seomix_content_mainquery_pagination($query) {
  if ($query->is_main_query() && is_author())
    $query->set('no_found_rows', true);}
add_action('pre_get_posts', 'seomix_content_mainquery_pagination');
```

Vos pages d'auteurs affichent donc à ce stade uniquement les quatre derniers articles, sans aucune pagination non pertinente, et en redirigeant les anciennes pages de pagination vers la page principale.

Le nofollow

Autre code utile à placer dans le fichier `functions.php`, la suppression du `nofollow` partout dans votre site.

Le nofollow est un attribut que l'on ajoute à un lien pour indiquer aux moteurs de recherche de ne pas le prendre en compte et donc de ne pas le suivre. En d'autres termes, les liens codés ainsi ne servent à rien en référencement naturel. Et c'est le cas automatiquement pour tous les liens situés dans les commentaires de WordPress, que ce soit le lien situé sur le nom de l'auteur ou dans le commentaire en lui-même.

ATTENTION La suppression du nofollow augmentera le temps de modération des commentaires

Cela incite les autres référenceurs à venir spammer chez vous, mais permet aussi d'ajouter plus facilement du contenu unique et pertinent dans vos articles.
À vous de voir donc si vous avez le temps de modérer ou non vos sites Internet.

Mais le nofollow peut nuire au référencement. Depuis 2011, Google a changé la donne car non seulement il ne suit plus les liens nofollow, mais il va quand même les compter dans la répartition de la popularité. Un lien nofollow bloque donc la transmission de cette popularité aux autres liens.

Prenons un exemple vraiment simplifié. Nous avons cinq liens, dont un en nofollow. La page doit transmettre une popularité de 1 aux cinq liens :

- auparavant, les 4 liens sans nofollow auraient reçu chacun 0,25 ;
- désormais, ils ne reçoivent plus que 0,20 chacun, et nous avons donc 0,20 de popularité qui reste « bloquée » et non transmise.

Pour empêcher WordPress de faire cela et supprimer tous les attributs nofollow, il suffit de copier le code suivant dans le fichier functions.php de votre thème.

Supprimer le nofollow

```
/**
Enlever le nofollow du site
*/
//Étape 1, on enlève le nofollow codé en dur dans les commentaires
function seomix_comment_remove_nofollow1($text) {
  return str_replace('" rel="nofollow">', '">', $text);}
add_filter('comment_text', 'seomix_comment_remove_nofollow1');
//Étape 2, on désactive l'ajout en dur du nofollow lors de l'enregistrement des commentaires (cette fois-ci en désactivant un filtre)
remove_filter('pre_comment_content', 'wp_rel_nofollow', 15);
//Étape 3, on enlève l'attribut nofollow de la fonction qui ajoute le nom (et l'URL) de l'auteur
function seomix_comment_remove_nofollow2($string){
  return str_replace(' nofollow', '', $string);}
add_filter('get_comment_author_link', 'seomix_comment_remove_nofollow2');
```

> **REMARQUE Le dofollow n'existe pas**
>
> L'attribut `dofollow` n'existe pas. On voit régulièrement cette appellation sur certains sites, mais soit un lien est en `nofollow`, soit il ne l'est pas.

Les 404 de la pagination

Dernier code que je trouve intéressant : le fait de pouvoir éviter les erreurs 404 de vos paginations. De base, vous définissez dans WordPress un nombre d'articles par page, par exemple 20. Si vous avez 21 articles dans la catégorie, vous aurez donc une page de pagination.

Maintenant, imaginons que vous supprimez un ancien article : la pagination disparaît, mais Google en a toujours connaissance. Cela provoque pour lui une erreur 404. De même, sans supprimer d'article, si vous changez vos paramètres pour avoir 30 articles par page, la pagination va là encore disparaître et générer une erreur 404.

Pour éviter cela, on va encore faire appel aux hooks avec cette excellente fonction créée à la base par Julio Potier, améliorée par mes soins puis corrigée par Willy Bahuaud (quand je vous disais que le référencement était un travail d'équipe). Là encore, copiez ce code dans le fichier `functions.php` de votre thème, dans une extension ou dans un mu-plugin.

Pas de 404 pour la pagination

```
/**
Pas de 404 pour la pagination qui n'existe pas ou plus
© Julio Potier BoiteAweb - Modifié par Daniel Roch et correction par Willy
Bahuaud (ne fonctionnait pas sur la page d'accueil)
*/
function seomix_template_redirect_no_404_pagination() {
  //Récupération de la variable "paged"
  $paged = get_query_var( 'paged' );
  $page = get_query_var('page');
  //Si nous sommes sur une page 404 avec une page supérieure à 0
  if( is_404() && ( $paged || $page ) > 0 ):
    global $wp_rewrite;
    $url = preg_replace( "#$wp_rewrite->pagination_base/$paged(/+)?$#", '',
$_SERVER['REQUEST_URI'] );
    wp_redirect( $url, 301 );
    die;
  endif;}
add_action('template_redirect', 'seomix_template_redirect_no_404_pagination' );
```

Accessibilité

L'impact en référencement

On entend parfois parler de l'accessibilité et de son impact sur le référencement (tout comme on parle aussi parfois du respect des normes de la W3C). Sachez qu'en soi, ce n'est pas parce qu'un site est accessible qu'il sera bien référencé, et l'inverse est également vrai.

Cependant, les règles d'accessibilité vous permettent de simplifier l'utilisation de votre site, augmentant ainsi votre taux de conversion. De plus, certaines règles peuvent avoir un impact en référencement, comme les textes alternatifs pour les images.

Pour vous parler brièvement de ce sujet, j'ai le plaisir d'accueillir Gaël Poupard, un excellent développeur et intégrateur pour WordPress, qui maîtrise parfaitement ce sujet.

L'accessibilité, par Gaël Poupard

Grâce à Daniel, vous approfondissez vos connaissances en matière de référencement dans un écosystème WordPress. Mais savez-vous qu'en travaillant sur l'accessibilité de votre site, vous améliorez également son référencement ?

Par exemple, sur les 132 critères que compte le RGAA 3.0, pas moins de 31 ciblent uniquement la pertinence des contenus [1] ! Ainsi, si vous avez bien suivi les conseils de Daniel en proposant des contenus pertinents à vos utilisateurs, vous couvrez probablement déjà un quart des critères du RGAA.

L'accessibilité, quatre principes de base

D'après les WCAG [2], quatre principes représentent la base nécessaire pour quiconque voulant accéder et utiliser les contenus web [3].

- Le site doit être utilisable facilement : la navigation doit être claire et homogène à travers le site, et les interactions activables par tout un chacun.
- Les contenus doivent être compréhensibles : structurés grâce à une bonne hiérarchie de titres, des intitulés explicites pour les liens et boutons, et les éléments sémantiques utilisés à bon escient.
- Afin de les rendre perceptibles, on veillera particulièrement à ne pas véhiculer d'informations que par la couleur ou le son, à fournir des alternatives pertinentes aux images et médias, etc.
- Plus concrètement, il faut garantir la robustesse technique : le code doit être valide, performant et pérenne.

Vous voyez ? Nous parlons ici de la structure des contenus, des intitulés de liens explicites, des alternatives textuelles aux images et médias, ou encore de la qualité du code. Autant de points déjà cités par Daniel pour optimiser votre référencement. Cette corrélation forte n'est pas nouvelle, puisqu'en 2004 déjà Sébastien Billard écrivait :

« En fait, le véritable bénéfice de l'accessibilité en termes de référencement est de lever tous les obstacles à l'indexation et de proposer un contenu textuel sémantiquement correct, et donc naturellement optimisé. »

Sébastien BILLARD, webmaster-hub.com [3]

Et si jamais vous n'êtes pas encore convaincu, voici ce que Google vous recommande [4] :

- « concevoir des pages pour les internautes et non pour les moteurs de recherche » ;
- « éviter les astuces destinées à améliorer le classement d'un site dans les moteurs de recherche ».

Les objectifs de l'accessibilité

Améliorer votre référencement naturel n'est qu'un bénéfice collatéral parmi d'autres de l'accessibilité de votre site web. L'objectif premier est de permettre à tous les utilisateurs d'accéder à vos contenus, quels que soient leur situation de handicap, leur matériel ou leur technologie d'assistance.

Et contrairement aux idées reçues, il ne s'agit pas uniquement des aveugles ou malvoyants utilisant un lecteur d'écran : si vous êtes myope, si vous avez un débit Internet réduit ou si vous vous êtes cassé le bras droit en skiant alors que vous êtes droitier, vous êtes en situation de handicap. Il ne s'agit pas non plus d'un travail forcément fastidieux et coûteux, a fortiori s'il est pris en compte dès la naissance du projet et tout au long de sa vie. De plus, vous pouvez vous contenter du niveau A du RGAA (ou Bronze chez Accessiweb) qui couvre les principaux besoins des internautes. Acquérir et maintenir des bases de connaissances solides, développer et capitaliser sur des solutions techniques éprouvées, et vérifier régulièrement certains points de contrôle peut suffire !

Selon votre profil, vous trouverez de nombreuses ressources pour vous aider à comprendre et mettre en œuvre une véritable démarche d'accessibilité, à commencer par le RGAA et les ressources Accessiweb proposées par l'association BrailleNet. Voici quelques ressources supplémentaires que je vous recommande chaleureusement :

- les check-lists Opquast [5] (disponibles également sous la forme d'une extension pour Firefox) [6] éditées par la société Temesis ;
- les notices AcceDe Web [7] conçues par la société Atalan ;
- l'outil de tests automatisés Tanaguru [8], projet open source existant aussi en version Saas (payant).

Accessibilité et SEO : des objectifs complémentaires

Attirer des visiteurs sur votre site grâce à un excellent référencement ne sert à rien si vos contenus ne sont pas intéressants, ou s'ils sont difficilement consultables. Les visiteurs qui ne pourraient pas accéder à vos contenus ne feraient qu'augmenter votre taux de rebond et pourraient même dégrader votre popularité.

Référencement et accessibilité ont donc des objectifs complémentaires :

- le référencement permet de montrer à vos visiteurs que vos contenus sont pertinents et répondent bien à leur recherche ;
- et l'accessibilité leur permet de consulter vos contenus à leur aise en profitant d'un site de bonne facture.

Pour terminer, n'oubliez pas que le succès de votre site dépend en grande partie des internautes : leur proposer des contenus de qualité dans un site de qualité est indispensable à votre réussite, et la prise en compte des bases de l'accessibilité peut vous y aider !

Sources de ce chapitre :

- [1] http://references.modernisation.gouv.fr/sites/default/files/RGAA3/referentiel_technique.htm
- [2] Web Content Accessibility Guidelines : en français, les règles pour l'accessibilité des contenus web (http://www.w3.org/Translations/NOTE-UNDERSTANDING-WCAG20-fr/intro.html#introduction-fourprincs-head)
- [3] http://www.webmaster-hub.com/publication/Accessibilite-et-referencement.html
- [4] https://support.google.com/webmasters/answer/6001170?hl=fr&ref_topic=4631146
- [5] https://checklists.opquast.com/fr/
- [6] https://addons.mozilla.org/fr/firefox/addon/opquast-desktop/
- [7] http://accede-web.com/fr/
- [8] http://www.tanaguru.com/fr/

Encore merci à Gaël d'avoir participé à ce chapitre.

Si vous voulez approfondir le sujet, je vous conseille fortement ces livres :

- *Ergonomie web*, Amélie Boucher, éditions Eyrolles, 2011
- *Design d'expérience utilisateur* 2e édition, Sylvie Daumal, éditions Eyrolles, 2015

Partie 3

Le contenu

Google a besoin de contenu unique et pertinent pour renvoyer de bons résultats de recherche. Voyons comment effectuer des optimisations de contenus tant pour les visiteurs que pour les moteurs de recherche.

Optimisation du contenu 7

Un contenu pertinent et optimisé pour les moteurs de recherche est l'une des bases du référencement naturel, au même titre que la création de liens et de popularité, ou que le fait d'avoir un code source indexable et une structure logique. Nous allons expliquer dans ce chapitre comment créer et optimiser un contenu sous WordPress, sans tomber dans le piège d'ajouter des mots-clés à tort et à travers. En bref, nous allons voir comment penser au visiteur tout en optimisant son référencement naturel.

Apprendre à rédiger un contenu

Titre, title et description

Dès que vous allez rédiger un article ou une page, le titre de votre contenu est le premier élément que vous devez compléter. Faites-le avec soin en respectant certaines règles.

- **Pour le moteur de recherche :** le titre doit être explicite et posséder les mots-clés que vous ciblez.
- **Pour le visiteur :** le titre doit être explicite, accrocheur et donner envie de lire le contenu.

Pour les visiteurs, l'intérêt de ces règles est évident. Pour les moteurs de recherche, elles sont encore plus importantes, car le titre va être réutilisé à plusieurs endroits :

- en tant que balise `h1` dans la page d'article ;
- en tant que balise `h2` dans les pages de taxonomies et sur la page d'accueil du site ;
- en tant que titre du contenu dans le flux RSS ;
- dans la description lors du partage de contenu via les boutons de partage sociaux.

En référencement, le titre de l'article et le contenu de sa balise `title` sont importants. Ici, on parlait du nom de votre article ou de votre page. Ce qu'il faut savoir, c'est que le titre de votre article n'est pas forcément le `title` de celui-ci. Même s'ils sont identiques par défaut, l'extension WordPress SEO permet de les différencier pour respecter les règles précitées.

Figure 7–1
Le titre de l'article et sa balise title peuvent ou non être identiques.

Il est donc possible d'avoir un titre d'article qui s'adresse à l'utilisateur et une balise `title` destinée au moteur de recherche. Prenons l'exemple d'un article sur SeoMix.

- « Les erreurs serveur, servez-vous en ! » est un titre accrocheur pour l'internaute.
- « Les erreurs serveur » est un `title` explicite pour les moteurs de recherche.

Pour changer le `title`, vous devez utiliser le nouveau bloc ajouté par WordPress SEO dans les pages d'édition de vos posts types. Par défaut, vous le trouverez juste en dessous de l'endroit où vous rédigez le contenu. Profitez-en également pour remplir la balise `meta description` juste en dessous.

Figure 7–2
Remplissez impérativement ces deux éléments du bloc WordPress SEO.

> **REMARQUE Et les autres options de WordPress SEO ?**
>
> Il existe d'autres options dans le bloc de l'extension WordPress SEO que je détaillerai plus loin dans ce chapitre.

Normalement, les balises `title` et `meta description` n'ont pas de longueur prédéfinie. Attention tout de même : elles ne doivent être ni trop longues, ni trop courtes, au risque de réduire leur utilité et leur efficacité.

- Le titre doit comporter 60 à 70 caractères maximum. Plus il sera court, plus les mots auront d'impact. Mais attention, ne tombez pas dans l'extrême inverse en n'utilisant qu'un seul mot. En effet, le titre doit être parfaitement compréhensible par l'internaute et, surtout, il doit être écrit en bon français.
- La description doit comporter 150 à 160 caractères maximum. Tout le texte au-delà ne sera pas affiché dans les résultats de Google.

> REMARQUE **La balise meta description et son intérêt SEO**
>
> Même si la balise `meta description` n'a aucun impact en référencement naturel, elle est tout de même affichée dans les résultats de Google. Sachez que plus elle sera percutante, plus les gens auront de chances de cliquer. Si elle inclut les mots-clés saisis par l'internaute, ils seront mis en gras, augmentant ainsi la visibilité du résultat.

Le permalien

Une fois la rédaction de votre titre terminée, WordPress va générer automatiquement l'URL de celui-ci en fonction des réglages mis en place au début de ce livre.

Figure 7–3
WordPress a rempli directement l'URL de mon article.

Normalement, ces derniers permettent déjà de rendre cette URL logique pour le visiteur et pour Google. Il est cependant possible de l'améliorer en supprimant tous les éléments inutiles (par exemple, les mots sans réel sens, les lettres superflues), qui sont souvent la conséquence d'une apostrophe supprimée. Par exemple, on pourrait ainsi changer `titre-de-larticle` en `titre-article` (voir figure 7-3).

Rappelez-vous que l'URL ne doit pas être trop longue. Elle doit décrire votre contenu et être suffisamment explicite afin que l'internaute sache ce qu'il va trouver à cette adresse.

La catégorie

Il vous faut ensuite choisir la catégorie dans laquelle vous allez publier votre contenu.

Comme les URL ont été correctement définies dans les chapitres précédents, il n'y a aucun risque de duplication de contenus par ce biais-là. Il est donc possible de définir plusieurs catégories. Mais attention, cela peut n'avoir aucun sens pour vos visiteurs et signifier par ailleurs que vous avez mal segmenté les thématiques de votre site. N'oubliez pas que vous publiez du contenu pour vos visiteurs et non pour Yahoo!, Bing ou Google. Il peut être judicieux de revoir la façon dont vous allez structurer vos contenus entre eux.

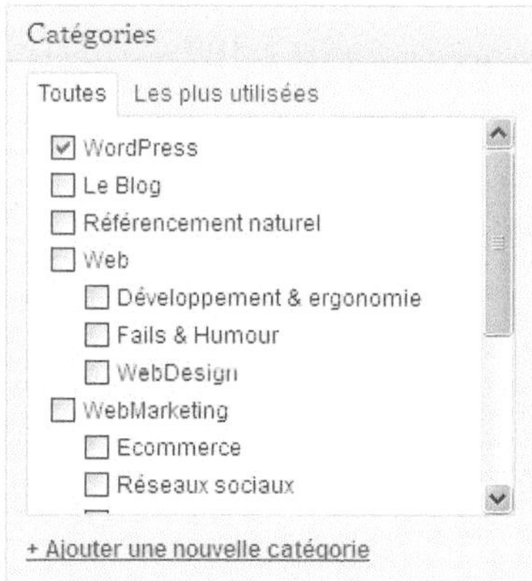

Figure 7–4
Je peux choisir moi-même la catégorie de mon article.

S'il ne vous est pas facile de choisir la catégorie dans laquelle vous allez publier votre contenu, c'est que vos catégories sont mal conçues.

Par ailleurs, si vous publiez le même article dans plusieurs catégories, ces dernières auront tendance à trop se ressembler. En effet, plus vos articles sont visibles partout sur votre site, moins Google va trouver pertinent de continuer son indexation des différentes catégories, et il risquerait alors de pénaliser ces pages dupliquées en leur donnant moins de poids.

Et dernier défaut d'avoir plusieurs catégories : vous ne pouvez pas choisir la catégorie principale. Votre chemin de navigation sélectionne une catégorie pour vous, qui n'est pas forcément la plus pertinente, ni celle dans par laquelle le visiteur a trouvé votre contenu : cela provoque donc une problématique au niveau du maillage interne, et un problème d'ergonomie.

Pour résumer, il faut qu'un article soit associé uniquement à une seule catégorie.

RAPPEL La description des catégories

Quand vous allez créer vos catégories, pensez à toujours vous rendre dans le menu *Articles>Catégories* pour vérifier que vous avez bien renseigné une description pour chacune d'elles. Les descriptions s'afficheront dans votre thème et permettront d'ajouter du contenu unique et pertinent dans chacune des catégories.

Sticky post

Dernière remarque par rapport aux catégories : ne les utilisez jamais pour gérer une section « coups de cœur », « nouveautés » ou encore « mises en avant ». Si vous faites cela, toutes les publications situées dans la catégorie n'auront pas une thématique uniforme, rendant complexe le fait de pouvoir la référencer. Vous aurez aussi dans ces cas de figure l'obligation de choisir une seconde catégorie correspondant à la vraie thématique du contenu, ce qui revient au problème cité juste précédemment.

Pour gérer des mises en avant, utilisez plutôt la fonction des sticky posts, c'est-à-dire des articles mis en avant : https://codex.wordpress.org/Sticky_Posts.

Un article mis en avant remonte ainsi automatiquement en tête dans toutes vos listes d'articles sur l'accueil, dans les catégories, dans les pages de mots-clés, etc. Et surtout, vous pouvez réaliser deux éléments supplémentaires :

- tester si l'article en question est un sticky post pour en changer l'affichage (par exemple, ajouter une pastille « coup de cœur »). Pour cela, utilisez le tag conditionnel `is_sticky()` ;
- créer de nouvelles fonctions ou boucles pour afficher à d'autres endroits les sticky posts.

Quand vous éditez un article, pour le transformer en sticky post, cliquez en haut à droite sur *Visibilité>Modifier>Mettre cet article en avant sur la page d'accueil*.

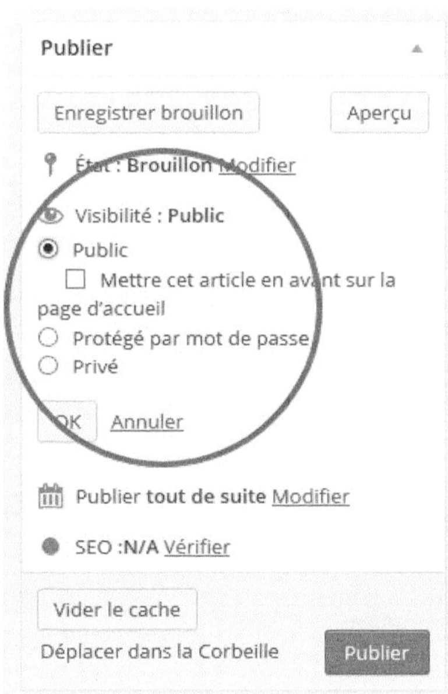

Figure 7–5
WordPress vous permet facilement de mettre en avant vos articles.

Pour information, les sticky posts ne sont compatibles qu'avec les articles. Pour obtenir la même fonctionnalité sur vos custom posts types, il faut ajouter une fonction spécifique que j'évoquerai plus loin.

Les mots-clés (étiquettes)

En référencement naturel, il faut savoir optimiser son site, mais encore faut-il savoir correctement l'utiliser. Et sur WordPress, certains éléments peuvent être traîtres, comme les fameux « mots-clés ».

Les problématiques

Nous avons expliqué dans le chapitre 2 ce qu'était un mot-clé dans le sens de WordPress.

En soi, on pourrait considérer les mots-clés comme une bonne chose car on peut ajouter une nouvelle classification à ses contenus pour les internautes et les moteurs de recherche. Dans la pratique, cela pose d'énormes problèmes en ergonomie et en référencement.

Un contenu pauvre ou inutile

Le premier problème que l'on peut rencontrer est les pages de mots-clés qui ne contiennent qu'un seul article. C'est le comportement par défaut de WordPress. La première fois que vous ajoutez un mot-clé à un article, cela crée une page dédiée. On arrive alors dans une situation un peu bizarre où l'internaute lit un article et clique sur un mot-clé pour trouver les autres publications du même sujet. Il se retrouve alors sur la page dédiée, qui ne contient que l'article sur lequel il était précédemment.

Autre problématique, cette page ne comporte en général aucun contenu unique car la plupart des développeurs et utilisateurs ont tendance à systématiquement omettre de remplir et d'afficher la description du mot-clé, qui est pourtant utile en référencement mais aussi à l'internaute.

Pour ces deux premiers points, il faut savoir que le phénomène est accentué par le fait que, lorsque vous intégrez un mot-clé à un article, vous ne voyez pas les mots-clés déjà renseignés. Normalement, il y a une autocomplétion mais elle met du temps à s'afficher, et l'utilisateur ajoute souvent des mots-clés presque identiques.

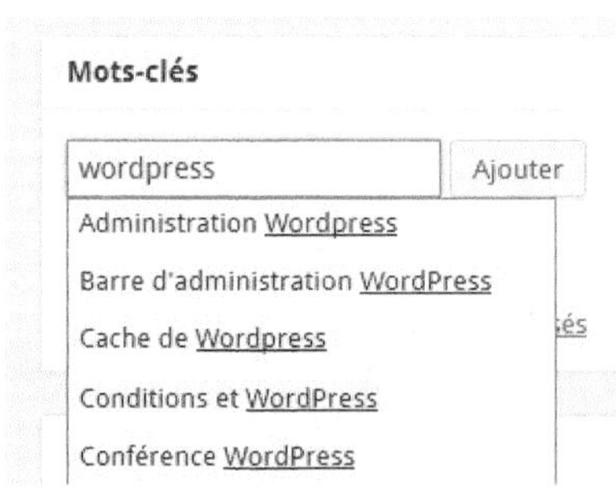

Figure 7–6
L'autocomplétion peut mettre du temps à s'afficher.

On se retrouve alors avec des sites ayant des mots-clés très proches, comme :

- voiture ;
- voitures ;
- les voitures ;
- la voiture ;
- etc.

Chez certains clients que j'ai audités, je suis ainsi monté à plusieurs milliers de mots-clés différents, la plupart d'entre eux sans contenu unique et tous associés à un seul article. C'est d'autant plus fréquent lorsque vous avez un site multi-auteur, chacun utilisant une variante différente d'une même expression.

Et je ne vais pas non plus m'étendre sur les nuages de mots-clés que l'on peut observer en footer ou sidebar de certains sites WordPress, qui ne servent pas réellement pour deux raisons :

- théoriquement, l'utilisateur navigue dans des sections logiques et ergonomiques via les menus ;
- en référencement, on se retrouve avec des mini-fermes de liens avec des mots-clés n'ayant aucun rapport les uns avec les autres, ou certains trop similaires entre eux.

Un contenu dupliqué

Le deuxième type de problème concerne la duplication de contenus en interne. Cela ne va pas vous valoir une pénalité de la part de Google, mais cela va fortement impacter la pertinence, la structure et la popularité de vos contenus. Il existe plusieurs types de duplications.

Dans certains thèmes, les pages de mots-clés affichent l'intégralité de l'article. On se retrouve donc avec une duplication intégrale de son contenu. Si vous avez associé votre publication à 10 mots-clés par exemple, vous avez ainsi créé en tout 11 versions dupliquées d'un même contenu (sans compter que vos catégories, votre flux RSS et votre accueil peuvent également dupliquer cet élément).

Il y aura également de la duplication de contenu entre vos pages de mots-clés. Certains seront en effet tellement proches les uns des autres que la liste des articles sera identique d'un mot-clé à un autre.

Enfin, cela va dupliquer et multiplier les liens vers les mots-clés dans une même page. Ce défaut est vrai dans les pages de mots-clés, dans les catégories ou encore sur l'accueil du site et tout autre page qui ne fait que lister des articles. Dans ces listings, le thème va parfois afficher directement les mots clés associés aux articles, et on peut ainsi retrouver dans une même page 10, 15 ou 20 liens voir plus vers la même page de mot clé, ce qui est inutile pour l'internaute et ne permet pas une bonne diffusion sur la popularité sur votre site.

Ce qu'il faut éviter

À ce stade, on pourrait envisager de supprimer les mots-clés, ou, comme je peux le lire sur pas mal de blogs, les mettre en `noindex,follow` (on dit à Google de ne pas indexer les pages mais de suivre les liens qu'il y trouve). Les deux cas sont de fausses bonnes idées.

La première solution ne sert pas à grand-chose. On peut en effet désactiver facilement les mots-clés d'une installation WordPress, avec ce type de code (source HereWithMe.fr).

Supprimer les mots-clés de WordPress

```
add_action('init', 'remove_default_taxos', 2 );
function remove_default_taxos() {
   global $wp_taxonomies;
   unset($wp_taxonomies['post_tag']);
}
```

Mais en soi, tant que vous n'ajoutez pas de mots-clés, ils ne poseront pas les problématiques citées précédemment. Et nous verrons plus loin qu'au contraire ils peuvent être utiles s'ils sont bien utilisés.

La seconde solution est un non-sens ergonomique et SEO : pourquoi donnez-vous un accès à vos visiteurs à certains contenus (qui sont donc théoriquement pertinents), mais pas aux moteurs de recherche ?

Optimiser les mots-clés de WordPress

Si vous utilisez des mots-clés, il faut que cela ait du sens et une utilité. La question est de savoir comment s'y prendre.

Bien les choisir

La première chose à faire est de former les utilisateurs. Quand on ajoute un mot-clé, il faut respecter plusieurs règles logiques et simples à appliquer.

- Le mot-clé **répond à un besoin de l'internaute**.
- Il n'est JAMAIS identique ou similaire au nom d'une catégorie du site.
- Il doit permettre une navigation transversale. Si tous les articles d'une catégorie sont associés au même mot-clé, alors celui-ci est inutile. Au contraire, les bons mots-clés sont souvent associés à des articles présents dans des catégories distinctes (ce qui permet d'avoir une navigation secondaire thématique et utile).
- Le mot-clé doit être compréhensible seul. Par exemple :
  - « services » est mauvais ;
  - « services à la personne » serait plus utile.

Des pages de mots-clés pertinentes

Ici, on rejoint les conseils déjà donnés dans le chapitre sur les thèmes. Pour que ces pages aient un réel intérêt, il faut également qu'elles suivent quelques règles.

- Elles n'affichent qu'un extrait de l'article.
- Elles n'affichent pas directement les mots-clés associés à chaque article présent dans la page (sous peine de créer des liens vers soi-même et de multiplier le nombre de liens internes dans ces pages).
- Elles affichent également une description unique du mot-clé.

Pour ce dernier point, c'est assez simple. Dans le menu *Articles>Mots-clés*, **il faut que TOUS les mots-clés aient une description unique**. Il faut ensuite modifier votre thème comme indiqué précédemment.

Après ces étapes obligatoires, voyons maintenant comme continuer à améliorer ces pages.

Les URL

Dans une démarche d'amélioration de l'expérience utilisateur, pensez toujours à traduire le terme tag présent à la racine des URL de chaque mot-clé. Par défaut, vos mots-clés ont ce format : site.fr/tag/nom-du-mot-cle.

Pour cela, rendez-vous dans *Réglages>Permaliens* pour modifier le préfixe des mots-clés. Une traduction en français est obligatoire, par exemple « theme », « thematique », « sujet »... Sachez aussi que l'on peut aller plus loin. Si par exemple vous utilisez les mots-clés pour présenter des caractéristiques, on pourrait utiliser « caracteristiques » comme base et ainsi de suite.

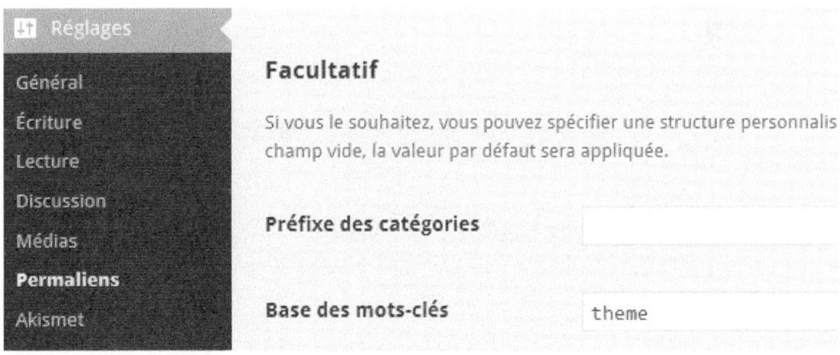

Figure 7–7
Pensez à traduire la base des mots-clés de votre WordPress.

Attention toutefois au sujet du dernier point. S'il s'agit d'un site encore en création, pas de problème. Mais dans le cas où les mots-clés sont déjà en ligne, pensez bien à tous les rediriger vers leurs nouvelles URL.

Dans le menu *Articles>Mots-clés*, vous pouvez aussi optimiser directement la fin de chaque URL de mot-clé en fonction de vos besoins et objectifs.

Le H1

Au niveau technique, pensez toujours à vérifier dans le thème que la balise H1 de ce type de page soit bien le nom du mot-clé, et que le titre de chaque article soit bien un H2. Là encore, c'est très logique : vous hiérarchisez visuellement et techniquement le contenu de vos pages en partant de la thématique principale vers les thématiques secondaires.

Supprimer proprement un mot-clé

Vous devrez parfois supprimer des mots-clés, soit pour les problématiques dont nous avons parlé au départ, soit car celui-ci n'a plus d'intérêt pour vous et/ou vos internautes. Dans ce cas, pensez bien à toujours mettre en place une redirection du mot-clé avant de le supprimer. Deux choix se présentent à vous :

- le rediriger vers la catégorie, la page, l'article, ou le mot-clé le plus proche sémantiquement parlant ;
- si aucune page ne correspond, on le redirige alors vers l'accueil pour éviter d'afficher des erreurs à Google et au visiteur.

Modifier la portée des mots-clés

En cas de besoin, on peut également faire en sorte que les mots-clés soient associés aux pages, ou à tout autre type de contenu (les fameux custom posts types) que l'on aura créé sur son site, avec quelques petites lignes de code à ajouter dans le fichier `functions.php` de votre thème (source SitePoint.com).

Dans cet exemple de code, on ajoute la fonctionnalité des mots-clés non seulement aux articles (`post_tag`), mais aussi aux pages (`page`).

Ajouter les mots clés aux autres posts types

```
//add tag support to pages
function tags_support_all() {
  register_taxonomy_for_object_type('post_tag', 'page');
}

//ensure all tags are included in queries
function tags_support_query($wp_query) {
  if ($wp_query->get('tag')) $wp_query->set('post_type', 'any');
}
```

```
//tag hooks
add_action('init', 'tags_support_all');
add_action('pre_get_posts', 'tags_support_query');
```

Dois-je les utiliser ?

Les mots-clés de WordPress peuvent vraiment être utiles, à la fois pour l'internaute ou pour se positionner sur des mots-clés secondaires en référencement.

La clé vient de l'utilisateur : s'il sait les utiliser, cela peut avoir un impact décisif. Les techniques et bonnes pratiques évoquées ici vont donc limiter la casse et améliorer la pertinence de votre site. Mais si c'est un boulet qui est derrière, ce sera quand même peine perdue...

Le contenu

Les titres de niveau

Dans une page, les moteurs de recherche essayent de comprendre les différents contenus qu'ils peuvent y trouver. Pour les aider, ils font appel, entre autres, aux balises de titre `h1`, `h2`, `h3`, `h4`, `h5` et `h6`, qui sont un des éléments qui permettent de décomposer une page. On peut ainsi les utiliser pour créer un plan de la page (voir figure 7-8) dont nous avions déjà parlé.

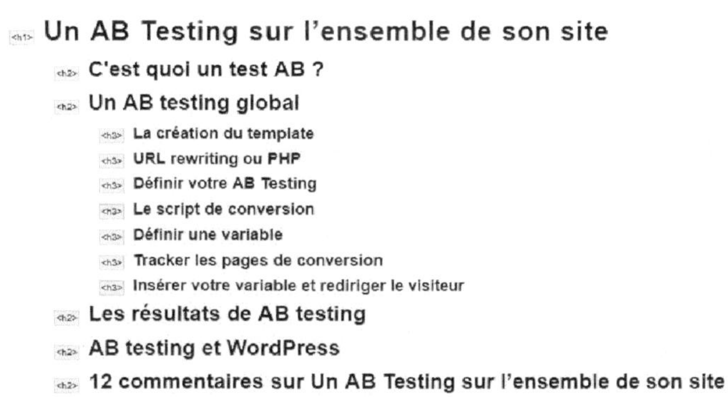

Figure 7–8
Un exemple de plan d'un contenu en fonction des balises de titre

Cette division en sections homogènes grâce à des titres facilite le travail d'indexation et de compréhension des contenus par les moteurs de recherche mais aussi par le visiteur car cela rend vos publications plus agréables à lire, comme sur la figure suivante.

Figure 7–9
Le même article vu par les visiteurs. Les titres de niveau permettent de faciliter la lecture pour l'internaute.

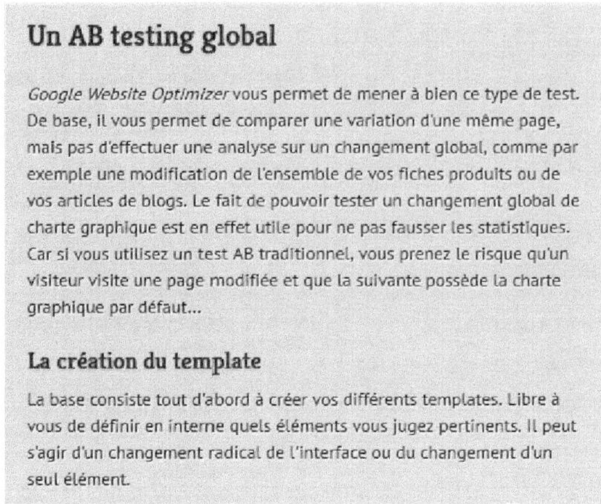

WordPress permet d'ajouter facilement les titres `h2` à `h6` lors de la rédaction de vos articles, grâce à une liste déroulante à gauche.

Figure 7–10
WordPress permet d'insérer facilement vos titres de niveau.

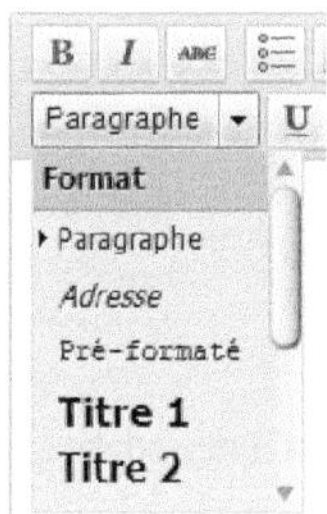

> **REMARQUE Je ne vois pas les styles**
>
> Si vous ne voyez pas cette liste, c'est que vous n'affichez que la première ligne de l'éditeur de WordPress. Pensez alors à cliquer sur le petit bouton *Afficher/cacher les options avancées*. Ce bouton est situé sur la première ligne tout à droite des boutons dans l'éditeur.

Retenez tout de même deux choses :

- n'ajoutez jamais de `h1` car c'est votre thème WordPress qui le fera pour vous ;
- les titres `h4` à `h6` ont peu d'importance en référencement naturel.

Les « mots-clés » dans la publication

Normalement, il faut faire apparaître l'expression que vous ciblez directement dans votre article, que ce soit l'expression exacte, ses variantes (singulier/pluriel, féminin/masculin…) ou ses synonymes, ce qu'on appellera notre univers sémantique. Ainsi, vous vous positionnerez au-dessus en faisant comprendre à Google que vous parlez bien de la thématique. Pour être sûr de ne pas sur-optimiser votre contenu en mettant des mots-clés partout, il existe une méthode simple de vérification. Si, en vous relisant, vous trouvez votre texte redondant et répétitif, c'est que vous n'avez pas correctement rédigé votre publication.

La balise more (bouton Lire la suite)

Dans votre thème WordPress, on l'a vu, il est quand même possible d'utiliser la fonction `the_content()` pour afficher le contenu des articles dans tous les fichiers du thème, mais à condition que vous ayez correctement employé la balise `more`. Rappelez-vous, je vous le déconseille quand même. Il s'agit en fait d'un bouton situé à droite dans l'éditeur (voir figure 7-11).

Figure 7–11
Le bouton d'ajout du lien « Lire la suite »

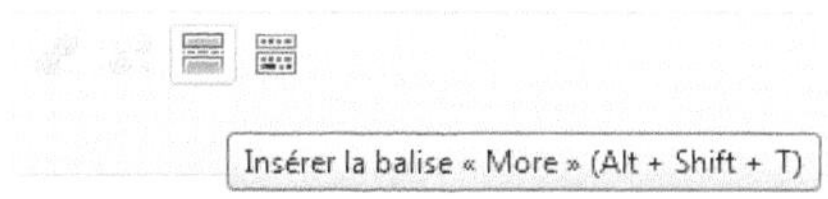

Quand vous cliquez dessus, une séparation s'ajoute dans votre article (voir figure 7-12).

Figure 7–12
Une fois la balise more ajoutée, on voit clairement la séparation dans l'éditeur de WordPress.

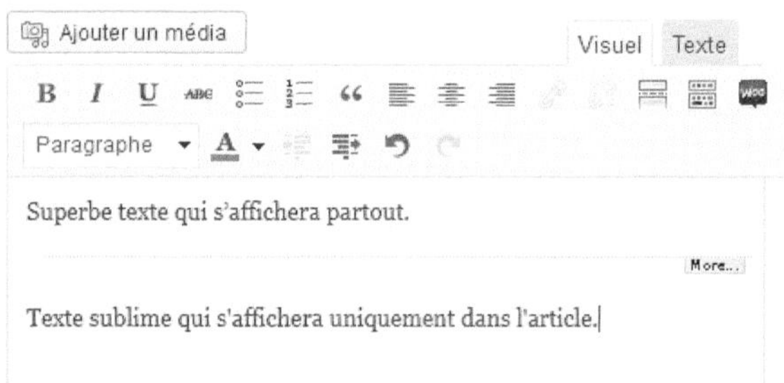

Le concept est simple : sur toutes les pages de votre site qui utilisent `the_content()`, hormis celle de l'article, seul le contenu présent avant la balise `more` sera affiché, et le reste sera remplacé automatiquement par un lien *Lire la suite*. Il est ainsi possible de mettre en place des variantes supplémentaires pour modifier l'affichage et les contenus du site.

Voici donc ce qu'il est possible de faire :

- un contenu complet dans les articles avec `the_content()` ;
- un contenu avant la balise `more` sur la page d'accueil et les catégories avec `the_content('Lire la suite')` ;
- un extrait pour les mots-clés et les éventuelles taxonomies supplémentaires avec `the_excerpt()`.

L'extrait

Vous vous souvenez que WordPress génère automatiquement l'extrait (excerpt), utilisé dans toutes les pages de listes d'articles. Mais cet extrait est parfois trop court et pas assez pertinent voire pas du tout compréhensible.

Heureusement, vous pouvez le rédiger vous-même. Attention, sur les versions de WordPress supérieures à la 3.0, l'excerpt est désactivé par défaut dans l'éditeur. Pour le faire de nouveau apparaître, rendez-vous sur la page d'édition de votre article, puis cliquez en haut à droite sur *Options de l'écran>Excerpt* (exactement comme pour l'extension YARPP). Vous aurez ensuite accès au bloc *Extrait* dans lequel vous devrez rédiger une description unique pour chaque article qui doit donner envie au lecteur, dans l'idéal de 200 caractères minimum (c'est-à-dire au moins 3 ou 4 phrases).

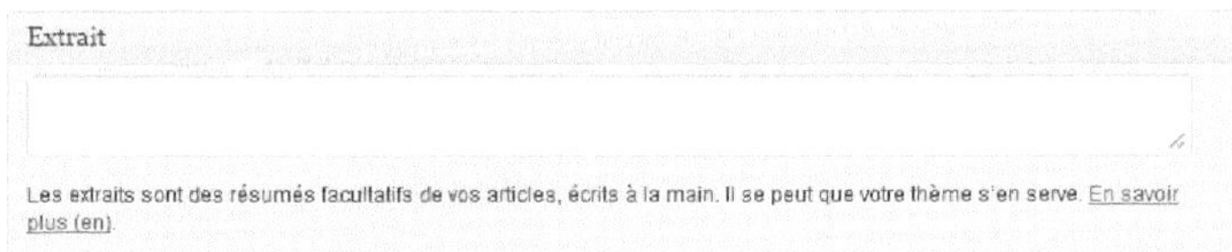

Figure 7–13
Vous pouvez rédiger votre extrait.

> **ATTENTION La longueur de l'extrait sera la longueur réelle**
>
> Notez que les extraits rédigés manuellement ne sont plus soumis au filtre `excerpt_length` évoqué dans le chapitre précédent. De ce fait, si l'extrait rédigé manuellement fait 300 mots alors que, dans votre thème, le filtre est défini sur 50 mots, l'extrait s'affichera tout de même dans sa totalité.
> C'est important de le savoir car, en fonction de l'emplacement où ce dernier va s'afficher, il peut parfois casser la mise en page.

Avec WordPress SEO

Revenons un peu sur le bloc ajouté par l'extension WordPress SEO.

Figure 7–14
Le bloc complet ajouté par WordPress SEO dans chaque page d'édition de contenu

Onglet Général

L'onglet Général est ouvert par défaut. Dans le 1er champ, vous avez tout d'abord un aperçu de ce que pourrait rendre votre résultat dans Google. J'utilise bel et bien le conditionnel, car le moteur de recherche peut décider à son gré de faire varier l'affichage du contenu quand il le juge pertinent, par exemple en modifiant son titre.

Dans le deuxième champ, qui est trompeur pour beaucoup, WordPress SEO propose de choisir un *Mot-clé principal*. Surtout, n'y consacrez pas trop de réflexion, car **il ne servira à rien en référencement naturel**. Il ne s'agit que d'une aide pour rédiger votre contenu. Remplissez-le, puis rendez-vous dans l'onglet suivant pour comprendre l'intérêt de cette option.

Onglet Analyse de page

Une fois votre *Mot-clé principal* rempli, l'onglet *Analyse de page* vous fournira des statistiques sur l'optimisation actuelle de votre contenu.

L'extension vous aide donc à optimiser l'ensemble du contenu de votre article selon plusieurs critères :

- la densité des mots-clés ;
- les balises `title` et `meta description` ;
- le titre de votre article ;
- le contenu texte ;
- les liens ;
- les images.

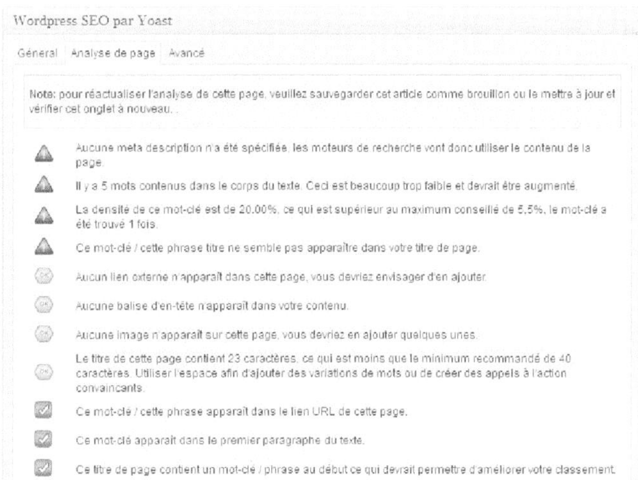

Figure 7–15
WordPress SEO donne des indications sur ce qu'il vous reste à optimiser.

> **REMARQUE N'appliquez pas systématiquement toutes les recommandations**
>
> Les recommandations données dans cet onglet ne sont que des conseils et **en aucun cas des règles à suivre impérativement**. Si vous les suivez à la lettre, vous risquez de suroptimiser votre site et d'être pénalisé par Google.

Onglet Avancé

Dans ce troisième onglet, l'extension donne accès à des options spécifiques que l'on peut ou non appliquer contenu par contenu. Normalement, il n'est pas nécessaire de changer quoi que ce soit, car les réglages par défaut fonctionnent très bien. Voici tout de même les champs qu'il est possible de paramétrer.

- *Méta Robots Index* : pour indexer ou non le contenu. Valeur par défaut : *Index*.
- *Méta Robots Follow* : pour indiquer aux moteurs de recherche de suivre les liens contenus dans la page. Valeur par défaut : *Suivre*.
- *Paramètres Méta Robots Avancés* : pour donner des indications supplémentaires aux robots des moteurs de recherche. Valeur par défaut : *None*.
- *Titre pour le fil d'Ariane* : si vous souhaitez modifier le fil d'Ariane généré par l'extension. Valeur par défaut : *vide*.
- *Inclure dans le sitemap* : pour choisir d'exclure ce contenu du sitemap. Valeur par défaut : *Détection automatique*.
- *Priorité du plan sitemap* : pour donner une priorité au contenu dans le sitemap – cette option est inutile. Valeur par défaut : *Priorisation automatique*.
- *URL canonique* : pour définir la page réelle. Si vous copiez intégralement un contenu d'un autre site ou d'une autre page, en ayant conscience du manque cruel d'intérêt pour l'internaute et le moteur de recherche, remplissez cette case avec l'URL de l'article original. Valeur par défaut : *vide*.
- *Redirection 301* : pour rediriger le contenu vers l'URL de votre choix. Valeur par défaut : *vide*. Je vous conseille d'utiliser l'extension Redirection pour centraliser au même endroit toutes vos redirections 301.

Vous n'aurez normalement presque jamais à utiliser ces menus. Ce sera le cas uniquement quand vous voudrez vous assurer que ce contenu précis ne soit jamais référencé, notamment dans le cas d'une page privée. Si tel est le cas, voici le paramétrage à utiliser.

- *Méta Robots Index* : *noindex*.
- *Méta Robots Follow* : *ne pas suivre*.
- *Paramètres Méta Robots Avancés* : *none*.
- *Inclure dans le sitemap* : *ne jamais inclure*.
- *Priorité du plan sitemap* : *priorité la plus basse*.

Onglet Réseaux sociaux

Le dernier onglet permet de choisir un titre, une image et une description unique et différente pour les réseaux sociaux Facebook et Google+.

Même si cela n'améliorera pas votre référencement naturel, cela peut permettre d'adapter le message à votre cible pour pouvoir mieux la toucher. Marketing quand tu nous tiens…

Les autres types de contenus

Le texte, c'est la base de tout site Internet et des publications. Sans lui, vous avez peu de chance d'intéresser les internautes et de capter l'attention des moteurs de recherche. Néanmoins, les autres types de contenus, notamment les images, les vidéos, etc., vont venir compléter, renforcer et améliorer vos articles.

Lors de la création ou de la modification d'un article, en cliquant sur le bouton *Ajouter un média*, il est possible de mettre en ligne très facilement de nombreux types de fichiers (PDF, images, Word, vidéos…) : c'est l'un des atouts de WordPress. Ainsi, votre publication est plus attrayante et du contenu est ajouté pour les moteurs de recherche.

Les images

WordPress est bien conçu puisque le CMS va gérer automatiquement les miniatures des images (pour optimiser le temps de chargement) et les informations relatives à ces dernières. Ainsi, lorsque vous mettrez en ligne une image, vous aurez trois champs texte à remplir systématiquement, et un autre facultatif.

Le titre de l'image (attribut title)

C'est le texte affiché lors du survol de l'image. Le titre n'aura pas d'impact sur le référencement mais seulement sur l'accessibilité, notamment pour les personnes ayant un handicap visuel.

Pensez donc à remplir ce champ avec un titre court mais explicite.

Le texte alternatif (attribut alt)

Ce texte est vraiment important pour le référencement, car c'est lui qui est lu par les moteurs de recherche, et aussi par les visiteurs lorsque l'image est introuvable ou lorsqu'ils attendent qu'elle soit téléchargée.

Il faut donc le choisir avec soin. Préférez un titre qui décrit en quelques mots le contenu réel de l'image.

N'essayez pas de placer des mots-clés que vous ciblez mais qui n'ont pas de lien avec l'image. Cela provoquerait non seulement un problème d'accessibilité, mais cela risquerait aussi de vous pénaliser dans les années à venir : Google a en effet récemment déposé un brevet sur une technologie qui lui permet d'analyser une image pour savoir ce qu'elle représente.

La légende de l'image

C'est le texte qui s'affiche sous l'image. La légende peut tout à fait être identique au texte alternatif ou être plus « marketing ».

Par exemple, la figure 7-16 présente une page d'erreur sur le réseau social LinkedIn. La balise `alt` est « Erreur serveur de LinkedIn », mais la légende explique l'intérêt de cette page, sans faire référence ni au réseau social, ni au contenu réel.

Figure 7–16
Pensez à ajouter une légende à vos images.

La description : la description longue de votre image (facultative)

Les descriptions sont utilisées dans les pages dédiées aux illustrations (les pages attachments) et peuvent parfois se révéler être un bon levier SEO si les images sont votre contenu principal.

Figure 7–17
Remplissez correctement les informations de chaque image.

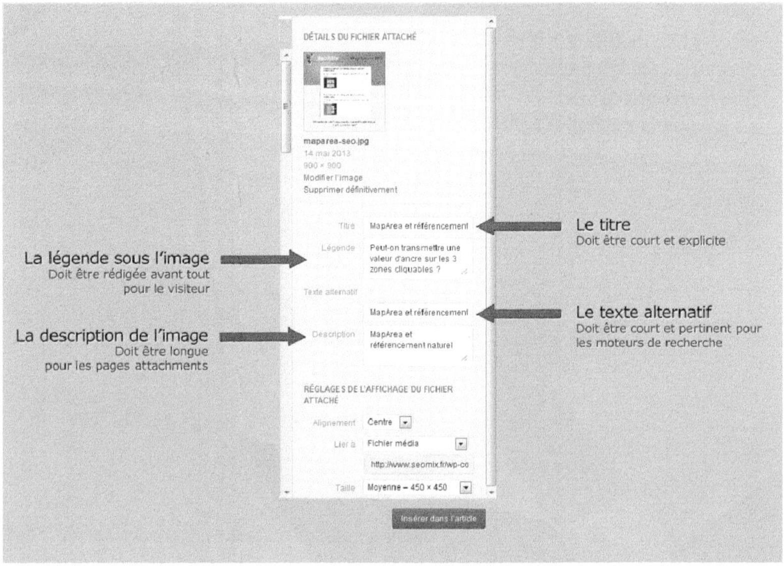

La vidéo

La vidéo est un autre excellent levier pour le référencement naturel. Aux yeux de Google en effet, un contenu possédant une vidéo est en général plus pertinent.

Le gros avantage de WordPress, c'est qu'il gère ce que l'on appelle l'« oEmbed », technologie qui permet d'intégrer rapidement un contenu dans n'importe quel article. Pour l'utiliser, c'est très simple : copiez sur une ligne vide uniquement l'URL de la vidéo.

Figure 7–18
En insérant seulement l'URL d'une vidéo YouTube, j'active l'oEmbed de la vidéo.

Lors de la publication, WordPress transforme alors cette URL en lecteur vidéo.

Figure 7–19
Avec une simple URL, j'ai réussi à ajouter une vidéo musicale dans mon contenu.

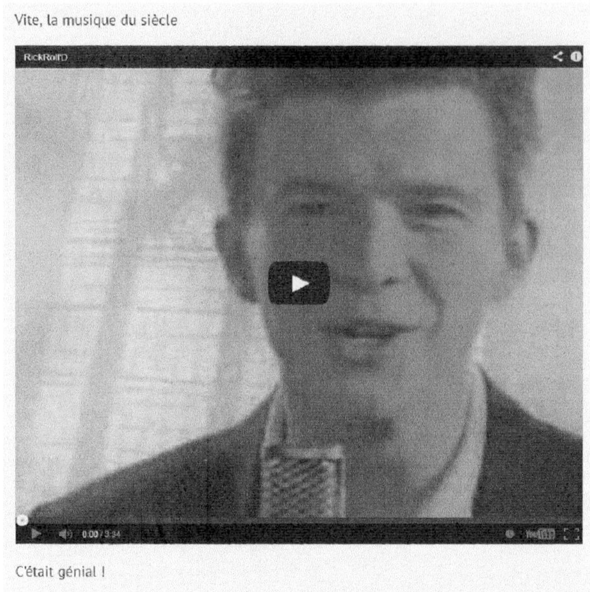

Puisque YouTube appartient à Google depuis quelques années maintenant, ce dernier sera parfaitement capable de détecter l'ajout de la vidéo dans le cœur même de votre contenu. Ainsi, en fonction de plusieurs critères (vidéo choisie, popularité de votre site et contenu concerné), il est possible d'obtenir des extraits enrichis pour la vidéo, comme ici.

Figure 7–20
Un exemple de vidéo mise en avant dans les moteurs de recherche

Attention, sur ce dernier point, Google a drastiquement réduit l'affichage des contenus vidéo enrichis par rapport aux années précédentes : cela reste toujours intéressant, même si cela a moins de poids.

Structure et maillage interne

8

Un contenu optimisé c'est une chose, mais encore faut-il que vous ayez une réelle stratégie de publication et, surtout, un site bien structuré.

Cela ne sert à rien de lancer un site à la va-vite en publiant des contenus sur tous les sujets où l'on veut se positionner et si on ne réfléchit pas avant tout à la manière dont on va rendre l'ensemble cohérent. C'est alors qu'entre en jeu la structure de toutes vos publications.

C'est elle qui va faciliter la navigation de l'internaute mais aussi du moteur de recherche. La structure est donc cruciale pour un bon référencement naturel.

Structurez-vous !

Le raisonnement de base

Dans certains cas, la structure d'un site peut avoir un impact désastreux sur le référencement naturel, entraînant perte de positionnement, contenus non indexés, incompréhension du visiteur... La solution est d'adopter le plus tôt possible une structure adaptée pour votre site. Oui, mais comment ?

Avant même de parler technique, il faut évoquer le concept de contenus et de cibles. Ce sont des questions de bon sens, trop souvent oubliées :

- À qui s'adresse votre site ?
- À quels besoins répondez-vous ou devez-vous répondre ?
- Quels contenus, produits, services et outils permettent de répondre à ces problématiques ?
- Qu'est-ce que j'apporte de plus que mes concurrents ? En d'autres termes, comment vais-je me différencier ?

Remarque

Si vous voulez réellement vous démarquer un jour, je vous conseille de lire également des livres dédiés au marketing. Je vous en suggère notamment les trois suivants :

- *Marketing et Management*, Kotler et Dubois
- *La longue traîne*, Chris Anderson
- *Stratégie Océan Bleu*, W. Chan Kim & Renée Mauborgne

Ensuite, vos réponses aux questions ci-dessous permettront d'établir les grands axes de la structure de votre site Internet.

- Quel type de site utiliser ? En fonction de vos réponses, vous allez peut-être opter pour un blog, un site institutionnel, un forum, un site e-commerce, un portfolio…
- Comment répondre aux besoins de mes visiteurs ? Là encore, les possibilités sont nombreuses : contenus texte, audio ou vidéo, téléchargements, vente de produits ou de services, ouverture d'un espace d'entraide…
- Comment catégoriser mes contenus, produits et services ?

Pour vous aider à mieux cerner la façon dont les internautes vont exprimer leurs besoins et leurs recherches sur Google, plusieurs outils sont disponibles sur Internet pour trouver les mots-clés et expressions pertinentes pour vos cibles, vos produits et vos services. Par exemple :

- le générateur de mots-clés d'Adwords (disponible gratuitement après inscription sur Adwords) ;
- SEMrush ;
- Yooda SeeUrank Falcon et/ou Yooda Insights ;
- Ahrefs ;
- Google Trends ;
- Übersuggest.

En d'autres termes, vous devez réaliser impérativement un audit des mots-clés de votre secteur d'activité et, surtout, analyser ensuite les besoins correspondants à chaque mot-clé. C'est la seule façon de savoir quels expressions et termes sont pertinents, et donc quels contenus le seront.

Différentes méthodes de tri

La méthode du tri des cartes

La question la plus épineuse reste de savoir comment catégoriser tous vos contenus. Pour y répondre, je vous conseille de commencer par la méthode du tri des cartes.

Munissez-vous d'un stylo et d'un bloc-notes et essayez de hiérarchiser vos contenus dans des ensembles logiques. Pour ce travail, vous pouvez tout aussi bien utiliser Excel.

1. Listez tous les contenus actuels ou à venir de votre site web.
2. Regroupez-les en catégories.
3. Structurez-les.

Rien de tel qu'une illustration pour mieux comprendre ce concept (voir figure 8-1) !

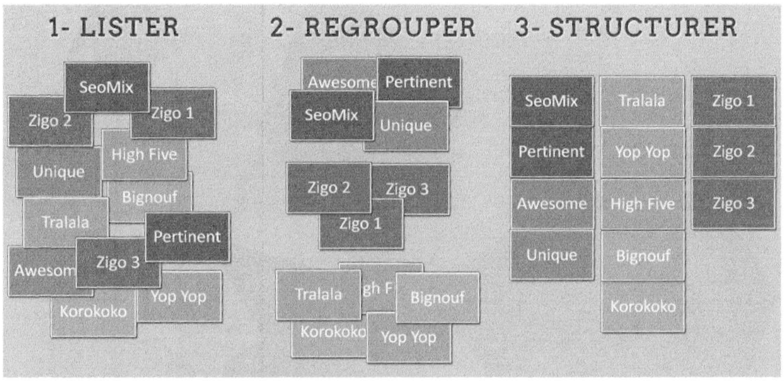

Figure 8–1
Listez, regroupez, puis structurez vos contenus.

Le problème est que la méthode du tri des cartes n'est efficace qu'avec une aide extérieure, sinon la structure générée dépendra uniquement de votre point de vue, et celui-ci risque fortement d'être faussé. Comment procéder alors ?

Sur des morceaux de papier, écrivez l'intitulé de vos contenus. Demandez ensuite à une tierce personne (peu importe qui au départ : un proche, un collègue, un client, un fournisseur, etc.) de les regrouper en catégories homogènes, voire de les renommer si besoin. Vous pourriez être surpris de la façon dont cette personne va structurer votre site. Afin de réduire la marge d'erreur, l'idéal est de demander à au moins 4 ou 5 personnes ce travail, le mieux étant qu'elles correspondent à votre cible.

La méthode des personas

La méthode de création des personas est une autre possibilité. Les personas sont des individus virtuels qui correspondent à vos clients et prospects. L'utilité d'un persona, c'est de se mettre à la place de l'internaute cible quand on analyse son propre site web.

Ce concept est utilisé par de grands groupes, notamment Microsoft ou encore Yahoo!.

L'idée de base est simple : vous devez indiquer ce qui caractérise vos personas, c'est-à-dire ce dont chaque typologie de clients ou d'internautes aura besoin. Une fois créés, vous allez pouvoir réfléchir à la structure de votre site en fonction de leurs spécificités.

Voici deux exemples concrets de personas.

- Jacques est artisan boulanger et souhaite créer son site Internet. Il veut savoir comment apparaître sur Google. Il ne connaît rien au développement web ni au référencement, et il a peu de temps à y accorder.
- Sophie est responsable webmarketing pour une grande société. Elle cherche des conseils et des ressources pour comprendre ses visiteurs et améliorer son positionnement. Elle n'a jamais été formée à un outil de web analytics ni au référencement naturel, mais elle sait que c'est important pour l'évolution de sa société.

La figure 8-2 est extraite du site QualityStreet et présente un exemple visuel de persona.

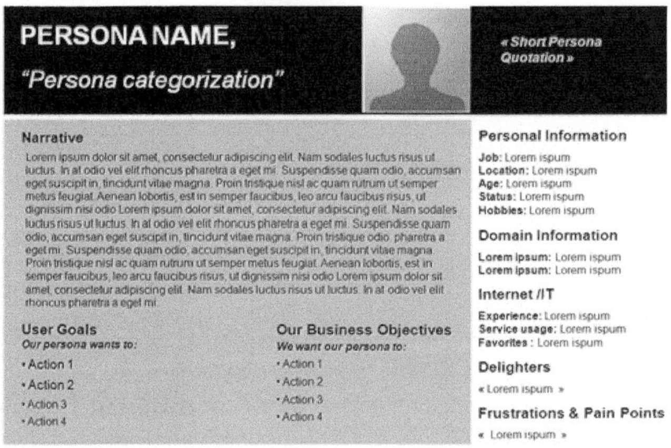

Figure 8–2
Un exemple de persona pour mieux comprendre vos visiteurs et adapter vos contenus en fonction d'eux (source : http://www.qualitystreet.fr/2010/04/21/personas-roles-le-duo-detonnant-des-projets-agile/)

Adapter la structure à ses mots-clés

Si vous avez réalisé un audit de mots-clés, vous devriez avoir une liste de termes pour lesquels vous aimeriez être en première place. Dans cette liste, vous avez forcément des mots-clés principaux et des mots-clés secondaires.

En repartant de la structure que vous avez déjà imaginée sur le papier avec les points précédents, vous allez maintenant l'adapter. Dans cette structure, vous allez créer des silos : il s'agit de sections homogènes, par exemple en utilisant des catégories ou des pages. Chaque silo cible un mot-clé principal.

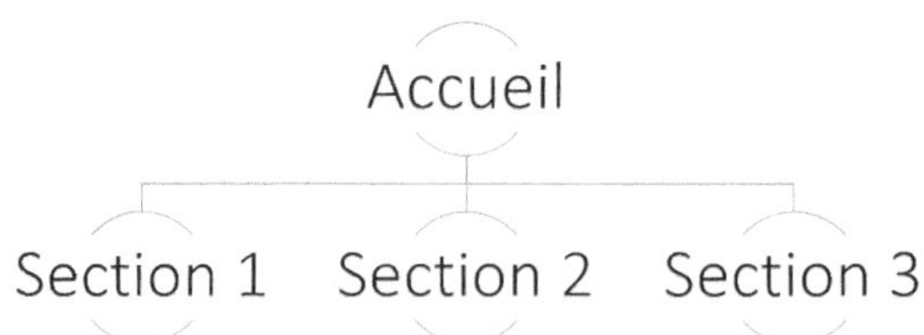

Figure 8–3
Une structure de base saine

Ensuite, chaque sous-section ou contenu dans ce silo va venir le renforcer. Là encore, je vais prendre deux exemples concrets.

- Premier site : Un silo WordPress
  - une sous-section « Référencement de WordPress » ;
  - une sous-section « Thèmes de WordPress » ;
  - etc.
- Second site : un silo « Chocolat »
  - chocolat au lait ;
  - chocolat noir ;
  - chocolat praliné ;
  - etc.

Ce que vous devez retenir, c'est que la structure que vous imaginez doit mettre en avant vos mots-clés principaux. On évitera donc d'avoir des noms de silos (donc de pages principales ou de catégories) trop génériques comme « Services », « Produits » ou encore « Prestations ».

Ensuite, redécomposez toute votre structure en sous-catégories, avec autant d'étages que nécessaire en fonction de votre univers sémantique et des différences d'importance de vos mots-clés.

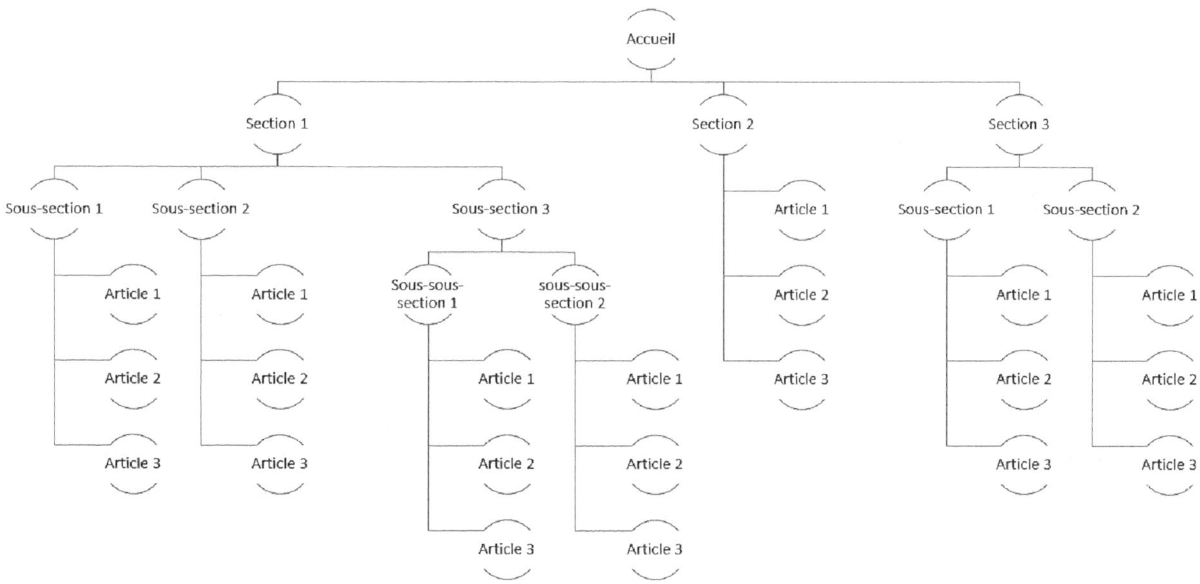

Figure 8–4 Une structure plus complexe de silos SEO

Utiliser les bonnes taxonomies

Sur le papier, vous avez maintenant tout ce qu'il vous faut :

- les mots-clés pertinents de votre secteur d'activité ;
- les besoins et contenus qui correspondent à ces mots-clés ;
- une structure de l'ensemble, cohérente et qui met en avant vos principaux mots-clés.

Il ne vous reste plus qu'à mettre cela en pratique dans WordPress, en créant toute l'arborescence des catégories dont vous avez besoin.

En règle générale, voici les conseils que je peux vous donner.

- Les pages ne doivent servir que pour les contenus annexes (plan du site, mentions légales, page de contact...).
- Les catégories et articles seront bien plus pratiques pour mettre en ligne et hiérarchiser toutes vos publications.
- N'employez les mots-clés que pour vous positionner sur des requêtes secondaires, qui restent pertinentes pour l'internaute mais qui ont moins de poids, d'importance ou de régularité dans vos publications et contenus.

Cependant, l'idéal est d'ajouter du contenu unique, pertinent et correctement mis en page dans vos catégories. De base, elles ne contiennent aucun contenu unique. Et nous avons vu dans le chapitre sur les thèmes comment ajouter du texte sur ces pages. Si vous voulez allez encore plus loin, sachez qu'il existe des extensions qui vous permettront d'ajouter du code HTML, ou tout simplement d'utiliser un éditeur enrichi pour par exemple ajouter des images ou une mise en forme bien spécifiques. Voici deux exemples d'extensions utiles :

- CategoryTinymce, version 3.6.2 : https://wordpress.org/plugins/categorytinymce/
- Allow HTML in Category Descriptions, version 1.2.1 : https://wordpress.org/plugins/categorytinymce/

Structure réelle et structure imaginée

Vous avez pensé la structure de votre site sur le papier. Vous avez ensuite suivi mes conseils pour adapter cette structure via l'administration de votre CMS. Vous avez ainsi sûrement ajouté, supprimé, modifié ou déplacé des pages, des catégories, des articles, ou tout autre type de taxonomie ou de post type. Vous imaginez ainsi avoir créé une structure réellement adaptée. La réalité est bien souvent très différente.

En effet, ce n'est pas parce que la structure théorique est parfaite que celle-ci est celle réellement mise en place. Dans l'administration de votre site, vous avez ainsi sûrement des catégories principales et des sous-catégories. Vous pourriez ainsi vous dire que chaque catégorie principale est correctement mise en avant.

Le souci est que votre thème va très souvent ajouter des liens un peu partout, et vous pourriez très bien vous retrouver avec certains contenus secondaires qui reçoivent autant de liens internes que vos catégories ou pages principales.

Prenons un exemple : imaginons que dans le pied de page de votre site vous affichiez vos derniers articles, vos articles les plus vus ou encore les articles les plus commentés. Techniquement, ils vont donc recevoir autant de liens que tous les silos présents dans votre menu principal, et vous avez donc raté la mise en avant de vos pages principales.

Voici donc le travail que vous devez impérativement effectuer :

- sur chaque page, identifiez les liens inutiles, redondants ou non optimisés, puis supprimez-les (dans votre contenu ou dans votre thème) ;
- dans chaque section, les contenus et sous-sections doivent être reliés, mais en évitant d'en faire trop vers les autres sections.

Évitez par exemple de créer trop de liens vers des contenus profonds depuis la page d'accueil. Vous devez en effet bien imaginer votre structure sous la forme de strates différentes et de sections homogènes.

Nous reparlerons dans le chapitre sur l'audit de la meilleure façon d'analyser la structure de votre site et de détecter ce type de problématique.

Maillage interne : ce que vous avez déjà fait

Pour la structure, il existe des éléments qui peuvent vous aider à lier les contenus et à faire comprendre aux visiteurs et à Google précisément où ils se trouvent dans le site.

Si vous êtes consciencieux et que vous avez appliqué au fur et à mesure les conseils de ce livre, vous avez donc déjà mis en place des fonctionnalités visant à améliorer le maillage interne de votre site, grâce à :

- l'ajout d'un chemin de navigation avec l'extension WordPress SEO ;
- l'ajout des articles relatifs avec l'extension YARPP ;
- l'ajout d'une page Plan de site avec l'extension WP Sitemap Page ;
- la pagination de toutes vos taxonomies et de l'accueil avec l'extension WP-PageNavi.

Les fichiers de référencement

Fichier robots.txt

Le fichier `robots.txt` permet d'éviter l'indexation par les moteurs de recherche de certains contenus inutiles (par exemple, les fichiers du cœur de WordPress, du cache ou provenant de certaines extensions). Il se place tout simplement à la racine du site.

Nettoyer le cœur de WordPress

1re partie du fichier robots.txt

```
# Pour tous les robots  :
User-agent : *
# On désindexe toutes les URL avec paramètres
Disallow: /*?
# On désindexe la page de connexion (contenu inutile)
Disallow: /wp-login.php
```

Avec ce simple code, vous avez déjà une base saine, mais il est possible d'aller plus loin. La partie suivante du fichier `robots.txt` de WordPress améliore et complète le paramétrage optimal du CMS pour le référencement naturel. Nous allons en effet bloquer l'accès à certains contenus et URL indésirables.

2e partie du fichier robots.txt

```
# On bloque les URL de ping et de trackback
Disallow: */trackback
# On bloque tous les flux RSS sauf celui principal (enlevez /* pour
bloquer TOUS les flux)
Disallow: /*/feed
# On bloque toutes les URL de commentaire (flux RSS de commentaires
inclus)
Disallow: /*/comments
```

Attention, cela ne vous dispense pas de paramétrer correctement votre blog WordPress, sans quoi le code précédent perd toute utilité. Voici donc comment vous devez procéder.

1. Supprimez dans votre thème les liens qui pointent vers les trackbacks de vos articles (si vous en trouvez bien entendu…).
2. Ne divisez pas vos commentaires en sous-pages, car cela va créer des pages pauvres en contenu, tout en diluant inutilement la popularité du site sur des pages secondaires.

3. Supprimez dans votre thème toute référence aux flux RSS sauf celui de l'accueil. À la rigueur, vous pouvez garder ceux des catégories mais, par pitié, supprimez ceux des commentaires qui n'ont aucun intérêt.

Les fichiers indésirables

Certains fichiers ne devraient jamais être accessibles par une autre personne que le webmaster, et encore moins être mis à disposition dans les résultats de recherche de Google, Yahoo! ou Bing. Heureusement, le fichier `robots.txt` peut bloquer leur accès à grâce à ces quelques lignes.

3e partie du fichier robots.txt

```
# On élimine ce répertoire sensible présent sur certains serveurs
Disallow: /cgi-bin
# On désindexe tous les fichiers qui n'ont pas lieu de l'être
Disallow: /*.php$
Disallow: /*.inc$
Disallow: /*.gz$
Disallow: /*.cgi$
# On s'assure que Google peut quand même lire tous les fichiers CSS et
# JS, notamment pour la compatibilité mobile
Allow: /*css?*
Allow: /*js?*
```

Attention, cette configuration bloquera l'accès de toute URL avec paramètre : par exemple, les URL de Buffer, ou encore celles générées pour Google Analytics.

Google Images et Google AdSense

Pour que les images contenues dans des pages non indexées soient ajoutées dans le moteur de recherche d'images de Google, ajoutez le code suivant.

Autoriser Google Images partout

```
User-agent: Googlebot-Image
Disallow:
```

Si, comme un grand nombre de sites, vous faites appel à la plate-forme AdSense pour afficher des publicités, voici quelques lignes supplémentaires qui permettront à leur script de fonctionner parfaitement sur toutes vos pages, quelles que soient les autres lignes de votre fichier `robots.txt`.

Autoriser Google AdSense partout

```
User-agent: Mediapartners-Google
Disallow:
```

Le code complet

Vous l'aurez compris, le fichier `robots.txt` bloque l'accès à certains contenus, mais ce n'est pas une solution miracle. C'est à vous en effet d'optimiser votre site pour bloquer de manière plus complète et naturelle l'accès aux contenus privés, dupliqués ou qui ne sont pas intéressants.

Code final du fichier robots.txt pour WordPress

```
User-agent: *
Disallow: /*?
Disallow: /wp-login.php
Disallow: */trackback
Disallow: /*/feed
Disallow: /*/comments
Disallow: /cgi-bin
Disallow: /*.php$
Disallow: /*.inc$
Disallow: /*.gz
Disallow: /*.cgi
Allow: /*css?*
Allow: /*js?*

User-agent: Googlebot-Image
Disallow:

User-agent: Mediapartners-Google
Disallow:
```

Si le fichier n'existe pas, créez-le à la racine de votre site : site.fr/robots.txt.

Fichier sitemap et centre Webmaster

Je vous ai déjà parlé du fichier sitemap lors du paramétrage de l'extension WordPress SEO. Il complète votre site en indiquant à Google toutes ses adresses. Là encore, ce n'est qu'une question d'indexation : ce fichier garantit de pouvoir retrouver tous les contenus dans Google.

Théoriquement, si vous avez suivi toutes les recommandations de ce livre, vous ne devriez pas avoir besoin du fichier sitemap. Mais vu que l'extension WordPress SEO le génère, autant en profiter et le soumettre aux différents centres Webmaster des moteurs de recherche.

Voici tout d'abord deux adresses de centres Webmaster :

- http://www.google.fr/intl/fr/webmasters
- http://www.bing.com/toolbox/webmaster

L'intérêt, même lorsque le contenu est pertinent et que le maillage interne est excellent, c'est de pouvoir obtenir des statistiques plus ou moins utiles sur l'état de santé de son site Internet.

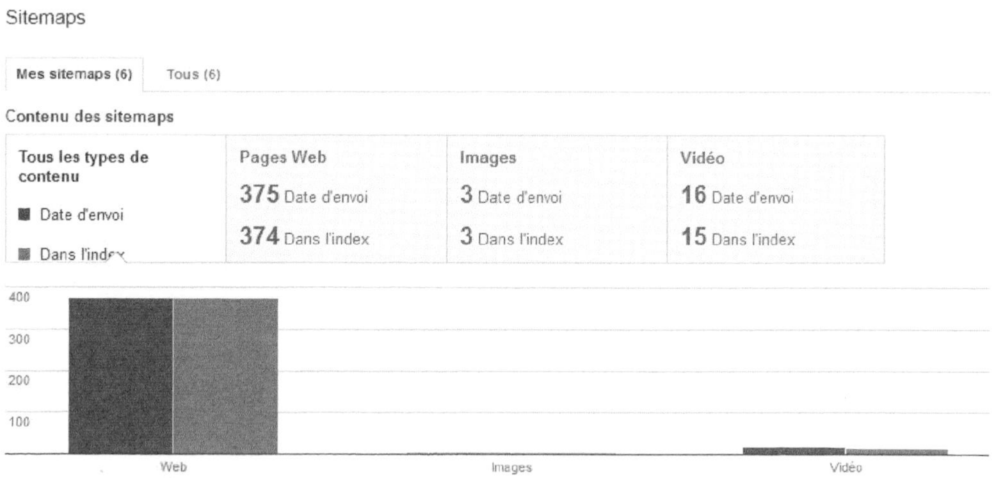

Figure 8–5 Des statistiques vous sont données par les centres Webmaster des moteurs de recherche. Pourquoi s'en priver ?!

Pensez aussi à rajouter le flux RSS de votre site dans cette section du centre Webmaster de Google. Votre URL site.fr/feed/ lui permettra en effet de pouvoir indexer un nouveau contenu dès sa publication.

9 Anticiper les erreurs de l'utilisateur

Une des choses que j'ai apprises avec le CMS WordPress (et avec tout autre CMS ou framework d'ailleurs), c'est que non seulement vous devez vous méfier des développeurs de thèmes et d'extensions, mais aussi et surtout des utilisateurs : ils risquent bien souvent de nuire à votre référencement naturel.

Pourquoi tant de haine ?

En réalité, il existe de nombreuses raisons qui poussent un utilisateur à mal agir sur votre site : d'une part un manque cruel de formation, et d'autre part une mauvaise anticipation de votre part des fonctionnalités fournies avec WordPress.

La premier point sur lequel je pourrais insister dans ce livre, c'est de comprendre l'importance de la formation des utilisateurs.

Former les utilisateurs

Quand vous apprenez à conduire ou à vous servir d'une perceuse, vous avez un guide ou un formateur. Je conseille donc très fortement que vous fassiez de même avec toutes les personnes qui seront amenées à utiliser WordPress.

Il y a d'ailleurs deux types de formations qui seront utiles :

- des formations spécifiques à l'utilisation de WordPress ;
- des formations spécifiques au référencement naturel.

Les deux permettront à n'importe quel utilisateur de bien appréhender les tenants et les aboutissants de la visibilité d'un site dans un moteur de recherche, tout en sachant exactement quel sera l'impact ou non de chaque option présente dans l'interface de WordPress.

Pour cela, il existe plusieurs solutions :

- confier ce livre à chaque utilisateur ;
- lire d'autres ouvrages dédiés à WordPress et/ou au référencement naturel : ils compléteront ainsi parfaitement mes propos ;
- se former auprès d'un professionnel de ce secteur d'activité (ou directement auprès de SeoMix) ;
- avoir toujours à disposition un site de test afin d'expérimenter :
  - le référencement naturel ;
  - les différents réglages, extensions et thèmes.

Sachez que bien souvent, les meilleurs référenceurs sont ceux qui prennent le temps de tout tester, sans pour autant prendre pour argent comptant ce qu'on leur dit (vous faites vraiment confiance à tout ce que je vous ai dit ?).

Anticiper les erreurs

Mais tout ceci, ce n'est que de belles paroles : dans la réalité, un grand nombre d'entre vous n'aura pas le temps de réaliser ces tests, ni de se former, ni de former ses collègues ou utilisateurs. Nous allons donc essayer d'anticiper les erreurs des différents utilisateurs.

Dans les passages suivants, je vous propose donc différentes pistes de travail. Les codes donnés ne seront pas exhaustifs, car une bonne partie de vos problématiques utilisateurs devront être traitées au cas par cas. Il vous appartiendra ensuite d'ajouter et de créer de nouveaux codes en fonction des problématiques rencontrées avec vos utilisateurs.

Titre de niveau 1 et rédaction de contenu

Nous l'avons vu dans le chapitre sur les thèmes : le titre de niveau 1 (le h1) est géré par votre thème. Vous ne devez JAMAIS l'insérer directement dans vos contenus, or WordPress vous le propose par défaut dans une liste déroulante.

Par chance, il est possible d'enlever de cette liste tous les éléments superflus pour le contenu et le référencement. En copiant-collant le code ci-dessous dans le fichier `functions.php` de votre thème ou dans une extension, vous limitez ainsi cette liste déroulante à la seule utilisation des éléments `paragraphe`, `h2`, `h3` et `h4`, afin d'éviter que le rédacteur ne fasse n'importe quoi.

Limiter les styles disponibles dans WordPress

```
function seomix_adm_tinymce_buttons( $initArray ) {
  //Change la liste déroulante de styles
  $initArray['block_formats'] = 'Paragraphe=p;Titre 2=h2;Titre 3=h3;Titre
4=h4;Code=code';
  return $initArray;}
add_filter('tiny_mce_before_init', 'seomix_adm_tinymce_buttons');
```

Afficher clairement le texte alternatif des images

Il est parfois difficile pour un utilisateur de savoir ou de se rappeler pour quelles images il a pensé ou non à ajouter un texte alternatif. Essayons de lui faciliter le travail.

Le code suivant permet d'ajouter dans la bibliothèque des médias une nouvelle colonne qui contient le texte alternatif de chaque image.

Afficher le texte alternatif dans la colonne des médias

```
function seomix_adm_media_attachment_alt($cols) {
   $cols["alt"] = 'ALT Text';
   return $cols;
}
function seomix_adm_media_attachment_alt_content($column_name, $id) {
  if ( $column_name === 'alt' ) {
    echo get_post_meta( $id, '_wp_attachment_image_alt', true);
  }
}
add_filter('manage_media_columns', 'seomix_adm_media_attachment_alt', 1);
add_action('manage_media_custom_column',
'seomix_adm_media_attachment_alt_content', 1, 2);
```

Cette colonne sera visible dans l'ancienne vue par défaut des médias, celle où chaque image est affichée sur une ligne unique.

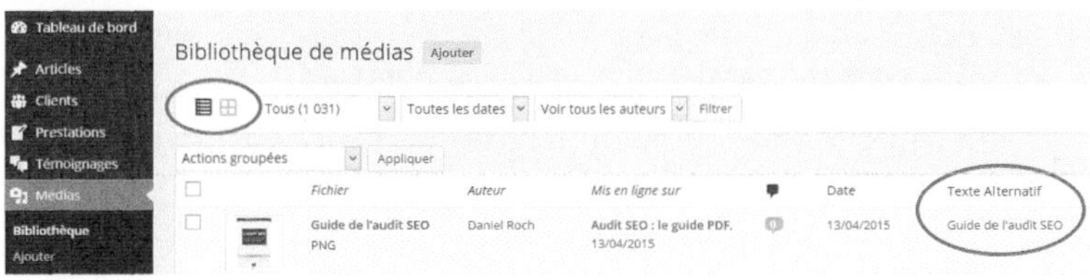

Figure 9–1
L'utilisateur peut désormais voir facilement les textes alternatifs des images.

Forcer l'ajout d'un texte alternatif

Nous pouvons aller encore plus loin en forçant l'ajout d'un texte alternatif si l'image n'en a pas, en reprenant le titre du contenu actuel.

Ajouter une balise ALT aux images qui n'en possèdent pas

```
function seomix_seo_img_add_alt_tags($content){
  global $post;
  preg_match_all('/<img (.*?)\/>/', $content, $images);
  if(!is_null($images)) {
    foreach($images[1] as $index => $value) {
    if(!preg_match('/alt=/', $value)){
      $new_img = str_replace('<img', '<img alt="'.get_the_title().'"',
$images[0][$index]);
      $content = str_replace($images[0][$index], $new_img, $content);}}}
  return $content;}
add_filter('the_content', 'seomix_seo_img_add_alt_tags', 99999);
```

> **REMARQUE Une saisie manuelle**
>
> Attention, cela ne vous dispense en aucun cas de renseigner manuellement chaque texte alternatif. Voyez cela plutôt comme un pansement sur une plaie ouverte : il s'agit d'une première étape, mais cela ne résout pas le problème.

Le paramétrage par défaut des liens lors de l'ajout d'images

Dernier exemple de ce qu'il est possible de faire ou non : la possibilité de modifier les réglages par défaut lors de l'ajout d'une image. Pour rappel, WordPress a la mauvaise habitude de vous suggérer de créer un lien vers la page attachment lors de l'ajout d'une image, plutôt que de vous proposer un lien vers le fichier concerné.

Là encore, il est possible de forcer la modification de ce réglage par défaut pour nos utilisateurs.

Paramétrage par défaut pour l'ajout d'images

```
/**
  Paramétrage par défaut pour les attachments
  Source : http://wpsnipp.com/index.php/functions-php/set-default-attachment-
display-settings-alignment-link-size-wordpress/
  *
  */
```

```
function seomix_adm_attachment_display_settings() {
  update_option( 'image_default_align', 'center' );
  update_option( 'image_default_link_type', 'file' );
  update_option( 'image_default_size', 'large' );
}
add_action( 'after_setup_theme', 'seomix_adm_attachment_display_settings' );
```

Masquer certains menus

Sachez aussi que pour éviter toute catastrophe, la première solution est de ne donner que le rôle adapté à l'utilisateur : si par exemple son travail consiste à publier de nouveaux articles, ce dernier sera donc un « auteur », et non pas un « éditeur » ou un « administrateur ».

Dans l'exemple ci-dessous, je supprime ainsi pour tous les utilisateurs de la plupart des menus par défaut, ainsi que celui de l'extension Contact Form 7.

Supprimer des menus

```
/**
  Supprimer des menus
  */
function seomix_adm_content_contributor_remove_menu() {
  global $menu;
  remove_menu_page('wpcf7'); /* Plugin Contact Form 7*/
  unset($menu[10]); // Médias
  unset($menu[25]); // Commentaires
  unset($menu[75]); // Outils
  unset($menu[15]); // Liens
  unset($menu[60]); // Apparence
  unset($menu[65]); // Plugins
  unset($menu[70]); // Utilisateurs
  unset($menu[80]); // Réglages
}
add_action('admin_head', 'seomix_adm_content_contributor_remove_menu');
```

Donner des instructions

Vous pourriez également ajouter des instructions lors la rédaction d'un nouvel article. WordPress nous offre en effet la possibilité d'avoir un contenu par défaut dès lors que vous cliquez sur un bouton *Ajouter un article*.

Ici par exemple, je donne quelques rappels et instructions pour les rédacteurs de l'un de mes sites.

Ajouter un texte par défaut lors de la création d'un contenu

```
function seomix_adm_default_post_text( $content ) {
  $content = "
  <p>Merci pour la création de ce nouvel article. Voici les règles à respecter
:</p><ul>
    <li>Votre contenu est <strong>unique</strong></li>
    <li><strong>Votre contenu répond à un besoin</strong></li>
    <li>Votre contenu est bien écrit, aéré et mis en page, et si possible avec
des images et des vidéos</li>
    <li><strong>Ne faites pas les bourrins</strong> avec les liens</li>
    <li>Soyez pertinents, décalés et originaux, sous peine de finir dans le
mixeur</li>
  </ul><p>Bonne rédaction à tous !</p>";
  return $content;}
add_filter( 'default_content', 'seomix_adm_default_post_text' );
```

Pour aller plus loin

Maintenant, à vous de vous demander ce que vos utilisateurs ont mal fait, ou ce qu'ils risquent de mal faire. Pour chacune des problématiques que vous listerez, il vous suffira alors de créer une fonction dédiée (ou de faire appel à un développeur pour cela).

Il est par exemple possible :

- de forcer la valeur d'un paramétrage si un utilisateur le modifie ;
- modifier à la volée tous les liens vers des pages attachment avec leurs équivalents vers les fichiers images ;
- etc.

PARTIE 4

Référencement WordPress avancé

WordPress offre des options plus avancées dans le cas de contenus et structures plus complexes tels les sites multilingues ou les boutiques e-commerce. Voyons également comment améliorer le temps de chargement des pages, mais aussi explorer les outils de web analytics.

Custom taxonomies et custom posts types

10

Que se passe-t-il quand on veut créer des sites avec des structures plus complexes et qui vont bien plus loin que les catégories et mots-clés de base de WordPress ?

C'est là qu'interviennent les custom taxonomies et les custom posts types. Ils vont permettre de créer de nouveaux types de contenus et de classification. Pour quoi faire ? Tout simplement pour créer des sites plus riches et complexes, où chaque type de contenu pourra être facilement lié aux autres. En d'autres termes, c'est un excellent outil pour améliorer votre structure et vos publications.

Intérêt pour le référencement

On l'a vu, une taxonomie est un moyen de classer un type de contenu (un post type). L'avantage de ces deux formats est de pouvoir afficher sur un même site des contenus très différents ou de les catégoriser par d'autres moyens plus complexes et plus ciblés.

Prenons un exemple : imaginez que vous souhaitiez créer un site Internet dédié au cinéma et à la télévision. La décomposition par catégorie et mot-clé va être limitée, car vous allez sans doute avoir besoin de classer chaque film, série et émission par genre, mais aussi par année, par réalisateur, par chaîne ou encore par langue. On pourrait donc avoir :

- des taxonomies par acteur, par réalisateur, par année de réalisation, par genre, par note, etc. ;
- des custom posts types différents pour divers types de contenus, comme les bandes-annonces, les critiques, les horaires des séances de cinéma, etc.

Et cela permettra en plus de pouvoir développer dans votre thème ou dans des extensions des systèmes sur mesure d'articles relatifs, de sommaires ou encore de catégorisation qui vont prendre en compte toutes les spécificités de vos contenus.

Comment faire ?

Je ne vais pas vous apprendre à créer des posts types et taxonomies, car le but de ce livre n'est pas que vous deveniez un développeur WordPress. Le mieux est que vous suiviez le bon vieux codex de WordPress qui détaille tous les codes et paramètres à utiliser ou non :

- pour les taxonomies : http://codex.wordpress.org/Taxonomies ;
- pour les posts types : http://codex.wordpress.org/Post_Types.

Une fois créés, ces nouveaux formats de contenus seront utilisables dans l'administration de WordPress.

Pour ensuite les afficher, vous aurez ensuite besoin de modifier votre thème. En attendant, ce qui vous intéresse, c'est surtout de savoir pourquoi et comment les employer en référencement naturel.

> **POUR ALLER PLUS LOIN**
>
> Vous trouverez sur Internet des dizaines d'articles traitant de la création de custom posts types et de custom taxonomies.
> Comme me l'a indiqué Aurélien Denis du site WPChannel, il existe un outil en ligne assez pratique pour les générer : GenerateWP.
>
> ▸ http://generatewp.com/

Les taxonomies

Pour quoi faire ?

L'utilité

Une taxonomie sert à classer un contenu. Pour rappel, il en existe 4 types différents pour chaque article publié :

- catégorie ;
- mot-clé ;
- auteur ;
- date.

Théoriquement, vous avez suffisamment bien travaillé sur la structure et les thèmes de votre site pour avoir une arborescence pertinente, mais elle comporte uniquement des catégories. Pourquoi alors créer une taxonomie ?

La réponse est simple : pour développer des fonctionnalités de maillage interne plus élaborées, ou pour avoir un affichage différent.

Un exemple concret

Certaines thématiques sont complexes. Pour reprendre l'exemple du cinéma, la structure du site est réalisée à l'aide de catégories qui classent chaque film (et donc chaque article) par genre (Science-fiction, Comédie, Aventure...).

Pour améliorer le maillage interne et la navigation, il faudrait que, pour chaque film, soit affiché son réalisateur, afin notamment de retrouver facilement toute la filmographie de ce dernier. C'est bien évidemment utile pour l'internaute, mais aussi pour le moteur de recherche pour améliorer votre pertinence. Pour cela, vous devrez créer une taxonomie spécifique pour les réalisateurs, puis de modifier votre thème pour afficher un lien vers celle-ci.

Il sera possible également de créer une taxonomie de plus pour chaque information transversale (année de publication, producteur...).

Je vous entends déjà dire que les mots-clés peuvent très bien faire ce travail pour vous. C'est vrai, mais à condition qu'ils ne vous servent qu'à classer vos contenus selon un seul critère, ici les réalisateurs. Imaginons que vous vouliez ajouter une seconde navigation par année de sortie ou encore une troisième par acteur principal, vous ne pourrez alors plus utiliser les mots-clés car tout serait mélangé. C'est donc à vous de créer une taxonomie supplémentaire pour chaque méthode de classement et de mettre en place des liaisons logiques pertinentes entre vos contenus.

Comment faire ?

Pour créer une taxonomie, suivez le guide officiel de la fonction `register_taxonomy`.

> ▸ http://codex.wordpress.org/Function_Reference/register_taxonomy

Certains paramètres sont importants.

- `public` : la taxonomie est-elle présente dans l'administration du site ? Peut-on s'en servir ? Valeur à utiliser : `true`.
- `rewrite` : pour définir la manière de réécrire l'URL des pages de taxonomies. Valeur à utiliser : `array( 'slug' => 'genre' )`. Remplacez `'genre'` par le texte le plus pertinent pour caractériser votre taxonomie.
- Dans le `register_taxonomy`, associez bien la taxonomie au bon post type. Ce sera `post` par défaut.

Ensuite, c'est à vous de développer les éventuels modules que vous désirez mettre en place, par exemple sous la forme d'un autre type de système d'articles relatifs. Là encore, reportez-vous au codex pour savoir comment faire.

Vous pouvez ensuite personnaliser l'affichage des contenus de chaque taxonomie pour les rendre uniques et pertinentes (extraits, description de la taxonomie, images…).

Une fois la taxonomie créée :

1. Affichez-la dans vos contenus sinon cela ne sert à rien.
2. Rendez-vous dans le menu *Réglages>Permaliens* et cliquez sur *Sauvegarder*. Cela permet de bien prendre en compte le paramètre `rewrite` après avoir créé la taxonomie.
3. Allez enfin dans le menu *SEO>Sitemaps XML* pour ajouter la nouvelle taxonomie dans votre `sitemap`.

> **ATTENTION Vos taxonomies dupliquent vos contenus**
>
> Comme expliqué, créer une nouvelle taxonomie ajoute un nouveau système de catégorisation, ce qui aura potentiellement le même effet négatif sur le contenu dupliqué que les mots-clés.
> Vous ne devez donc ajouter des taxonomies que si cela a un réel intérêt pour l'internaute et pour votre maillage interne, et uniquement si vous pouvez les rendre uniques.

Post type

Pour quoi faire ?

Les custom posts types permettent de créer de nouveaux types de contenus, différents des articles et des pages. Ils vous seront utiles dès lors que vous allez publier un type de contenu réellement différent, et que vous voulez facilement pouvoir en gérer les données et/ou l'affichage.

Reprenons notre exemple précédent. Vu que notre site parle surtout de cinéma :

- les articles serviront à présenter chaque film ;
- les pages seront utilisées pour tous les contenus génériques (mentions légales, contact, plan du site, page *À propos*…) ;
- ensuite, il est possible de créer des posts types supplémentaires pour d'autres types de contenus, par exemple pour différencier nos fiches « Acteur ».

Par exemple, voici les informations que l'on pourrait vouloir montrer pour chaque type de contenu :

- pour les films : l'année de sortie, le réalisateur, le genre, etc. ;
- pour les acteurs : leur date de naissance, leur âge, le nom de leur conjoint, etc.

Comment faire ?

Là encore, le mieux est de consulter le codex de la fonction `register_post_type`.

> ▸ http://codex.wordpress.org/Function_Reference/register_post_type

Comme pour les taxonomies, certains paramètres sont important.

- `public` : le post type est-il destiné à être employé sur votre site (sinon, cela ne sert à rien d'en créer un) ? Valeur à utiliser : `true`.
- `supports` : il doit contenir toutes les modules que vous voulez activer pour votre post type, par exemple les thumbnails, les commentaires, les extraits… Valeur conseillée : `array( 'title', 'editor', 'author', 'trackbacks', 'thumbnail', 'custom-fields', 'excerpt', 'comments', 'revisions','post-formats' )`.
- `rewrite` : pour faciliter la génération des URL. Valeur conseillée : `array( 'slug' => 'youpi', 'pages' => true )`. Remplacez `youpi` par le nom de votre post type – le champ sera utilisé comme base dans l'URL de chaque post type. `pages` permet d'activer la fonctionnalité de pagination pour ce post type.
- `has_archive` : pour activer les archives pour votre post type en créant une sorte de catégorie pour contenir tous les posts types. Il active également les flux RSS.

À vous de décider si cela est pertinent ou non dans votre structure.

Une fois les posts types spécifiques activés, ils n'apparaissent nulle part. Pour ce faire, vous devez :

- soit créer des boucles (loops) supplémentaires ou des fonctions particulières pour afficher ces posts types à des endroits spécifiques ;
- soit les afficher exactement comme vos articles.

Si vous optez pour cette seconde solution, voici la marche à suivre.

1. Utilisez le fichier `functions.php` de votre thème et ajoutez les fonctions suivantes.

Ajouter des posts types dans le flux RSS

```
function seomix_rss_request($qv) {
  if (isset($qv['feed']) && !isset($qv['post_type']))
      $qv['post_type'] = array('post', 'saucisson');
  return $qv;}
add_filter('request', 'seomix_rss_request');
```

2. Remplacez juste `saucisson` par le nom exact de votre post type. Vous pouvez d'ailleurs en ajouter autant que vous le souhaitez en les séparant par une virgule.
3. Utilisez ensuite la fonction suivante.

Ajout d'un post type dans la query principale

```
function seomix_init_posttype_inmainloop( $query ) {
  if ( is_home() && $query->is_main_query() )
    $query->set( 'post_type', array( 'post', 'saucisson') );
  return $query;
}
add_filter( 'pre_get_posts', 'seomix_init_posttype_inmainloop' );
```

4 Là encore, pensez à remplacer notre bon vieux `saucisson` et le tour est joué ! Vos nouveaux posts types vont s'afficher exactement comme des articles traditionnels dès que lors que vous êtes dans des listings de contenus.

5 Pensez enfin à effectuer ces dernières actions :
   - rendez-vous dans le menu *Réglages>Permaliens* et cliquez sur *Sauvegarder*, ce qui permet une fois de plus de bien prendre en compte le paramètre `rewrite` ;
   - allez dans le menu *SEO>Sitemaps XML* pour ajouter le nouveau post type dans votre `sitemap`.

Taxonomies et posts types privés

N'oubliez jamais que vous pouvez parfois utiliser les taxonomies et posts types de manière privée, comme indiqué précédemment avec les paramètres de base à votre disposition. Le concept est simple : vous créez une taxonomie ou un post type, mais vous ne rendez pas accessibles leurs URL dédiées.

L'idée est uniquement de pouvoir ajouter ou modifier certaines données ou l'affiche de vos autres contenus avec ces éléments privés. Et là encore, un exemple concret va vous faire comprendre le concept.

Sur SeoMix, j'affiche dans la page *Clients* et dans le pied de page certaines références de l'agence. Cependant, je voulais gérer cela de manière automatique : c'est-à-dire pouvoir facilement cliquer sur *Ajouter un client*, *Modifier un client* ou *Supprimer un client*, sans jamais avoir à modifier le code du pied de page ou la page *Clients* en elle-même. J'ai donc créé un post type privé appelé « Client », puis j'ai créé ma fonction pour pouvoir les lister là où je le souhaitais dans le site.

Figure 10–1
Mon post type « Client » me permet d'afficher mes clients, sans jamais afficher une page dédiée à chacun d'entre eux.

Comme indiqué, à aucun moment je ne vais afficher en détail une page pour chaque client : mon post type est bel et bien privé.

Sticky post et custom post type

Sachez que l'on peut également ajouter la fonctionnalité des sticky posts à n'importe quel post type : il s'agit pour rappel de mettre un article « en avant » pour le faire remonter automatiquement en tête de liste ou encore pour lui appliquer un style différent.

De base, WordPress ne vous permet pas d'utiliser cette fonctionnalité. On ajoutera cette fonctionnalité grâce à une astuce détournée. Dans le code suivant, pensez bien à remplacer notre cher `saucisson` par le nom de votre post type.

Ajouter les sticky posts aux custom posts types

```
/**
  * Source : GeekPress http://www.geekpress.fr/wordpress/astuce/sticky-posts-custom-post-types-1967/
  */
function seomix_add_sticky_post_support() {
  global $post, $typenow;
  if ( $typenow == 'saucisson' && current_user_can( 'edit_others_posts' ) ) : ?>
    <script>
      jQuery(function($) {
        var sticky = "<br/><span id='sticky-span'><input id='sticky' name='sticky' type='checkbox' value='sticky' <?php checked( is_sticky( $post->ID ) ); ?> /> <label for='sticky' class='selectit'><?php _e( "Stick this post to the front page" ); ?></label><br /></span>";
        $('[for=visibility-radio-public]').append(sticky);
      });
    </script>
  <?php endif; }
add_action( 'admin_footer-post.php', 'seomix_add_sticky_post_support' );
add_action( 'admin_footer-post-new.php', 'seomix_add_sticky_post_support' );
```

Un exemple concret

Voici un exemple mis en ligne pour l'Institut français d'hypnose.

Ce site possède des pages, des catégories, des articles traditionnels et en plus :

- un post type Formateur ;
- un post type Praticien ;
- un post type Formation ;
- une taxonomie « Pratique » qui indique pour chaque post type « Praticien » sa ou ses spécialités : ce praticien utilise telle ou telle pratique ou savoir-faire ;

- des fonctions développées sur mesure pour lier les différents posts types entre eux et afficher cette information pour le visiteur. Par exemple : la formation X est réalisée par le formateur Y, qui pratique la spécialité W.

Figure 10–2
Un exemple visuel de l'utilisation de taxonomies et de posts types

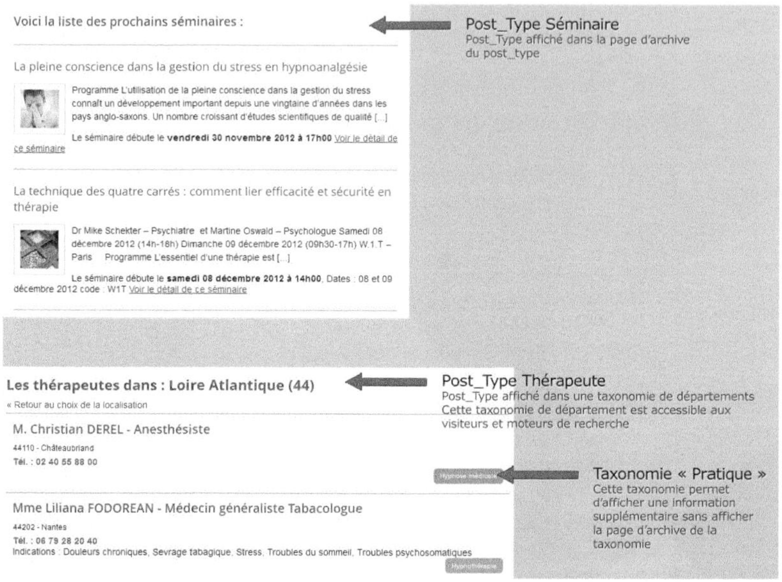

Ajax et WordPress

11

*L'Ajax (*Asynchronous JavaScript and XML*) permet de concevoir des pages web de manière plus dynamique et interactive pour les utilisateurs. C'est souvent un vrai progrès en ergonomie et en temps de chargement, mais cela peut malheureusement provoquer de nombreux problèmes de référencement si cette architecture est mal implantée.*

WordPress fournit bien sûr des fonctions pour gérer les requêtes en Ajax. Voyons comment les implanter pour ne nuire ni au visiteur ni au moteur de recherche.

L'Ajax, c'est quoi ?

L'Ajax n'est pas une technologie mais une manière de concevoir un contenuuand vous cliquez sur un lien interne traditionnel, toute la page est remplacée par celle vers laquelle vous vous dirigez. En Ajax, seule une partie spécifique du contenu de la page est rechargée. Par exemple, le contenu d'un article pourrait être remplacé, mais pas le reste de la page (logo, menu, pied de page, colonnes de gauche ou droite…).

L'intérêt est simple à comprendre : pouvoir changer de page beaucoup plus rapidement, et rendre votre site plus interactif et dynamique. Rendez-vous par exemple sur le site Internet Wabeo.fr pour trouver un exemple de ce concept, avec d'ailleurs de très belles transitions.

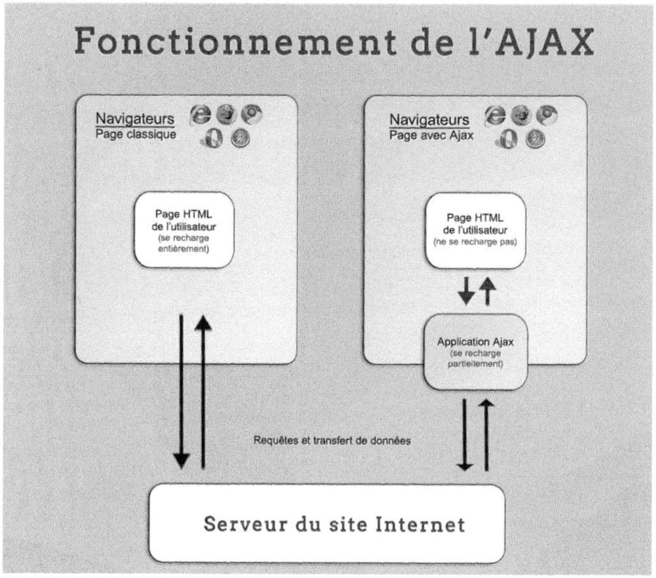

Figure 11–1
L'Ajax permet de ne recharger qu'une partie de la page et non le document en entier.

Ajax et SEO

Le problème principal de l'Ajax, c'est qu'il est mal implanté une fois sur deux. Google et les autres moteurs de recherche vont lire et interpréter le JavaScript, technologie nécessaire pour mettre en place de l'Ajax. Le souci, c'est qu'ils l'interprètent de manière plus ou moins efficace. Il existe donc plusieurs règles à respecter pour réaliser un site en Ajax correctement référencé.

Et la règle d'or est de ne travailler l'Ajax que dans un second temps : commencez tout d'abord par créer votre site normalement, sans animation particulière et sans Ajax. Vous aurez ainsi à coup sûr une URL unique et dédiée à chacun de vos contenus. Il faut en effet éviter que vous n'ayez qu'un seul lien où l'on retrouverait tous vos contenus, comme sur certains sites « One Page » mal conçus.

Une fois votre site « statique » terminé, vous pourrez ajouter votre surcouche Ajax, sans pour autant nuire à votre référencement naturel.

La problématique des moteurs de recherche

Google indexe des contenus, toujours grâce à la formule : une URL = un contenu.

Le gros problème des pages réalisées en Ajax est que, sur de nombreux sites, l'URL ne change pas ou alors elle utilise un format complètement différent des réglages de base de WordPress. C'est ce qui se produit par exemple lorsque l'on clique sur un lien pour lire la publication suivante et que l'adresse web ne change pas, ou qu'un caractère comme # est ajouté à la fin de l'URL. Et c'est là que commencent les problèmes pour vous, vos visiteurs et Google :

- les boutons de réseaux sociaux risquent de ne pas partager le bon contenu, l'URL étant soit bizarre, soit identique à la précédente ;
- Google risque de croire que, sur cette URL, le contenu est constamment modifié, et il ne comprendra donc jamais quels sont vos contenus ni comment vous les avez structurés ;
- si l'internaute souhaite partager le contenu, ce ne sera pas le bon, car l'URL n'aura pas été modifiée, ou n'existera pas.

Vous l'aurez compris, tout cela peut aussi vite devenir catastrophique pour votre référencement naturel.

WordPress a tout prévu

Heureusement, notre bon vieux CMS à tout prévu pour utiliser correctement l'Ajax, ou presque... Il existe une API pour vos requêtes qu'il vous faut absolument utiliser. Ne codez jamais votre propre Ajax « à l'arrache ».

Vous trouverez sur Internet tous les paramètres, conseils et fonctions dont vous aurez besoin sur le codex WordPress :

- http://codex.wordpress.org/AJAX
- http://codex.wordpress.org/AJAX_in_Plugins
- http://codex.wordpress.org/Function_Reference/WP_Ajax_Response

Grâce à ces premières ressources, vous réussirez à faire de l'Ajax avec WordPress : vous apprendrez à récupérer proprement et de manière sécurisée les données, à intercepter le comportement par défaut des liens pour ne pas recharger une nouvelle page, puis à insérer proprement vos données dans la page courante.

Pour résumer, voici comment WordPress fonctionne :

- un JavaScript va traiter votre demande d'Ajax (XMLHttpRequest). Par exemple, lors d'un clic sur un lien interne, seul le contenu nécessaire doit être rechargé et non la page entière ;
- une fonction PHP dans le fichier `functions.php` de votre thème va prendre en charge cette requête et renvoyer au script JavaScript les bonnes données.

J'ai invité pour ce chapitre un expert dans ce domaine, qui va vous expliquer dans le point suivant comment faire de l'Ajax proprement. Un grand merci donc à Willy

Bahuaud pour sa participation ! Cette partie du livre est notamment tirée de son excellent tutoriel publié sur SeoMix.

Faire de l'Ajax avec WordPress, par Willy Bahuaud

L'Ajax est une technique qui permet aux développeurs de concevoir des sites dynamiques.

Comment mettre en place une requête ?

Il existe plusieurs spécifications pour l'objet `XMLHttpRequest`, et plusieurs façons de l'utiliser en JavaScript vanilla.

Pour plus de simplicité, je vais vous en parler dans cet article uniquement au travers de la méthode `$.ajax()` de jQuery. Cette méthode a l'avantage d'être simple et générique (c'est le wrapper de `$.get()`, `$.post()`, `$.load()`, `$.getScript()`...) et la bibliothèque jQuery est largement utilisée dans les thèmes et extensions WordPress.

Voici comment se présente une requête Ajax.

Exemple de requête Ajax

```
jQuery( document ).ready( function($) {
  //J'ajoute un évènement sur le clic des liens…
  //… ayant la class "ajax"
  $( document ).on( 'click', 'a.ajax', function() {
    $.ajax({
      url : $(this).attr('href'), // à adapter selon la ressource
      method : 'POST', // GET par défaut
      data : {
        var1 : 'valeur1',
        var2 : 'valeur2'
      }, //mes variables
      headers : {}, //si je souhaite modifier les entêtes
      success : function( data ) { //en cas de requête réussie
        //Je procède à l'insertion
        var content = $( data ).find( '#content' ).html();
        $( '#content' ).html( content );
      },
      error : function( data ) { //en cas d'échec
        //Sinon je traite l'erreur
        console.log( 'Erreur…' );
      }
    });
  });
});
```

Ce code JavaScript peut être utilisé dans un fichier `*.js` du thème ou bien d'une extension.

- `url` désigne la ressource que l'on va interroger pour charger du contenu (nous en parlerons dans le chapitre suivant) ;
- `method` indique la méthode que l'on va employer pour notre requête, `post` pour soumettre des données ou `get` pour collecter des informations ;
- `data` sert à passer un tableau de variables à la ressource que nous allons interroger ;
- `headers` est utile pour modifier l'en-tête de la requête (pour s'authentifier, par exemple, bien qu'username et password puissent aussi faire le job…) ;
- `success` est la fonction qui va traiter l'objet renvoyé si la requête réussie ;
- `error` est la fonction qui sera exécutée le cas échéant.

De nombreux autres paramètres sont disponibles et il ne faut pas hésiter à lire la documentation pour réaliser de belles choses.

Les événements à l'origine de la requête peuvent être variés. Ce peut être le clic sur un lien ou un bouton, un formulaire soumis, un intervalle de temps écoulé, le scroll de la page qui atteint une certaine zone… Vous n'avez de limite que votre imagination.

Quelles ressources appeler ?

Jusqu'ici nous avons vu comment envoyer une requête Ajax en JavaScript, découvrons maintenant quelles sont les ressources disponibles dans WordPress pour renvoyer du contenu à notre page.

Le script admin-ajax.php

C'est L'URL à connaître, la méthode mise en avant dans la documentation de WordPress pour utiliser l'Ajax dans les thèmes et les extensions !

`Admin-ajax.php` est un fichier qui réceptionne les requêtes Ajax et qui, en fonction de la variable `action` qu'elle contient, déclenche les hooks `wp_ajax_{action}` si l'utilisateur est connecté ou `wp_ajax_nopriv_{action}` s'il ne l'est pas.

Pour rappel, un hook est un mécanisme présent à de nombreux endroits du code de WordPress et qui permet de se greffer sur le code pour modifier – en réalisant des actions, ou en modifiant des variables – le comportement de WordPress.

Si la variable `action` n'est pas présente, ou qu'aucun hook n'est exécuté, la requête renverra la valeur `-1`. Voici la requête que nous allons effectuer.

Exemple de requête via admin-ajax

```
$.ajax({
  url : adminAjax,
  method : 'POST',
  data : {
    action : 'get_my_post',
    id : 89 //en vrai, récupérer l'id du contenu en variable ;-)
  },
  success : function( data ) {
    if ( data.success ) {
      var article = $( data.data.article );
      $( '#content' ).html( article );
    } else {
      console.log( data.data );
    }
  },
  error : function( data ) {
    console.log( 'Erreur…' );
  }
});
```

Pour générer le contenu à retourner, il faut donc écrire un peu de PHP dans le fichier `functions.php` du thème ou dans une extension.

Comment traiter une requête avec admin-ajax

```
//Pour utiliser cette ressource en front,
//… mon script a besoin de connaître l'URL d'adminAjax…
//… pour le pousser dans la variable url !
add_action( 'wp_enqueue_scripts', 'myenqueue' );
function myenqueue() {
  wp_enqueue_script( 'mon-script-ajax', get_template_directory_uri() . '/js/
script.js', array('jquery') );
  wp_localize_script( 'mon-script-ajax', 'adminAjax', admin_url( 'admin-
ajax.php' ) );
}

//J'utilise les hooks
add_action( 'wp_ajax_get_my_post', 'myfunction' );
add_action( 'wp_ajax_nopriv_get_my_post', 'myfunction' );
function myfunction() {
  //Je teste si je peux renvoyer l'article
  if ( isset( $_POST['id'] )
   && 'post' == get_post_type( $_POST['id'] )
   && 'publish' == get_post_status( $_POST['id'] ) ) {
    $id = (int)$_POST['id'];
    //Je récupère l'article…
```

```
        //… et je construis le HTML
        $post = get_post( $id );
        $data = array();
        $data['article'] = '<h1>' . apply_filters( 'the_title', $post->post_title )
 . '</h1>';
        $data['article'] .= apply_filters( 'the_content', $post->post_content );
        //Je le renvoie
        wp_send_json_success( $data );
    } else {
        //Sinon j'envoie une erreur
        wp_send_json_error( 'article indisponible' );
    }
}
```

À l'intérieur de nos fonctions, il est possible de récupérer les variables poussées en paramètres de l'appel. Elle se trouvent dans `$_POST` ou `$_GET` selon la méthode employée.

Il est important, pour des raisons de sécurité, d'arrêter l'exécution du script à la fin de la fonction. Cela peut s'effectuer via un `die()` ou un `exit()`, mais j'ai ici préféré employer les fonctions `wp_send_json_success()` et `wp_send_json_error()` qui arrêtent l'exécution après avoir renvoyé un tableau de données converti au format JSON – format simple à parser en JavaScript.

À noter que le script est exécuté côté administration – puisqu'il se trouve dans le répertoire `wp-admin` – et la condition `is_admin()` renverra `true` même si l'utilisateur n'est pas connecté sur le site.

Une page du site

Parfois, il n'est pas nécessaire de passer par `admin-ajax.php` et il est préférable d'appeler directement une page de notre site. C'est ce que font la plupart des scripts d'infinite scroll. Ils ciblent le contenu de la page suivante, parcourent le DOM, récupèrent les éléments qu'il souhaitent et incrémentent le bouton page suivante.

Le problème avec ce type d'appel Ajax, c'est qu'il retourne une page complète incluant le header, le footer, la sidebar... autant d'éléments dont nous n'avons pas besoin. La requête demande au serveur de procéder à beaucoup d'opérations inutiles.

Lorsque l'objet sera retourné à JavaScript, il faudra le filtrer via jQuery pour récupérer la portion de contenu qui nous intéresse.

La WP REST API

Actuellement disponible sous forme d'extension et bientôt intégrée au cœur de WordPress, cette API permet de récupérer des informations au format JSON simplement en adressant des requêtes à une URL particulière. Cette URL prend la forme http://

example.com/wp-json/{ma-requête}. Vous n'aurez donc aucun code PHP à écrire pour récupérer les contenus de votre site.

En revanche, il faudra écrire un peu de JavaScript pour construire l'URL et lui assigner les paramètres voulus. Pour en savoir plus sur les possibilités offertes, il faut, là encore, lire la documentation.

Voici, par exemple, comment réaliser une recherche dynamique en Ajax.

Le formulaire

```
<form action="" id="search" method="post">
  <input type="search" name="s" id="s">
  <button type="submit">Chercher</button>
</form>
```

Le code JavaScript

```
$( document ).on( 'submit', '#search', function(e) {
  e.preventDefault();
  $.ajax({
    url : 'http://example.com/wp-json/posts',
    method : 'GET',
    data : {
      filter : {
        search : $( '#s' ).val(),
        posts_per_page : 10,
        post_type :'post'
      }
    },
    success : function( data ) {
      var out = '';
      $.each( data, function( i, el ) {
        out += '<a href="' + el.link + '">' + el.title + '</a>';
      });
      $( '#content' ).html( out );
    },
    error : function( data ) {
      console.log( 'Erreur…' );
    }
  });
});
```

Avec cette méthode, récupérer les contenus à charger est relativement simple. En revanche, il faut composer une partie du code HTML côté JavaScript avant de procéder à l'insertion du contenu. Ce n'est pas très intuitif, et également moins performant que de le faire en PHP.

Un template dédié à l'Ajax

C'est la méthode que je préfère utiliser sur les sites à navigation *full-Ajax*. Je ne vais pas entrer dans les rouages de son fonctionnement, car je l'ai déjà fait chez BoiteAWeb, mais je vais vous la présenter sommairement.

En fait, cette technique me plaît particulièrement car elle est totalement transparente au niveau du référencement. Il suffit d'ajouter des événements JavaScript sur les liens internes d'un site. Au clic, on envoie une requête Ajax vers l'attribut `href` de ces liens, en poussant un en-tête indiquant que nous souhaitons un contenu JSON prêt à insérer.

Ensuite, on vérifie au moment du `template_include` la présence de cet en-tête pour utiliser un template spécifique à l'Ajax et à la page souhaitée.

On va donc récupérer le contenu normalement présent à cette URL, mais sous une forme alternative adaptée à son utilisation en Ajax.

L'avantage par rapport à `admin-ajax` est que l'on n'a pas à analyser un chemin critique pour deviner quel contenu servir en fonction de l'URL du lien ; l'avantage par rapport à l'appel d'une page du site c'est que seules les informations requises sont calculées puis retournées.

C'est donc une méthode performante et simple à mettre en place :-).

La navigation

Je pense qu'il faut distinguer deux usages de l'Ajax :

- une utilisation anecdotique, de l'ordre de l'*user experience* – par exemple soumettre un commentaire en Ajax ou valider un formulaire ;
- une utilisation de l'Ajax dans le cadre de la navigation sur l'ensemble du site, ce que je nomme *full-Ajax*.

Dans le second cas, il faut respecter quelques règles si vous ne voulez pas plomber l'expérience de vos visiteurs, ou votre référencement…

L'API History d'HTML5

Ce qui va suivre est un élément essentiel à prendre en compte lorsque vous concevez un site à la navigation entièrement en Ajax.

À chaque contenu chargé doit correspondre une URL. L'internaute doit savoir en permanence où il se trouve sur votre site et doit pouvoir revenir en arrière, s'il le souhaite. C'est ce que permet l'API History.

Avant son implémentation dans les navigateurs, la seule méthode disponible était de passer par les ancres (souvenez-vous, Twitter fonctionnait comme ça) car il était à l'époque impossible de changer l'URL sans provoquer un chargement de la page. Heureusement ce temps est révolu !

Une fois la requête Ajax effectuée et le contenu chargé dans le DOM, procédez ainsi pour changer l'URL du navigateur.

History.pushState

```
success : function( data ) {
  //Faire votre insertion puis,
  //… en supposant que…
  //… la nouvelle url soit data.link…
  //… et le titre data.title :
  history.pushState(data, data.title, data.link);
}
```

Pour détecter un changement d'URL via les boutons *Précédent* ou *Suivant* du navigateur, et lancer une nouvelle requête Ajax pour rétablir un contenu, procédez de la façon suivante.

L'événement popstate

```
window.addEventListener( 'popstate', function(e) {
  //e.state = le state précédent, si ce n'est pas la page originale
    e.preventDefault();
    var url = window.location.href;
    $.ajax({
    //Mettez ici les arguments nécessaires…
    //… pour récupérer le contenu de la précédente page
    //
    //Vous pouvez utiliser l'url de la page,
    //… ou directement l'objet e.state, s'il existe :-)
    })
} );
```

Si l'API History et ses méthodes ne sont pas supportées par le navigateur du client, je vous conseille vivement de ne pas activer votre navigation Ajax. Voici comment tester son support.

Tester le support de l'API History

```
if ( window.history && window.history.pushState ) {
  //Do stuff…
}
```

L'Ajax sert à faire des transitions

Voici une idée clé pour garantir une indexation correcte de votre site : il faut que chaque page chargée via Ajax soit identique à sa version « normale ».

L'utilisateur doit pouvoir bookmarker une URL et retrouver le contenu à l'identique s'il revient sur le site. De même, s'il partage un lien, celui-ci doit pointer vers un contenu présenté exactement de la même façon. L'Ajax sert à établir des transitions entre deux états de votre site, pas à servir un contenu différent.

Cela paraît être une idée logique, et pourtant de nombreux sites ne respectent pas cette consigne, comme ceux qui font de l'infinite scroll : qu'est-ce qui vous fait penser que ce qui intéresse vos visiteurs se trouve en début de page ? Pour bien faire il faudrait supprimer/masquer le contenu de la page 1 au moment où on injecte celui de la page 2, tout en changeant l'URL.

De même, après chaque insertion de contenu, il ne faut pas oublier de mettre à jour certains éléments tels que le titre de la fenêtre ou bien le fil d'Ariane. Il est important d'aller au bout des transitions pour garantir la meilleure expérience possible.

Une fois le contenu chargé...

Après chaque insertion de contenu, lorsque la page est complètement mise à jour, il ne faut pas oublier de relancer certaines fonctions JavaScript. Les traqueurs des outils de statistiques (Google Analytics, Piwik...) doivent être réexécutés via les fonctions correspondantes.

Traqueurs analytics et Ajax

```
success : function( data ) {
  //Faire votre insertion
  //Pour Google Analytics :
  ga('send', 'pageview', window.location.pathname);
}
```

Si vous utilisez des extensions, telles que Pastacode ou Mention Comment's Authors qui modifient le DOM, il faut aussi appliquer leurs scripts au contenu fraîchement inséré.

Réappliquer les filtres JS de vos extensions

```
success : function( data ) {
  //Faire votre insertion puis…
  //Pour Pastacode :
  Prism.highlightAll();

  //Pour Mention Comment's authors :
  mcaAjaxChange();
}
```

La plupart des autres événements JavaScript, s'ils sont ajoutés via les fonctions `$(document).on()` ou `$.live()`, seront automatiquement attachés à votre nouvelle page.

Insertion de contenu « en douceur »

L'Ajax existe dans le but d'améliorer l'expérience utilisateur. On met à jour le contenu sans provoquer le rafraîchissement de la page. Si votre insertion de contenu s'effectue de façon brutale ou brouillon, vous risquez de passer à côté des bénéfices de cette technique. Pensez à travailler vos « transitions » grâce à des effets CSS. Essayez de trouver une manière élégante de faire disparaître le contenu obsolète et de faire apparaître le nouveau.

Ma méthode consiste à ajouter des classes CSS en JavaScript sur les éléments à masquer dès que la requête est réussie. Les styles associés à ces classes déplacent ces éléments hors du champ de vision avant de les supprimer. La propriété `transition` est votre amie !

Entre-temps, je calcule la place nécessaire à l'insertion du nouvel article et j'adapte la hauteur de la page en CSS. Pour cela, j'injecte le contenu dans une zone hors-champ en position absolute, d'une largeur identique au conteneur, et je récupère les dimensions en JavaScript.

Pour finir, j'applique des classes CSS au contenu à insérer pour le faire apparaître de façon gracieuse, tout en remontant le scroll doucement en haut de page… Voici le code détaillé.

Mon balisage HTML

```
<body>
   <div id="temp" class="temp"></div>
   <div id="content-wrapper" class="content-wrapper">
      <div class="content">Mon contenu</div>
   </div>
</body>
```

Le CSS qui va avec

```
.temp,
   .content-wrapper{
      width:100%;
   }
   .temp{
      position:absolute;
      left:-200%;
      top:0;
      display:none;
   }
```

```
.content{
  transition:all 1s;
}
.to-appear{
  margin-left:100%;
}
.to-disappear{
  margin-left:-100%;
}
```

L'insertion de contenu en JavaScript

```
success : function( data ) {
  //Avant d'insérer, j'ajoute une classe…
  //… pour mettre le nouveau contenu hors-champ
  var $newContent = $( data.data.content );
  $newContent.addClass('to-appear');

  //Je mets l'ancien contenu hors-champ
  $('.content').addClass('to-disappear');

  //Je mesure
  $temp.append( $newContent );
  var size = $temp.innerHeight();

  //Je redimensionne et j'insère
  $('#content-wrapper').animate({'height': size},
     1000, 'linear', fucntion() {
    $temp.children().detach().prependTo('#content-wrapper');
    $('.to-disappear').remove();
    $('#content-wrapper').css('height','auto');
    $('.to-appear').removeClass('to-appear');

    //Et le scroll
    $('body,html').animate({
          scrollTop:0
       }, 500);
  });
}
```

Mise en cache des requêtes

Je ne pourrais pas conclure cet article sans évoquer la mise en cache des requêtes Ajax.

Avant de lire la suite, il faut être prudent par rapport aux requêtes que WordPress ou ses extensions sont susceptibles de mettre en cache. Si l'utilisateur est connecté, les contenus qui seront retournés sont susceptibles d'être personnalisés, voire de contenir des informations sensibles... Ne mettez jamais en cache les requêtes d'un utilisateur connecté ; elles risqueraient d'être resservies à un utilisateur lambda !

À l'heure actuelle, je ne connais pas d'extension capable de cacher automatiquement des requêtes Ajax – et si je me trompe, merci de laisser un commentaire – il faudra donc le faire à la main. Ma méthode utilise l'API des transients. Les transients sont des données transitoires qui sont stockées en bases de données ou dans le cache objet du serveur. Ces informations sont vouées à disparaître ou à être mises à jour au bout d'un certain temps. Parfait pour un système de cache donc :-) !

Voici comment utiliser cette API, dans le cadre des templates Ajax alternatifs (le 4e type de ressources, vous savez...).

Exemple de template Ajax avec cache transient

```
//URL de la page
$url = 'http://' . $_SERVER["HTTP_HOST"] . $_SERVER["REQUEST_URI"];
//On teste si un transient existe
if( false === ( $o = get_transient( 'URLajax' . md5( $url ) ) ) ) {

   //Je récupère mon contenu
   ob_start();
   get_template_part( 'loop' );
   $content = ob_get_clean();

   //Je crée un transient pour 1 jour
   set_transient( 'URLajax' . md5( $url ), $content, DAY_IN_SECONDS );
}
//Je renvoie les données
wp_send_json_success( $content );
```

Petite précision : cela ne sert à rien de mettre en cache des infos qui ne seront jamais redemandées. Pire, cela peut alourdir inutilement votre site ; un transient n'est détruit qu'au moment où il est appelé, si sa date d'expiration est dépassée. Il faut donc exclure les requêtes de recherche.

Pas de cache pour les utilisateurs connectés

```
//Juste avant de créer un transient :
if ( ! is_user_logged_in()
  && ! is_search() ) {
   set_transient( 'URLajax' . md5( $url ), $content, 84600 );
}
```

Il est important de supprimer les transients lorsque les contenus concernés seront modifiés. Pour cela, il faut se hooker sur plusieurs actions afin de faire le nettoyage. Voici par exemple comment je procède sur mon site, Wabeo.

Supprimer les transients à la mise à jour

```
//La fonction de flush
function flush_url_transient( $id ) {
   //Home
   $urls[] = 'URLajax' . md5( home_url('/') );
   //La page mise à jour
   $urls[] = 'URLajax' . md5( get_permalink( $id ) );
   //Les tags
     $tags = wp_get_post_tags( $post_id, array( 'fields' => 'ids' ) );
     foreach( $tags as $tag ) {
         $urls[] = 'URLajax' . md5( get_tag_link( $tag ) );
     }
     //Les catégories
     $tags = wp_get_post_cats( $post_id, array( 'fields' => 'ids' ) );
     foreach( $cats as $cat ) {
         $urls[] = 'URLajax' . md5( get_category_link( $cat ) );
     }

   //flush
     foreach ( $urls as $url ) {
         delete_transient( $url );
     }
}

//à la mise à jour d'article
add_action( 'save_post', 'flush_page_transient' );
function flush_page_transient( $id ) {
   if ( ! wp_is_post_revision( $id ) ) {
      $urls = array();

      flush_urls_transient( $id );
   }
}

//à la modification de commentaire
add_action( 'wp_set_comment_status', 'flush_page_transient_on_comment_update',
10, 2 );
function flush_page_transient_on_comment_update( $comment_id, $status ) {
   $comment = get_comment( $comment_id );
     if( $comment ) {
         $post_id = $comment->comment_post_ID;
         flush_urls_transient( $post_id );
     }
}
```

```
//à la modification de term
add_action( 'edited_term_taxonomy', 'flush_taxonomy_transient_page', 10, 2 );
function flush_taxonomy_transient_page( $term_id, $taxonomy ) {
    if ( in_array( $taxonomy, array( 'post_tag', 'category' ) ) {
    //Ici on flush directement la page du terme
        $url = 'URLajax' . md5( get_term_link( $term_id, $taxonomy ) );
        delete_transient( $url );
    }
}
```

Pour finir, si vous souhaitez faire automatiquement le ménage des transients arrivés à expiration, le plus simple est d'utiliser ce code de Rarst : https://gist.github.com/BoiteAWeb/1a6f91a4d243712facc8.

Voilà pour ce tour d'horizon de l'Ajax sur WordPress !

Merci à Willy Bahuaud pour ces explications détaillées : vous n'avez désormais plus d'excuses pour ne pas concevoir de l'Ajax proprement avec WordPress.

Ajax, WordPress et SEO : qu'est-ce qui est important ?

WordPress fournit des fonctions et des méthodes pour faire de l'Ajax mais, malheureusement, pas forcément pour le rendre compréhensible par Google tout en étant ergonomique pour les visiteurs.

Willy nous a détaillé ici les règles de l'art. Et parmi tout ce qu'il nous a dit, certains points sont à respecter encore plus scrupuleusement que le reste pour ne pas nuire à votre référencement, à savoir :

- **une URL unique et dédiée à chaque contenu ;**
- l'Ajax qui arrive en surcouche pour vos chargements dynamiques et vos animations, tandis que le moteur de recherche verra toujours vos URL traditionnelles ;
- n'oubliez surtout pas d'implanter **l'history pushstate** : cela permet notamment à l'utilisateur de pouvoir partager et copier/coller l'URL qu'il consulte ;

Si vous respectez tous ces points, votre site en Ajax se référencera donc aussi bien qu'un site traditionnel (à condition bien entendu d'avoir suivi également tous les chapitres précédents).

Comment savoir si l'Ajax est optimisé pour le référencement?

Pour ce faire, rien de plus simple ! Il suffit de désactiver le JavaScript de votre navigateur. Si vous utilisez l'extension « Web Developer » sur Google Chrome ou Mozilla Firefox, sachez que vous aurez une option toute faite pour cela.

Si tout fonctionne comme sur un site normal au niveau de la navigation et des liens entre les contenus, c'est que votre site Internet est bien conçu et que l'Ajax n'est là que pour améliorer la fluidité et l'ergonomie. Il n'y aura donc aucun problème de référencement de l'Ajax.

Vous devez en effet impérativement trouver chaque contenu avec son URL unique. Si ce n'est pas le cas, c'est que votre système de navigation en Ajax est mal conçu pour le référencement.

WordPress multilingue et WordPress multisite

12

Certaines entreprises vendent leurs produits à l'international. Pour elles, le mieux est de pouvoir proposer un site Internet en plusieurs langues. Nous allons voir que la meilleure solution pour y parvenir est de recourir à une extension, par exemple WPML ou PolyLang. Ces extensions vont vous permettre de gérer vos traductions, et surtout d'indiquer parfaitement au moteur de recherche la langue de chaque contenu et la présence d'éventuelles traductions.

Comment se référencer à l'international ?

Il existe plusieurs moyens de référencer son site dans plusieurs langues. De base, il suffit de traduire tous vos contenus, puis d'expliquer clairement aux moteurs de recherche et aux visiteurs sur quelle version (c'est-à-dire quelle langue) ils se trouvent.

ATTENTION **Ne vous contentez surtout pas de juste traduire !**

Même si la traduction reste la base, vous devez **impérativement** vous adapter au marché que vous ciblez. En effet, selon les pays, les besoins, les types de produits et services et les modes de consommation peuvent être très différents, et il sera peut-être nécessaire de modifier ou d'adapter votre offre au marché cible – pensez donc toujours à adapter votre stratégie marketing.

Pour différencier les différentes langues de votre site, il existe plusieurs solutions techniques.

1. La meilleure : un nom de domaine et un site différent par langue, par exemple monsite.es, monsite.de et monsite.fr.
2. La très bonne : des sous-domaines pour chaque langue supplémentaire, par exemple monsite.com, fr.monsite.com et es.monsite.com.
3. La bonne : des répertoires, par exemple monsite.com/en/, monsite.com/fr/ et monsite.com/es/.

L'année dernière (2014), je vous aurais systématiquement suggéré d'utiliser l'extension premium WPML. Même si celle-ci est toujours pertinente, elle n'est pas parfaite non plus : bogues assez fréquents, et manque de certaines fonctionnalités dans quelques cas de figure. Malheureusement, aucune extension ne sera parfaite pour cela.

Je vous conseille donc toujours WPML, mais pensez aussi à deux autres extensions qui sont tout aussi pertinentes : PolyLang qui a de plus en plus d'adeptes (dont moi-même) ou encore MultilingualPress.

> REMARQUE **Pensez-y au début**
>
> Si vous envisagez à terme de faire du multilingue, faites-le dès l'installation. Il est plus simple de paramétrer votre site en multilingue avec une seule langue, plutôt que de le faire plus tard. Cela vous permettra notamment de placer votre première langue au bon endroit, par exemple dans `/fr/` si vous utilisez la solution des répertoires.

Les extensions disponibles

Je vais vous présenter brièvement trois extensions.

PolyLang

Ma favorite actuellement est PolyLang. Relativement simple et sans trop de bogues, elle vous permet de mettre en place vos différentes langues de manière relativement simple sur n'importe quelle installation de WordPress.

> ▸ https://polylang.wordpress.com/

WPML

Mon ancienne favorite, WPML. Souvent citée comme la référence, il s'agit d'une extension premium qui va vous permettre de gérer de A à Z toute la partie multilingue.

> ▸ http://wpml.org/fr/

Figure 12–1
WPML, une extension qui vous veut du bien !

Deux versions sont disponibles, mais préférez la plus complète à 79 $ pour être sûr d'avoir un site digne de ce nom, ou la licence à vie de 195 $.

MultiLingualPress

La troisième est Multilingual Press. Je connais beaucoup moins cette dernière, mais de nombreux confrères l'utilisent régulièrement. À vous donc de la tester pour voir si elle vous convient mieux que les deux autres.

Il existe là aussi une version gratuite et une version payante.

▸ https://marketpress.com/product/multilingual-press-pro/

Conseils de base

Sans entrer dans les détails, sachez qu'une partie des paramètres vont dépendre de votre hébergement ou de votre développeur.

Je vous conseille de suivre les guides du site officiel de votre extension, surtout qu'elles peuvent évoluer rapidement. Néanmoins, voici quelques éléments à prendre en compte pour ne pas nuire à votre référencement naturel.

- N'optez pas pour un format d'URL avec un paramètre (par exemple `site.fr/?lang=fr`). Choisissez toujours des URL en répertoire, avec des domaines ou des sous-domaines différents.
- Ne redirigez jamais automatiquement les visiteurs selon la langue de leur navigateur. En effet, un internaute français qui vit en Angleterre désire peut-être la version française de votre site.
- Ne pensez pas que l'utilisation d'une extension « Google Traduction » rende votre site multilingue : au contraire, cela risque d'augmenter la duplication de contenus avec l'ajout des traductions sous la forme de paramètres `?` dans les URL.
- Pensez à tout traduire !

REMARQUE Optimisez chaque langue comme un site à part entière

Bien entendu, vous devez appliquer tous les concepts de ce livre pour chaque langue, que ce soit dans l'affichage, dans la structure, dans l'optimisation de chaque contenu avec Yoast… Bref, chaque contenu traduit doit être optimisé à son tour en suivant les mêmes principes.

Comment paramétrer une extension multilingue ?

Vous l'aurez compris, l'important n'est pas le choix de l'extension, mais plutôt ce que vous allez en faire. Je vais donc détailler les différentes étapes de votre travail de traduction.

Première étape : paramétrage des emplacements

Quand vous installerez une extension multilingue, la première étape est de déterminer où seront vos langues. Comme indiqué au début de ce chapitre, préférez le fait de les placer sur un nom de domaine différent. Si cela n'est pas possible, faites-le avec avec des sous-domaines, ou alors avec des répertoires.

S'il s'agit d'un nouveau site, vous n'aurez aucun souci.

S'il s'agit d'un site déjà en ligne, cela se complique. L'ajout du multilingue peut en effet vous poser problème, car il est possible que vous deviez modifier l'emplacement de la langue actuellement en place. Si c'est le cas, pensez bien à rediriger toutes les URL de ces langues vers les nouvelles (par exemple de site.com/ancienne-url/ vers site.com/fr/nouvelle-url/), notamment en utilisant l'extension Redirection dont nous avons parlé précédemment.

Deuxième étape : traduction des contenus

Cette étape est la plus simple et la plus logique : traduisez tous vos contenus.

Pensez bien cependant, toujours comme précisé juste avant, à vous adapter au marché cible. Vous devez peut-être étoffer, modifier ou adapter votre offre, vos contenus ou encore vos prix en fonction du pays ou de la langue ciblée.

Troisième étape : traduction du thème et de tous les détails

Étape souvent oubliée : votre thème ou les extensions que vous utilisez ne sont pas forcément traduits, ou conçus pour être traduits. Ainsi, il est fréquent de trouver des textes anglais sur des sites d'autres langues, par exemple des textes *Published on* ou encore *Related Posts.*

Vérifiez bien dans chaque langue de votre site pour être certain qu'aucun texte ne vous aura échappé. Si c'est le cas, trouvez si c'est le thème ou une extension qui pose problème, puis corrigez-le (soit dans les réglages, soit dans le code directement).

Si ce dernier point vous intéresse, je vous conseille la lecture des articles suivants.

- La page officielle du Codex : https://codex.wordpress.org/I18n_for_WordPress_Developers.
- « Traduction, vous faites fausse route » : http://boiteaweb.fr/traduction-wordpress-vous-faites-fausse-route-8518.html.

Quatrième étape : l'attribut rel alternate

Cet élément est crucial : vérifiez qu'un lien `rel=alternate` a été ajouté dans le header de vos pages (entre les balises `<head>` et `</head>`).

Le code de l'attribut rel=alternate que vous devez trouver

```
<link rel="alternate" hreflang="fr_FR" href="URL" />
```

Cette balise indique au moteur de recherche la présence d'une traduction du contenu actuel, son URL et la référence de la langue concernée. C'est sans doute la meilleure façon de trouver vos traductions pour Google.

Cinquième étape : les liens et les centres Webmaster

Une fois les quatre premières étapes réalisées, il vous reste la plus importante. Quelle que soit votre configuration, considérez chaque langue comme un site à part entière.

Pour chacun, il faut donc informer Google de sa présence et créer de la popularité. Pour chaque langue, vous devez donc :

- inscrire le site dans les centres Webmaster de Google et de Bing ;
- y soumettre vos fichiers sitemaps ;
- créer des liens depuis d'autres sites ayant la même langue (et si possible la même thématique) ;
- publier régulièrement du contenu pour chaque langue.

WordPress multisite

Le CMS WordPress permet de gérer nativement le multisite, c'est-à-dire le fait de pouvoir gérer dans une seule installation plusieurs sites WordPress en même temps. L'avantage est simple à comprendre : un gain de temps pour gérer vos sites, et pour en gérer la maintenance (mises à jour, suivi...).

Pour créer un réseau, là encore je vous invite à lire la page officielle du Codex de WordPress : https://codex.wordpress.org/fr:Créer_un_réseau.

Vous aurez le détail pour créer un multisite, le paramétrer et le gérer. La question importante ici est de savoir si vous devez ou non utiliser cette fonctionnalité pour votre référencement naturel.

Pourquoi faire un multisite en SEO ?

Le multisite a un intérêt très simple : pouvoir décomposer votre activité ou votre offre en sites dédiés.

Il arrive parfois d'avoir des secteurs d'activités où l'on a une très large gamme de thématiques ou de gammes différentes. Dans ces cas de figure, créer une structure optimisée peut devenir un casse-tête. On peut donc parfois imaginer la création d'un réseau de sites avec :

- un site principal qui présente brièvement toute l'activité et les contenus ;
- un site dédié à chaque grand domaine d'activité.

Attention cependant, cela n'aura un intérêt que si vous avez un nombre réellement important de thématiques principales.

Il existe également un autre atout : vous allez gérer votre propre réseau de sites. Vous pourrez ainsi optimiser le maillage et les liens entre chacun d'eux pour transmettre de la popularité, sans qu'aucun concurrent ne puisse rien faire. En revanche, faites attention à ne pas être trop « bourrin » et de créer des liens qui restent naturels entre chaque site.

Référencer un multisite, qu'est-ce qui change ?

Rien.

C'est justement cela qui est bien : vous devez uniquement appliquer tous les conseils de ce livre pour chaque aspect de chacun des sites gérés par le multisite.

Attention, dès lors que vous êtes en multisite et multidomaine ou sous-domaine, chaque site sera bien considéré comme un domaine différent : vous aurez donc d'autant plus de travail pour publier régulièrement des contenus sur chaque site, et pour créer des liens de qualité vers chacun d'eux.

WordPress et le e-commerce

13

Avoir un site et de beaux contenus est une bonne chose, mais réussir à vendre ses produits est encore mieux. Mais comment créer facilement une boutique et la rendre visible avec WordPress ? Dans ce chapitre, nous parlerons de l'incontournable WooCommerce et des pièges à éviter avec cette extension, non sans rappeler les conseils à appliquer pour toute boutique e-commerce.

La solution WooCommerce

Il existe différentes solutions techniques pour vendre sur un site WordPress. Personnellement, je préconise WooCommerce, mais sachez que d'autres solutions tout à fait viables existent. WooCommerce est d'ailleurs en vogue, puisque selon différentes sources, il devient l'une des solutions les plus utilisées pour créer une boutique e-commerce, quel que soit le CMS utilisé.

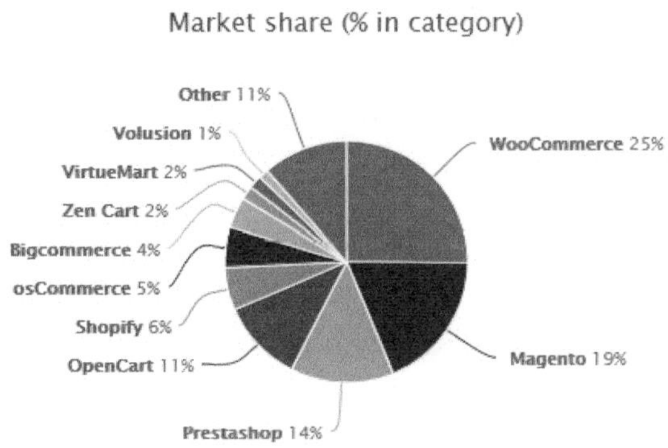

Figure 13–1
WooCommerce est devenu le leader des sites e-commerce (source wappalyzer – avril 2015)

Là encore, l'extension évolue rapidement. Pour son installation, je vous conseille de suivre les guides fournis avec pour le paramétrer correctement : https://support.woothemes.com/hc/en-us/categories/200146917-WooCommerce.

À noter que Automattic, la société éditrice de WordPress, a racheté WooCommerce à la fin du mois de mai 2015.

Les bases de l'e-commerce

Au-delà de l'aspect purement technique de l'extension choisie, voyons comment optimiser une boutique e-commerce sur WordPress.

Votre boutique doit être logique, structurée et donner envie aux visiteurs. Le contenu étant primordial pour bien vendre, respectez bien tout ce que je vous ai déjà dit dans ce livre :

- regroupez et structurez vos produits et services de manière logique ;
- créez des liens entre vos contenus et depuis d'autres sites ;
- réalisez des pages ergonomiques pour que l'utilisateur comprenne parfaitement où il est et ce qu'il peut faire ;
- créez des contenus uniques et intéressants (photos, descriptions et vidéos de vos produits) qui doivent donner envie à l'internaute.

Optimiser l'e-commerce comme le reste

Vous devez considérer l'ensemble de l'interface de votre système e-commerce exactement comme le reste de votre site. Ensuite, adaptez-vous à la solution technique que vous utilisez. Par exemple :

- si vous avez des catégories, réfléchissez bien à votre structure pour une navigation logique et fluide ;
- si vous avez des mots-clés spécifiques pour la boutique, pensez à les utiliser avec parcimonie et à bon escient pour éviter les conflits de contenus dupliqués avec les catégories ;
- quand vous mettez en ligne des images, n'oubliez pas les champs `alt` et les légendes de celles-ci ;
- vos URL doivent, si possible, être paramétrées pour être à la racine, c'est-à-dire avec un seul niveau. C'est déjà le cas pour vos contenus si vous avez suivi mes conseils, et il est conseillé de faire de même pour toute votre boutique. Votre structure

pourra ainsi facilement évoluer sans avoir besoin de modifier les URL des produits (changement, suppression ou encore fusion de catégories) ;

- etc.

N'oubliez pas que vous devez là encore tout optimiser : pour chaque produit ou service, renseignez correctement tous les blocs de WordPress SEO, en pensant toujours à vos utilisateurs et aux moteurs de recherche.

Problématiques techniques

Différents éléments techniques peuvent nuire au référencement de votre boutique e-commerce.

Les pages « privées »

Si votre solution technique crée automatiquement certaines pages privées, comme la page Suivi de commande ou Paiement par exemple, n'oubliez pas de les modifier pour justement configurer correctement WordPress SEO et votre extension de Plan du site. Comme expliqué plus tôt dans ce livre, ces pages sont privées, elles doivent le rester.

C'est notamment le cas avec WooCommerce.

Bouton Ajouter au panier

Dans un site e-commerce, un bouton *Ajouter au panier* est ajouté dans chaque fiche produit, et dans chaque page de listing (vos catégories). Là encore, vous avez un élément à vérifier : chacun de ces boutons doit justement être développé sous la forme d'un button, non pas d'un lien `a href`.

Je m'explique : si chaque bouton est développé sous la forme d'un lien, vous allez créer un nouveau lien pour chaque produit ajouté, et pour chaque fois que ce produit est présent dans une catégorie. On retrouve très souvent ces liens sous la forme site.fr/?add-to-cart=70981. Pour savoir si c'est le cas, survolez juste votre bouton *Ajouter au panier* et cliquez dessus : si une URL de ce type apparaît, c'est que vos boutons sont mal conçus.

Pour comprendre le problème, prenons un exemple : si ma fiche produit X est présente dans la sous-catégorie Y de la catégorie W, je vais voir apparaître trois fois le lien *Ajouter au panier*, créant ainsi trois contenus inutiles qui vont diluer ma popularité.

Il faut donc transformer chacun des ces boutons en `<button>` : ce sera du code JavaScript qui va gérer l'ajout du produit au panier, et qui va éventuellement afficher une pop-up ou rediriger l'utilisateur vers la bonne page.

Navigation à facettes

La navigation à facettes est un concept très simple à comprendre : il s'agit d'ajouter des systèmes de filtres et de tri dans la navigation. Sur un site e-commerce, on en trouve très souvent, avec par exemple :

- un tri par prix ;
- un tri par popularité ;
- un tri par date ;
- un tri par fonctionnalité ;
- etc.

Très utile pour le visiteur et l'acheteur, ces filtres peuvent être désastreux pour le référencement naturel.

Dans un premier temps, assurez-vous que votre structure est bien optimisée sans prendre en compte ces filtres : vérifiez donc que votre catégorisation de produits est bien conçue.

Observons ensuite ces filtres : pour être parfaits, ceux-ci ne doivent jamais ajouter de paramètres dans vos URL. Tout comme pour les boutons d'ajout au panier, vos filtres et systèmes de tri doivent être gérés en JavaScript. Si ce n'est pas le cas, vous risquez de provoquer de gros problèmes de duplication, surtout que les filtres peuvent se combiner, et qu'en plus ils se combinent dans l'ordre des clics de l'utilisateur.

Là encore, voici un exemple concret. Imaginons une catégorie avec un système de tri par prix, par date et par fonctionnalité (ici j'imagine qu'il y en a 2). Cette catégorie aurait alors plus de 15 variantes différentes.

- L'URL normale ;
- L'URL avec paramètres simples :
  - `?prix=ASC` ;
  - `?prix=DESC` ;
  - `?date=ASC` ;
  - `?prix=DESC` ;
  - `?fonctionnalité=A` ;
  - `?fonctionnalité=B` ;

- L'URL avec paramètres complexes :
  - `?prix=ASC&date=ASC` ;
  - `?prix=DESC&fonctionnalité=A` ;
  - `?prix=DESC&fonctionnalité=A&date=ASC` ;
  - `?fonctionnalité=A&prix=DESC` ;
  - etc.

Là encore, tout dépendra de votre extension et du thème utilisé, mais il y a de fortes chances que vous deviez modifier manuellement le code si ce problème est présent.

Identifiants de session

Il arrive parfois que certains systèmes e-commerce ajoutent dans les URL des identifiants de session pour suivre les visiteurs, par exemple `?sessid=22`.

Il ne faut JAMAIS que votre extension affiche ce type d'URL, sous peine de provoquer immédiatement de graves problèmes de duplication de contenus.

Et le marketing dans tout ça ?

La base

L'autre élément à prendre en compte lorsque vous ouvrez une boutique e-commerce, c'est la stratégie marketing. Sans elle, vous ne réussirez jamais à faire décoller votre site Internet.

Vos produits et vos services doivent être différents de ceux de la concurrence. La clé, c'est de se différencier auprès de vos clients, et que vos produits et services puissent répondre à leurs différents besoins. Si tel est le cas, vous avez déjà fait la moitié du travail ; sinon, penchez-vous sérieusement sur votre métier et sur ce que vous pouvez apporter à vos clients.

> **POUR ALLER PLUS LOIN La stratégie Océan Bleu**
>
> Il existe de nombreux concepts marketing simples mais efficaces pour améliorer votre offre, votre communication et vos ventes. N'hésitez donc pas à vous documenter sur le sujet.
> Pour ma part, je vous conseille la lecture de l'ouvrage sur la stratégie Océan Bleu, qui offre une excellente vision de la stratégie marketing.
>
> 📖 Chan Kim W. et Mauborgne R., *Stratégie Océan Bleu*, Pearson, 2013, 288 pages.

Un peu de diversification

Le dernier point que vous ne devez surtout pas oublier, c'est de répartir vos risques. Même si le sujet de ce livre est le référencement naturel, ce n'est pas pour autant le seul générateur de trafic possible pour un site, et encore moins pour une boutique en ligne.

Si vous diversifiez ces sources de visiteurs, vous risquez beaucoup moins de mettre en péril votre entreprise. Par exemple, si votre trafic vient essentiellement du référencement naturel, une pénalité pourrait vous faire perdre toutes vos ventes. Si vous dépendez beaucoup d'un gros comparateur de prix et que celui-ci disparaît, le risque est identique.

Votre boutique doit donc être visible par le biais :

- du référencement naturel ;
- du référencement payant (via Adwords notamment) ;
- des comparateurs de prix ;
- de l'affiliation ;
- des réseaux sociaux ;
- de votre réseau de sites ;
- de l'e-mailing ;
- des opérations physiques (dans votre boutique, avec vos commerciaux…) ;
- des opérations avec d'autres sites Internet ou d'autres entreprises ;
- etc.

Si vous respectez les deux points marketing que je viens de citer, vous ferez donc sans doute mieux que la plupart des sites e-commerce qui existent dans le monde.

Compatibilité mobile et responsive design

14

La compatibilité mobile est un critère de positionnement dans les moteurs de recherche, qui prend chaque année un peu plus d'importance que l'année précédente.

Vous devez donc vous assurer que votre site est compatible pour les mobiles afin d'améliorer votre référencement naturel.

Les différentes solutions qui existent

Pour rendre votre site adaptés aux périphériques mobiles, il existe plusieurs solutions :

- un site mobile : par exemple m.site.fr ;
- une application mobile ;
- un design responsive (qui s'adapte à la taille de l'écran).

Bien que Google précise que la première et la troisième solution sont équivalentes, préférez de base le design responsive. J'élimine les deux premières pour des raisons différentes.

Le site mobile dédié implique :

- de détecter correctement la taille d'écran pour rediriger le visiteur vers la bonne version (sachant que certaines tailles d'écran sont un peu un entre-deux) ;
- de maintenir deux sites différents ;
- de devoir faire comprendre à Google que vous avez des contenus dupliqués entre ces deux sites.

L'application mobile est quant à elle une très mauvaise idée (pour le référencement). Pour le marketing, c'est une bonne chose : il s'agit de proposer à l'internaute une application avec des fonctionnalités plus adaptées, plus dynamiques et plus personnalisées. Mais en aucun cas cela ne remplace votre vrai site, qui lui devra TOUJOURS être adapté pour les mobiles. Vous pouvez donc créer une application mobile (une pour Android, une pour Windows Phone, une pour Apple), mais vous devrez quand même rendre votre site compatible.

Il existe aussi une quatrième solution, que je vous déconseille : les extensions mobiles, comme WP Touch. Elles vont remplacer votre thème par un autre pour les mobiles, ce qui présente le même défaut que le site mobile dédié : deux thèmes à maintenir et à faire évoluer. Et en plus, la plupart des thèmes de ces extensions sont très éloignés de votre véritable thème.

Qu'est-ce que le responsive design ?

Le responsive design est un concept simple : il implique que le design et l'affichage de votre site s'adaptent en temps réel à la taille de l'écran utilisé. Ainsi, quand vous pivotez votre tablette ou votre téléphone, le thème de WordPress s'adapte, tout comme il le fera si vous redimensionnez la taille de votre navigateur sur Internet.

Le responsive design est une bonne chose : en le concevant correctement, vous être sûr de vous adapter à n'importe quel type d'affichage, y compris si de nouvelles tailles d'écran voient le jour dans les années à venir. Vous n'avez également qu'un seul site à maintenir et à mettre à jour. Et de la même façon, vous n'avez aucun risque de duplication de contenu.

Les pages d'un site (et donc d'un thème WordPress) sont composées de deux éléments : un contenu HTML, et une mise en page CSS. Le responsive design agit sur ce second élément. Il s'agit donc purement et simplement d'une modification ou d'une adaptation de votre mise en page, tout en conservant toujours le même contenu HTML.

La compatibilité mobile de son site

Il existe plusieurs moyens de tester si les contenus de son site sont compatibles ou non (et donc s'ils sont optimisés pour le référencement naturel). Ce qu'il faut savoir, c'est que Google attribue cette comptabilité page par page, et non pas pour l'ensemble du site.

Vous pourriez donc avoir certaines pages compatibles, et d'autres non.

Dans un premier temps, avant de lister les méthodologies de test, Google doit pouvoir accéder correctement à vos fichiers CSS et JS, ce qui lui permettra de savoir si oui ou non votre contenu est compatible. Respectez donc scrupuleusement ce qui a été dit dans ce livre sur le fichier *robots.txt*.

Le centre Webmaster de Google

Lors de la première étape, commencez par étudier le menu de compatibilité mobile du centre Webmaster de Google. Il va vous indiquer tous les problèmes qu'il a détecté jusqu'ici.

Une fois inscrit, rendez-vous dans le menu *Trafic de recherche>Ergonomie mobile*. Vous verrez alors dans le graphique et le tableau les différentes erreurs rencontrées.

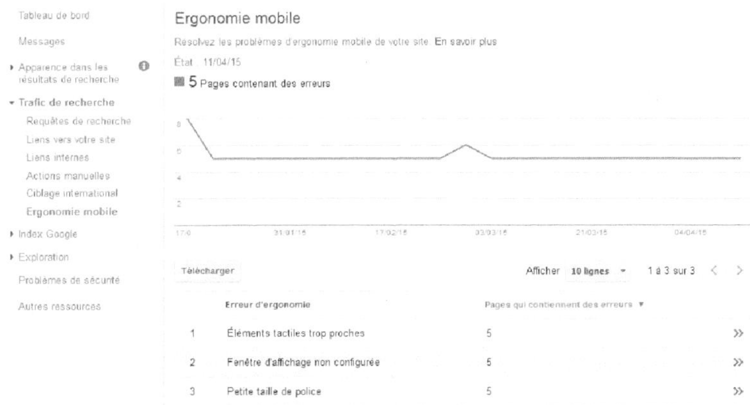

Figure 14–1
Le menu Ergonomie mobile du centre Webmaster de Google

Corrigez-les toutes, puis attendez quelques jours ou semaines pour les voir enfin disparaître de ce menu.

À ce stade, vous aurez déjà corrigé pas mal d'erreurs. Malheureusement, il peut encore en exister d'autres que Google n'a pas encore découvertes, ou que son outil détecte mal (et qu'il faut donc quand même corriger pour vos utilisateurs). Nous allons ensuite utiliser les techniques et outils qui suivent.

Google et ses outils Mobile

Un des premiers outils qui peut vous être utile est tout simplement celui de test de compatibilité mobile, qui vous indique si la page testée est compatible ou non : https://www.google.com/webmasters/tools/mobile-friendly/.

Figure 14–2
Cet outil vous indique si le contenu est compatible ou non avec les mobiles.

Malheureusement, cet outil ne détaille pas ce qui ne fonctionne pas. Pour cela, utilisez l'outil Google Page Speed qui teste à la base la vitesse du site. Dans l'onglet mobile, le bas est consacré aux problèmes d'ergonomie, et notamment tout ce qui touche aux mobiles : https://developers.google.com/speed/pagespeed/insights/.

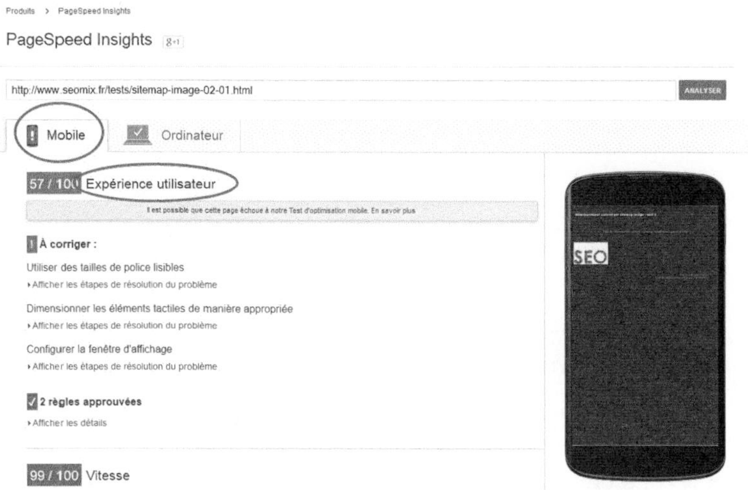

Figure 14–3
PageSpeed détaille les problèmes mobiles.

Votre navigateur, et Firefox

Enfin, un test tout simple consiste sur ordinateur à redimensionner manuellement la fenêtre de votre navigateur et d'en modifier sa taille en hauteur et largeur pour voir si à certains moments l'affichage ne fonctionne plus correctement.

Sur le navigateur Firefox, il existe un raccourci très pratique pour rendre cela encore plus simple à faire : cliquez simultanément sur les raccourcis *Ctrl + Shift + M*.

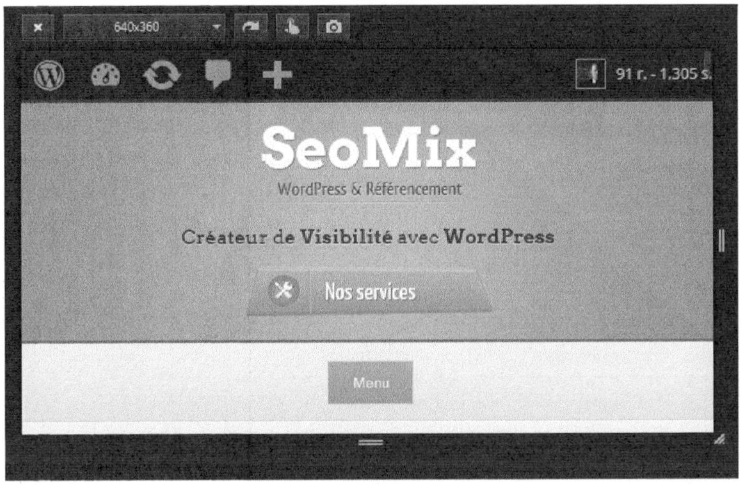

Figure 14–4
L'affichage mobile, grâce à Firefox

Vous savez donc maintenant ce qu'il vous reste à faire pour corriger votre thème WordPress, et les éventuelles extensions qui ajoutent du contenu.

Le temps de chargement 15

Google indique prendre en compte dans son algorithme le temps de chargement d'un site. C'est effectivement le cas même si cela a un impact encore minime sur le positionnement global d'un site.

Néanmoins, ce temps de chargement peut influer énormément sur vos ventes, votre trafic et la fidélisation des internautes. Ne négligez donc jamais ce point !

> REMARQUE **Les sources de ce chapitre**
>
> Le contenu de ce chapitre est en grande partie tiré directement de différents articles présents sur SeoMix.
>
> ▸ http://www.seomix.fr/

Mesurer son travail

Avant toute chose, il est important de savoir que la plupart des optimisations présentées ici peuvent s'appliquer à d'autres types de sites, que ce soit un autre CMS ou une solution maison. Je vous conseille de toujours tester votre site à l'aide de plusieurs outils en ligne, ce qui vous donnera un ordre d'idées du temps de chargement actuel du site et du travail qu'il vous reste à faire :

- WebPagetest : http://www.webpagetest.org/ ;
- GTmetrix : http://gtmetrix.com/ ;
- PageSpeed Insights : https://developers.google.com/speed/pagespeed/insights.

Figure 15–1
GTmetrix analyse la vitesse d'un site.

Optimiser le code PHP

Un header trop chargé

Par défaut, WordPress va charger plusieurs informations dans le header (tout ce qui se trouve entre les balises `<head>` et `</head>`), ce qui pose problème à la fois pour le temps de chargement et pour le référencement naturel. En effet, la surcharge d'informations va augmenter le poids de la page, sans en augmenter la pertinence. Certes, l'impact sera minime, mais j'ai pour habitude de dire qu'il n'existe pas de petites optimisations. Si votre site est rapide, il sera meilleur pour le visiteur et pour le moteur de recherche.

Parmi ce trop plein d'informations, vous trouverez :

- des données relatives au CMS et à sa version ;
- des liens vers différents contenus.

Pour désactiver le tout, rien de plus simple ! Ajoutez les deux codes suivants dans le fichier `functions.php` de votre thème WordPress.

Nettoyer le contenu du header de WordPress (cette partie est déjà gérée par l'extension WordPress SEO)

```
remove_action('wp_head', 'wp_generator');
remove_action('wp_head', 'rsd_link');
remove_action('wp_head', 'wlwmanifest_link');
```

Nettoyer le contenu du header de WordPress : les liens rel

```
remove_action('wp_head', 'index_rel_link');
remove_action('wp_head', 'parent_post_rel_link');
remove_action('wp_head', 'start_post_rel_link');
remove_action('wp_head', 'adjacent_posts_rel_link_wp_head');
```

Dans votre fichier `header.php`, supprimez la ligne suivante si elle est présente.

Une balise profile inutile

```
<link rel="profile" href="http://gmpg.org/xfn/11" />
```

Le Template Hierarchy

Dans un blog WordPress, chaque type de contenu fait appel au template correspondant présent dans votre répertoire de thème. Pour optimiser la vitesse, vous devez donc une fois de plus utiliser correctement le Template Hierarchy.

Un code plus simple

Si vous n'avez pas l'intention de diffuser et de partager votre thème avec d'autres utilisateurs, ou de déplacer votre site en changeant de nom de domaine, il est conseillé de coder en dur dans le thème un maximum de fonctions pour accélérer le temps de calcul des pages.

Du code en dur

Afin de réduire le nombre de fonctions et de requêtes SQL à exécuter, remplacez, à chaque fois que c'est possible, toutes les informations statiques de vos pages (dans le contenu même et dans le header). En effet, WordPress recalcule inutilement certaines informations, comme l'encodage utilisé par la page ou encore l'URL de votre flux RSS, qui théoriquement ne devraient jamais changer.

Par exemple, ce code sur l'encodage :

Encodage par défaut d'un thème WordPress

```
<meta charset="<?php bloginfo( 'charset' ); ?>" />
```

va devenir :

Encodage codé en dur

```
<meta charset="UTF-8">
```

Ou encore, ce code de votre template WordPress :

URL par défaut pour les pings

```
<link rel="pingback" href="<?php bloginfo( 'pingback_url' ); ?>" />
```

va se transformer en :

URL des pings codée en dur

```
<link rel="pingback" href="http://www.monsite.com/xmlrpc.php" />
```

Simplifier l'HTML

Pour simplifier le code, il est également fortement conseillé de supprimer les blocs HTML vides et de réduire au maximum les codes imbriqués de manière inutile. Par exemple, dans le cas où vous avez une `div #content` qui contient uniquement une `div #article`, vous pourriez ainsi passer de ce code HTML :

Code HTML non optimisé

```
<div id="content">
    <div id="coucou"></div>
    <div id="article">
        Vive les schtroumpfs
    </div>
</div>
```

à celui-ci :

Code HTML optimisé

```
<div id="article">
   Vive les schtroumpfs
</div>
```

Diviser le fichier functions.php

Une autre petite optimisation que l'on peut mettre en place sur le CMS WordPress est de diviser en deux le fichier `functions.php` afin de séparer les fonctionnalités propres à l'administration WordPress, comme le suggère ScreenFeed.

▸ http://www.screenfeed.fr/blog/accelerer-wordpress-en-divisant-le-fichier-functions-php-0548/

On obtient donc :

- le fichier `functions.php` du thème avec le code suivant au début :

```
if ( is_admin()) get_template_part( 'admin-functions');
```

- le fichier `admin-functions.php` qui ne contiendra que les fonctions spécifiques à l'administration du site, ce qui permet de ne pas les exécuter pour les visiteurs.

Le gain de cette optimisation sera certes faible, mais elle est rapide à mettre en place et ne coûte rien, alors pourquoi s'en priver ?

Ce contenu est-il utile ?

Toujours au niveau de vos templates, posez-vous la question de savoir si chaque fonctionnalité, contenu ou élément de vos pages a un réel intérêt pour vos visiteurs ou pour le référencement naturel. Vous allez donc être sans doute amené à supprimer certaines choses. Par exemple, est-ce que les listes des derniers commentaires et des personnes qui commentent le plus votre blog sont intéressantes pour le visiteur ?

Le mieux pour se rendre compte si certaines fonctionnalités sont réellement utiles est de mettre en place un suivi et une analyse avec l'aide d'un outil de web analytics.

Les transients

Sous ce terme se cache une fonctionnalité intéressante de WordPress qui permet de mettre en cache temporairement une information en base de données. Cela évite notamment de recalculer certains éléments récurrents dans les pages, ce qui accélère le temps de chargement. Il peut s'agir, par exemple, de la liste des articles les plus commentés, du contenu de votre blogroll ou encore de vos derniers tweets.

Comment cela fonctionne-t-il ?

Vous pouvez mettre tout ce que vous voulez dans un transient : par exemple, un chiffre, un mot ou un long contenu HTML. Voici comment en créer un.

Créer un transient

```
set_transient( $nom, $valeur, $expiration );
```

- `$nom` est le nom unique du transient (45 caractères maximum).
- `$valeur` est le contenu du transient.
- `$expiration` est la durée en secondes au bout de laquelle le transient n'est plus valide – mais il existe toujours en base de données.

Pour récupérer la valeur d'un transient dans WordPress, il faut utiliser la fonction suivante.

Récupérer un transient

```
get_transient($nom);
```

Voici le code qui vous permettra de tester proprement si un transient existe et s'il est toujours valide.

Tester et récupérer la valeur d'un transient

```
if ( false === ( $valeur = get_transient($nom) ) ) {
     //Le transient n'existe pas
}
```

Un exemple pratique

Imaginons que vous ayez une fonction `toto()` qui récupère les 5 derniers commentaires de votre site et que vous voulez afficher cette liste sur toutes les pages. Vous pourriez employer la fonction suivante dans le fichier `functions.php` de votre thème WordPress.

Exemple de transient

```
function seomix_transient(){
    //Quel est le nom du transient ?
    $nomtransient = 'tototransient';
    //Le transient est-il inexistant ou expiré ?
    if ( false === ( $transient = get_transient( $nomtransient ) ) ) {
        //Si oui, je fais appel à n'importe quelle fonction pour donner une
valeur au futur transient. Dans mon exemple, ce sera ma fonction toto ().
        $value = toto();
        //Je mets à jour la valeur du transient avec $value, et j'indique à
WordPress une durée d'expiration de 60 secondes.
        set_transient($nomtransient, $value, 60);
       //Je mets à jour la valeur de ma variable $transient, car à ce stade elle
est encore égale à false .
        $transient = get_transient( $nomtransient )
    }
    //Je renvoie la valeur du transient mis à jour.
    return $transient;
}
```

Ensuite, insérez le code suivant dans votre thème à l'endroit désiré.

Affichage du transient

```
<?php echo seomix_transient(); ?>
```

Le concept est simple.

1. Au premier chargement d'une page contenant cette fonction, WordPress va vérifier si le transient existe :
   – si ce n'est pas le cas, il lui donnera la bonne valeur, puis l'affichera ;
   – si tel est le cas, il va directement afficher la bonne valeur.
2. Dans les quelques secondes qui suivent, si une nouvelle page est chargée avec cette fonction à l'intérieur, WordPress va vérifier son existence, puis afficher sa valeur sans la recalculer.
3. Si plus de 60 secondes se sont écoulées, le transient sera vérifié, recalculé, mis à jour, puis affiché.

La fonction donnée en exemple ne sera calculée qu'une fois toutes les 60 secondes maximum, peu importe le nombre de pages et de visiteurs de votre site Internet pendant cette durée.

Sur des fonctions très simples, le gain sera faible, car WordPress doit toujours faire au minimum deux requêtes pour vérifier si le transient existe. En d'autres termes :

- plus le contenu du transient est complexe à générer, plus le gain en performance sera élevé pour votre site, car les ressources allouées pour vérifier l'existence du transient seront « amorties » ;
- plus un même transient est présent sur vos différentes pages, plus le gain sera là aussi élevé, car un seul calcul est nécessaire pour plusieurs pages.

Quand utiliser un transient ?

Faut-il ou non employer les transients dans WordPress ? En réalité, tout dépendra de ce que vous voulez faire avec.

Tout d'abord, je vais partir du principe que vous avez un autre système de cache déjà mis en place :

- s'il est géré du côté serveur, les transients ne vous seront pas d'une grande utilité. Par exemple, pour simplifier, si vous avez installé correctement Nginx, Varnish ou encore Memcached, les autres systèmes de mise en cache n'apporteront pas grand-chose à vos visiteurs puisque le contenu aura déjà été mis en cache par votre serveur ;
- si le cache est généré coté utilisateur, par exemple avec des extensions comme WP Super Cache ou W3 Total Cache, les transients auront plus d'utilité.

En réalité, il existe deux cas de figure pour lesquels il est fortement conseillé d'employer les transients :

- lorsqu'un même contenu est présent sur plusieurs pages. Par exemple : derniers commentaires, une sélection d'articles, une blogoliste, une galerie d'images, etc. Le recalcul d'une donnée identique est ainsi limité ;
- lorsque le contenu utilisé est issu d'un site externe. Les requêtes DNS et la consommation de la bande passante et d'API (par exemple, Twitter ou Facebook) sont alors limitées. C'est dans ce second cas de figure que les transients sont le plus efficace. Dans le cas où vous faites appel à des données externes, par exemple Twitter, les transients vont vraiment apporter un gain de performance en évitant de nombreuses requêtes superflues. Par exemple, le transient peut stocker pendant 10 minutes les derniers tweets. Votre site ne fera alors que 6 requêtes maximum par heure aux serveurs de Twitter, tout en restant dynamique et réactif.

> **Requête DNS**
>
> Une requête DNS est une demande envoyée par votre ordinateur à un nom de domaine pour savoir où se trouve son serveur. Quand l'internaute se connecte à votre site, il fait une requête DNS puis télécharge la page et toutes vos images.
> Plus vous vous connecterez à des noms de domaines différents, plus il y aura de requêtes DNS, et plus le temps de chargement sera élevé.

Bien utiliser les transients de WordPress

Vous devez enfin savoir deux choses sur les transients.

Tout d'abord, un transient n'a pas obligatoirement un délai d'expiration. N'en mettez donc pas si vous savez que la donnée calculée ne changera plus jamais. Par ailleurs, demandez-vous à partir de quand vous n'utiliserez plus un transient car, une fois expiré, il reste inutilement en base de données. En effet, WordPress ne le supprimera que si vous essayez d'y accéder. En fonction du nombre d'extensions installées puis désinstallées, ou du changement de vos thèmes, vous pourrez alors vous retrouver avec des dizaines de transients inutiles en base de données ; il est donc nécessaire de faire un peu de ménage !

Le code initial qui suit est tiré de la très bonne extension Artiss Transient Cleaner, que j'ai ensuite optimisé.

1. Tout d'abord, il faut définir la durée en jours (ici, `3`) au bout de laquelle WordPress doit faire le ménage dans les différentes corbeilles (suppression des articles, commentaires…). Le code et l'extension se greffent en effet sur cette fonction pour supprimer tous les transients expirés. Cela se définit avec la ligne suivante à placer dans le fichier `wp-config.php` situé à la racine de votre site.

Vider les corbeilles de WordPress au bout de 3 jours

```
define('EMPTY_TRASH_DAYS', 3 );
```

2 Ensuite, copiez/collez le code suivant dans le fichier `functions.php` de votre thème.

Nettoyage automatisé des transients

```
//Création de l'action qui va déclencher la suppression des transients
function seomix_content_transients_opti() {
    seomix_action_delete_transient();}

//Activation de l'action en même temps que wp_scheduled_delete
//La variable EMPTY_TRASH_DAYS doit être définie dans le fichier wp - c onfig.
Par exemple : define('EMPTY_TRASH_DAYS', 3 );
add_action( 'wp_scheduled_delete', 'seomix_content_transients_opti' );

//Fonction de suppression des transients
function seomix_action_delete_transient() {
    //Si WordPress ne fait pas appel à un cache externe
    global $_wp_using_ext_object_cache;
    if ( !$_wp_using_ext_object_cache ) {
        //On récupère la globale du site
            global $wpdb;
            //On récupère l'heure actuelle
            $time = time();
            //On récupère tous les transients trop vieux
           $sql = "SELECT option_name FROM $wpdb->options WHERE option_name LIKE
'_transient_timeout%' AND option_value < $time";
            //On les récupère proprement
            $mestransients = $wpdb->get_col( $sql );
            //Pour chacun d'entre eux, on les supprime
            foreach( $mestransients as $transient ) {
              $deletion = delete_transient( str_replace( '_transient_timeout_',
'', $transient ) );
            }
            //On optimise la base de données après les suppressions
            $wpdb->query('OPTIMIZE TABLE ' . $wpdb->options);
        }
}
```

Déboguer votre thème

Il est fortement conseillé de déboguer les thèmes WordPress car, bien souvent, ils ne sont pas bien conçus : on utilise des fonctions qui ont été dépréciées, des variables sont conservées en mémoire de manière inutile et ainsi de suite. Pour ce faire, il existe des extensions spécifiques. Voici celles que j'ai retenues :

- Debug Objects ;

> ▸ http://wordpress.org/plugins/debug-objects/

- Blackbox.

> ▸ http://wordpress.org/plugins/blackbox-debug-bar/

Figure 15–2
Exemple de résultats avec BlackBox

Ces deux extensions vont mettre en avant de nombreuses informations de vos thèmes, comme le nombre de requêtes de la page, les fonctionnalités dépréciées, les constantes et variables utilisées ou encore un aperçu détaillé de chacune de vos requêtes et du temps de chargement de celles-ci, etc.

Par ailleurs, vous pourrez déboguer votre thème WordPress grâce à deux petites fonctions toutes simples à placer dans le footer.

- `<?php echo get_num_queries();?>` : affiche le nombre de requêtes totales effectuées dans la page ;
- `<?php echo('Seconds: '.timer_stop( 0 ).'<br />'); ?>` : affiche le temps total nécessaire au calcul de l'ensemble du contenu, c'est-à-dire avant l'envoi de données à votre ordinateur.

Vous suivrez ainsi au fur et à mesure l'optimisation de votre thème et verrez si vos actions ont un impact réel sur le temps de calcul et de chargement.

Ressources externes

Listez tous les contenus qui ne sont pas hébergés sur votre serveur auxquels vous faites appel, notamment tous les systèmes publicitaires comme AdSense ou Amazon, les boutons liées aux réseaux sociaux ou encore aux partenariats et bannières publicitaires. Puis posez-vous la question de l'intérêt de ces contenus et si vous pouvez les rapatrier sur votre propre site. Cela réduirait le nombre de requêtes DNS pour le chargement de vos pages. Pour certains contenus, cela est parfois impossible (par exemple, AdSense et réseaux sociaux). Cependant, quand vous le pouvez, essayez de rapatrier sur votre serveur toutes les images et autres scripts JavaScript hébergés sur d'autres noms de domaines.

Afficher les tailles des images

Voici une autre bonne pratique à mettre en place pour tous vos contenus (internes et externes) : spécifiez toujours les dimensions des images dans le code HTML. Même si cela n'aura aucune incidence sur le temps de chargement, il y aura un impact sur la vitesse d'exécution de vos pages. Votre navigateur n'aura alors pas besoin de tester la taille de l'image pour l'afficher. De même, plus vous utiliserez de CSS3 et de JavaScript, plus votre contenu sera long à s'afficher, et plus vous devrez faciliter le travail des navigateurs à exécuter les différentes fonctionnalités de la page, surtout sur des ordinateurs anciens. Rien n'est plus frustrant qu'une page qui se charge rapidement, mais qui fait ramer le navigateur !

Sprite et compression

Lorsqu'il est question d'images et de temps de chargement, on pense forcément au nombre total d'images qui va s'afficher et au poids de celles-ci. Cela va donc de soi qu'il faut limiter, lorsque c'est possible, le nombre d'images total qui seront affichées dans la page. Il est en effet évident que si vous avez 50 images à télécharger, la page sera forcément plus lente que si vous n'en aviez que 10.

Il est cependant possible d'accélérer à deux niveaux son site :

- les sprites ;
- la compression d'images.

Un sprite est une technique CSS qui consiste à fusionner en une seule image plusieurs éléments qui composent votre charte graphique : par exemple, le logo avec les images utilisées pour les listes à puces, les boutons ou encore les différentes images de fond.

> **POUR ALLER PLUS LOIN**
>
> Vous trouverez sur Internet, plusieurs tutoriels très bien conçus sur la création et la mise en place de sprites. Je vous invite donc à utiliser notre ami Google !

Figure 15–3
Un exemple de fichier sprite sur Google

Pour la compression des médias, WordPress va réduire la qualité des fichiers de manière native, mais cela reste inefficace, et ce, pour deux raisons :

- seules les images JPEG seront améliorées (adieu GIF et autres PNG par exemple...) ;
- le CMS réduit généralement à 90 % la qualité de l'image. Sachez que sur Internet, une qualité supérieure à 80 ou 85 % ne sert généralement à rien, car on fait difficilement la différence à l'écran.

Je vous conseille donc de commencer par compresser vos images JPEG grâce au hook suivant à ajouter dans le fichier `functions.php` (pour PHP 5.3 et versions supérieures).

Augmenter la compression des images

```
add_filter('jpeg_quality', function($arg){return 80;});
```

Si vous utilisez une version de PHP inférieure à la 5.3, préférez le code suivant.

Augmenter la compression des images (versions de PHP inférieures à la 5.3)

```
add_filter( 'jpeg_quality', create_function( '', 'return 80;' ) );
```

ATTENTION

Si vous optimisez déjà vos images sur votre ordinateur, ou grâce aux sites listés ci-après, les fonctions précédentes sont inutiles.

De nombreux outils existent pour améliorer grandement le poids de vos images avant même leur mise en ligne, et des médias de votre thème ; voici les plus connus et efficaces :

- JPEGmini ;

▸ http://www.jpegmini.com/

- TinyPNG.

▸ http://tinypng.org/

Le CSS

À ce stade de l'optimisation, vous devez avoir des images légères ainsi qu'un contenu HTML propre et généré rapidement. Le CSS qui permet de mettre en page votre site n'échappera pas à ce nettoyage. Cela implique de supprimer, entre autres, toutes les classes et ID qui ne sont plus utilisées par les différents éléments HTML de votre site.

Parmi les petites optimisations à faire sur votre feuille de style, vous allez pouvoir supprimer certaines informations inutiles, dont voici quelques éléments.

Supprimer le dernier ; et tout espace inutile

```
#monidentifiant {font-size: 1.2em;padding: 10px;}
```

devient :

```
#monidentifiant{font-size:1.2em;padding:10px}
```

Regrouper les classes, ID et propriétés similaires

Dans votre feuille de styles, regroupez toutes les classes et tous les identifiants dont les attributs sont identiques. Dans l'exemple ci-après, on économise ainsi 30 % de caractères pour le même rendu.

```
#ID1{font-size:1em;font-weight:400}
#ID2{font-size:1.2em;font-weight:400}
#ID3{font-size:1.2em;font-weight:400}
#ID4{font-size:1.3em;font-weight:700}
#ID5{font-size:1.4em;font-weight:700}
#ID6{font-size:1.4em;font-weight:700}
```

Ce code devient :

```
#ID1,#ID2,#ID3{font-weight:400}
#ID4,#ID5,#ID6{font-weight:700}
#ID1{font-size:1em}
#ID2,#ID3{font-size:1.2em}
#ID4{font-size:1.3em}
#ID5,#ID6{font-size:1.4em}
```

De même, certaines règles séparées peuvent être fusionnées en une seule. Par exemple, ce code :

```
font-weight:bold;
font-size:1.3em;
font-family:georgia, serif;
background-image:url('i/chose.png');
background-repeat:no-repeat;
background-position:top left;
background-color:transparent;
```

devient :

```
font:bold italic 14px/1.3em georgia, serif;
background:url('i/chose.png') no-repeat top left transparent;
```

Fusionner les feuilles de styles CSS

Regroupez en une seule et même feuille de styles toutes celles chargées sur votre site (c'est-à-dire celles de votre thème et de vos extensions). Pour ce faire, vous devez copier dans la feuille de styles principale le contenu de toutes les autres afin de réduire le nombre de fichiers à télécharger.

Même si une seule feuille de styles contient tout, WordPress continue tout de même à charger les feuilles de styles de vos différentes extensions. Heureusement, le fichier `functions.php` permet de désactiver l'ajout de ces feuilles de styles devenues inutiles. Utilisez le code suivant pour désactiver chaque CSS superflue.

Désactiver le chargement d'une feuille de styles

```
add_action( 'wp_print_styles', 'deregister_mystyles', 100 );
function deregister_mystyles() {
    wp_deregister_style('nom-du-style');
}
```

Pour connaître le nom de la feuille de styles à désactiver, vous devrez peut-être vous rendre dans les fichiers de vos extensions afin de trouver le nom adéquat utilisé par l'extension.

CDN

Pour parfaire l'optimisation du fichier CSS, il est possible de mettre en place ce que l'on appelle un *Content Delivery Network* (CDN), qui va charger les images de votre thème non pas à partir de l'URL de votre site mais d'un autre nom de domaine ou d'un sous-domaine.

L'idée est de répartir les fichiers à télécharger sur différents serveurs pour qu'ils soient chargés plus rapidement. Un CDN peut être installé sur votre propre hébergement ou via des services payants tels qu'Amazon ; à vous de trouver la solution que vous jugerez la plus pertinente.

Compresser le fichier CSS

Votre feuille de styles est presque terminée. Il ne vous reste plus qu'à parfaire son optimisation via un service de compression qui réduira son poids et son temps de chargement. Pour cela, on va *minifier* le fichier CSS, c'est-à-dire le compresser. Pour ce faire, il existe des outils en ligne efficaces et performants. Pour ma part, j'utilise régulièrement YUI Compressor.

> ▸ http://www.refresh-sf.com/yui/

JavaScript et jQuery

Aller à l'essentiel

Faites le ménage dans tous vos scripts JavaScript, en vous posant toujours la même question : « Est-ce que cette fonctionnalité à un intérêt réel ? »

Sur le même principe que les fichiers CSS, regroupez les scripts JavaScript en un seul fichier afin de réduire le nombre de requêtes de vos pages et le poids de celles-ci. Par ailleurs, cela vous évitera également de charger dans une même page plusieurs fois les mêmes bibliothèques (notamment jQuery).

> **ATTENTION Ne faites pas tout d'un seul coup**
>
> Fusionnez vos scripts JavaScript étape par étape, afin qu'il n'y ait pas d'incompatibilités entre différents scripts.

Et tout comme pour les fichiers CSS, il est possible de dire à WordPress de ne pas charger les scripts des extensions, car ces derniers sont désormais inclus dans le JavaScript unique de votre thème. Il suffit d'insérer la fonction suivante dans le fichier `functions.php`.

Désactiver l'ajout d'un script dans le header

```
add_action( 'wp_print_styles', 'deregister_myscripts', 100 );
function deregister_myscripts() {
    wp_deregister_script('nom-du-script');
}
```

Là encore, vous serez sûrement amené à vous rendre dans les fichiers de vos extensions pour savoir quel est le nom à utiliser dans la fonction.

Une extension pour vous aider

J'ai développé avec un très bon ami, Willy Bahuaud, une extension pour vous faciliter le travail sur l'optimisation du temps de chargement des scripts JavaScript.

> **POUR EN SAVOIR PLUS WP Deferred Javascripts**
>
> Version actuelle de l'extension : 2.0.0
> Paramétrage de l'extension : aucun
>
> ▸ https://wordpress.org/plugins/wp-deferred-javascripts/
>
> Intérêt : exécuter les scripts JavaScript en parallèle pour ne pas bloquer le temps de chargement.

Une fois activée, l'extension va basculer tous les scripts dans le footer, puis elle va utiliser la bibliothèque LABjs pour charger de manière asynchrone tous vos scripts. En d'autres termes, vos scripts JavaScript ne sont plus un problème pour le temps de chargement.

> **REMARQUE** **Pourquoi ne pas en avoir parlé avant?**
>
> Je n'en ai pas parlé dans le chapitre sur les extensions, non par vilenie, mais tout simplement parce que cette extension peut provoquer parfois des bogues. En effet, il fonctionne parfaitement, à condition que les scripts, le thème et les extensions employés soient bien conçus selon les standards de WordPress. Et c'est malheureusement loin d'être toujours le cas, d'où parfois des incompatibilités.

Le fichier wp-config.php

Le fichier `wp-config.php` est situé à la racine de votre installation et permet de configurer votre site avec notamment l'accès à votre base de données. Il peut par ailleurs servir à améliorer le temps de chargement des pages – l'ajout de quelques petites lignes suffit.

Activer le cache par défaut

Auparavant, WordPress avait un système de cache natif qui était activé avec la ligne de code suivante.

Ancienne activation du cache

```
define(' ENABLE_CACHE', true);
```

Malheureusement, celui-ci ne fonctionne plus depuis la version 2.5. Si nécessaire, ajoutez cette ligne car elle permettra de faire fonctionner les différentes extensions de cache, notamment WP Super Cache. Les extensions peuvent le faire de manière automatique ou vous le demanderont.

Activation du cache pour les extensions

```
define(' WP_CACHE', true);
```

Réduire le nombre de révisions

La ligne de code suivante réduit le nombre de sauvegardes d'un article, c'est-à-dire ce qu'on appelle communément une révision. C'est utile pour le travail collaboratif ou pour garder l'historique d'un contenu à la manière de Wikipédia, mais cela occupe une place importante dans la base de données et peut donc ralentir le site. Dans notre exemple, on limite à cinq le nombre de ces révisions pour chaque contenu du site.

Réduire le nombre de révisions de chaque article

```
define('WP_POST_REVISIONS', 5);
```

De manière plus radicale, il est aussi possible de désactiver cette fonctionnalité.

Désactiver les révisions

```
define('WP_POST_REVISIONS',false);
```

Par ailleurs, vous pouvez aussi réduire le temps entre chaque sauvegarde automatique – changez le chiffre par la durée souhaitée en secondes.

Régler le temps entre chaque sauvegarde automatique

```
define('AUTOSAVE_INTERVAL', 300);
```

Enfin, si vous avez un nombre considérable de révisions dans votre installation WordPress et que vous voulez faire le ménage, employez cette requête SQL dans l'interface de votre hébergement pour supprimer toutes les révisions d'articles.

Supprimer toutes les révisions d'articles

```
DELETE a,b,c
FROM wp_posts a
LEFT JOIN wp_term_relationships b ON (a.ID = b.object_id)
LEFT JOIN wp_postmeta c ON (a.ID = c.post_id)
WHERE a.post_type = 'revision'
```

Vider automatiquement la corbeille

La ligne de code ci-après force à vider la corbeille pour les contenus ayant plus de *x* jours (articles, pages, commentaires et médias). En mettant cette valeur à `3`, je m'assure ainsi de ne pas surcharger inutilement la base de données de WordPress.

```
define('EMPTY_TRASH_DAYS', 3 );
```

Ne pas envoyer de cookies aux sous-domaines

Il s'agit ici de placer, sur un sous-domaine ou sur un autre nom de domaine, tous vos contenus statiques (par exemple, images et vos vidéos) afin d'accélérer le temps de chargement de ces données. Seul hic, WordPress transmet un cookie inutile pour chacune de ces requêtes. Pour éviter cela, insérez ces deux lignes de code dans le fichier `wp-config.php`.

Ne pas envoyer de cookies aux sous-domaines

```
Define( 'COOKIE_DOMAIN', ' www.monsite.com' ) ;
define( 'WP_CONTENT_URL' , ' http://static.yourdomain.com ' );
```

La première ligne concerne l'URL de votre site, la seconde celle de l'emplacement de vos fichiers statiques. Dans cet exemple, il s'agit d'un sous-domaine mais on peut très bien envisager un autre nom de domaine. Même si cette dernière ligne est moins connue, elle sera pourtant utile pour mettre en place un CDN.

Augmenter la mémoire allouée

Pour exécuter n'importe quelle action, WordPress fait appel à la mémoire allouée par votre hébergement. Lorsque celle-ci est trop faible, un message d'erreur s'affiche : « Allowed memory size of xxx bytes exhausted ».

Afin de l'éviter, ajoutez la ligne suivante dans le fichier `wp-config.php` pour augmenter cette valeur :

Augmenter la mémoire allouée à WordPress

```
Define( 'WP_MEMORY_LIMIT', '128M') ;
```

ATTENTION Vous ne pouvez pas utiliser la mémoire de votre choix

Par défaut, WordPress fixe la mémoire à 32 Mo. Attention, il ne pourra pas dépasser la limite imposée par votre hébergeur. Si celui-ci la fixe également à 32 Mo, la ligne de code ne permettra jamais d'aller au-delà.

Par ailleurs, WordPress testera toujours s'il doit ou non utiliser ce paramètre. Par exemple, si PHP alloue déjà 64 Mo, le fait de définir la même valeur dans le fichier `wp-config.php` ne servira à rien.

L'intérêt des web analytics

16

Les outils d'analyse de trafic (web analytics) *peuvent vous aider à mieux cerner vos visiteurs mais aussi à évaluer votre référencement naturel. Ils seront vos plus fidèles compagnons pour optimiser votre visibilité.*

Dans ce chapitre, nous présentons brièvement quelques concepts liés au trafic web et surtout quelles sont les informations utiles pour optimiser votre site WordPress. Vous serez alors capable de détecter tout contenu à modifier, supprimer ou ajouter.

> REMARQUE **Quel outil utiliser?**
>
> Vous trouverez sur Internet des dizaines de solutions de statistiques de trafic, qu'elles soient gratuites ou payantes. Pour ma part, j'ai l'habitude d'utiliser Google Analytics mais vous pouvez tout aussi bien choisir celle que vous désirez.

Les concepts de base

Visiteurs et visites

La plupart des outils de web analytics différencient correctement les visiteurs des visites : un visiteur unique peut faire plusieurs visites sur votre site. Certains outils appellent aussi cela des utilisateurs et sessions. Théoriquement, mieux vous serez référencé dans les moteurs de recherche, plus vous aurez de visites. Et la clé est alors de réussir à les fidéliser et à les faire revenir.

> **ATTENTION Prenez du recul par rapport aux chiffres**
>
> Les données fournies par les outils de web analytics doivent être prises avec du recul, car elles ne seront jamais exactes. Ce manque de précision peut être causé par plusieurs choses, par exemple un internaute qui utilise deux ordinateurs ou périphériques différents et qui sera ainsi considéré à tort comme deux visiteurs uniques au lieu d'un.

Taux de rebond

L'autre concept qu'il faut expliquer avant d'aller plus loin, c'est le taux de rebond, une notion très utile mais souvent employée à tort et à travers.

On parle de rebond d'un visiteur lorsque celui-ci arrive sur une page de votre site pour en ressortir tout de suite. Attention, c'est différent de la sortie d'un visiteur qui peut se faire après avoir navigué sur des dizaines de pages. Pour résumer, un rebond est donc systématiquement une sortie, mais une sortie n'est pas systématiquement un rebond.

Le taux de rebond mesure ainsi le pourcentage de visiteurs qui quittent votre site dès la première page de leur visite, ce qui permet de connaître l'intérêt de celle-ci auprès de l'internaute.

> **ATTENTION Les limites du taux de rebond**
>
> Le taux de rebond a deux limites :
> - sur certaines pages, cela peut être normal d'avoir un taux élevé. C'est le cas, par exemple, de la page Contact, car le visiteur peut juste rechercher votre adresse ou votre numéro de téléphone ;
> - il ne mesure pas certaines interactions, comme la lecture de vidéos ou le téléchargement de fichiers. Certains internautes peuvent donc agir sur une page et être considérés comme des rebonds, alors qu'ils se sont « engagés » sur votre site.

Au passage, il est important de savoir que personne ne sait avec certitude si le taux de rebond est pris en considération par les moteurs de recherche pour positionner un contenu. Considérez tout de même que vous devez le réduire pour améliorer la qualité de votre site.

Quelles informations utiliser en référencement ?

Le sujet des web analytics est vaste et vraiment très intéressant pour comprendre les visiteurs. Ici, je vais vous donner quelques astuces pour en tirer profit et agir en conséquence dans votre installation WordPress, mais n'hésitez pas à approfondir le sujet.

Voici ce qu'il faut retenir :

- analysez toujours le comportement de vos visiteurs pour améliorer vos contenus et vos ventes ;
- analysez toujours les pages et les mots-clés positionnés dans Google afin de vous adapter et de les améliorer.

Les mots-clés

Dans chaque solution d'analyse des statistiques de trafic, vous pouvez accéder aux mots-clés saisis par les internautes afin de savoir sur lesquels vous vous positionnez.

> **REMARQUE Not provided**
>
> Vous risquez de voir apparaître le mot-clé « Not provided » en tête de vos mots-clés, mais il ne s'agit pas d'un terme réellement saisi par les internautes. En réalité, Google masque une grande partie des requêtes des internautes, qui sont regroupées sous cette appellation.

Figure 16–1
Le mot-clé « Not provided » peut représenter une très forte part de votre trafic.

Mot clé	Visites	Pages/visite	Durée moy. de la visite	Nouvelles visites (en %)	Taux de rebond
	13 702 % du total: 64,43 % (21 267)	1,49 Moyenne du site: 1,55 (-4,09 %)	00:02:18 Moyenne du site: 00:02:29 (-7,23 %)	68,64 % Moyenne du site: 67,12 % (2,27 %)	23,27 % Moyenne du site: 26,36 % (-11,75 %)
1. (not provided)	10 501	1,50	00:02:23	67,17 %	20,80 %

Il y a plusieurs choses intéressantes à analyser ici.

- Les mots-clés à fort taux de rebond : si certains mots ont un très fort taux, cela signifie sûrement que votre contenu n'est pas adapté à leurs besoins. Vous allez donc pouvoir améliorer vos contenus existants ou créer des publications complémentaires dans WordPress.
- Les mots-clés peu rémunérateurs : si vous avez mis en place un suivi de vos ventes ou objectifs dans votre outil de web analytics, vous allez pouvoir savoir quels mots-clés vous rapportent de l'argent. À vous ensuite d'améliorer les contenus dont les mots-clés sont peu rémunérateurs.
- Les mots-clés que vous ne cibliez pas : vous verrez régulièrement des mots-clés sur lesquels vous êtes positionné sans l'avoir désiré. Cela peut vous donner également de nouvelles idées de contenus ou de catégories auxquelles vous n'aviez pas pensé.

Parfois, cette analyse vous donnera des dizaines d'idées d'articles à créer ou à optimiser pour augmenter plus encore votre trafic. Cela vaut le détour à plus d'un titre ! Vous serez parfois très surpris des expressions sur lesquelles vous êtes positionné. Ainsi, pour mon site SeoMix : « image de sein naturel », « rions tous ensemble »… De quoi songer à un repositionnement de thématique…

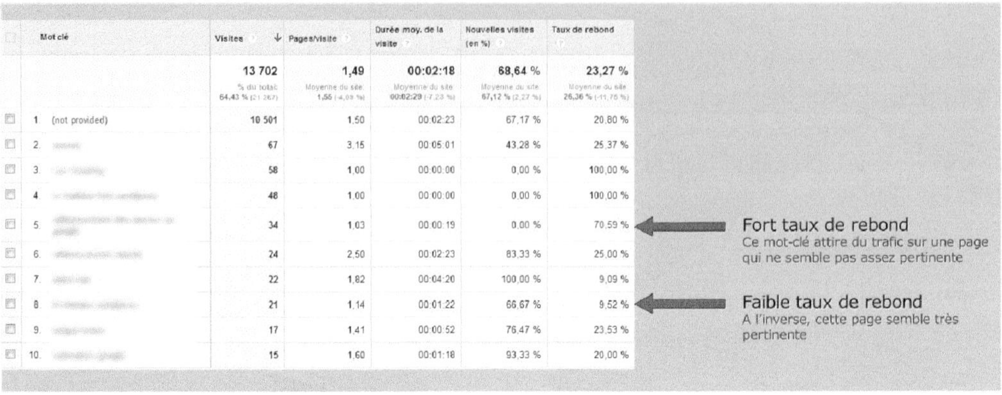

Figure 16–2 Un exemple d'analyse de mots-clés

Les contenus et leur qualité

Tout comme avec les mots-clés, l'analyse du trafic page par page vous donnera de nombreuses indications pour améliorer votre référencement et vos contenus, notamment :

- les pages avec un fort taux de rebond ;
- les pages avec un fort taux de sortie ;
- les pages peu rémunératrices ou qui convertissent peu.

Vous vous apercevrez ainsi que certaines de vos pages ne sont pas du tout visitées. Pour les pages qui ne vous apportent aucun trafic supplémentaire, deux possibilités s'offrent à vous :

- les mettre en avant pour les référencer ou pour améliorer le trafic vers celles-ci. Il est en effet possible qu'il n'y ait pas de trafic (en SEO ou de manière globale) car elles sont difficilement trouvables ou peu optimisées ;
- les supprimer et faire une redirection vers le contenu le plus proche sémantiquement parlant.

Le suivi de la recherche

Enfin, avec un outil web analytics, il est possible de mettre en place un suivi des recherches effectuées sur votre site afin de savoir quels sont les contenus auxquels souhaitent accéder les internautes. À vous ensuite de les créer et de vous positionner dessus.

Dans les différents outils, on vous demandera le paramètre de la recherche pour activer le suivi : sur WordPress, c'est la lettre « s » : site.fr/?s=marecherche.

> **REMARQUE Les extensions le font aussi**
>
> Certaines extensions WordPress font la même chose, par exemple Search Meter.
>
> ▸ http://wordpress.org/plugins/search-meter/screenshots/

Refonte de site

Si vous êtes dans le cas d'une refonte d'un site, que ce soit juste pour changer le thème, la structure, ou encore pour passer d'un CMS à un autre, l'outil de web analytics va également vous aider.

N'hésitez pas à consulter différents éléments, car chacun d'entre eux va vous permettre d'adapter votre cahier des charges pour la refonte du site Internet. Parmi les informations pertinentes, voici ce que vous pouvez regarder.

- Pour les internautes
  - Leur résolution d'écran.
  - Le fait qu'ils utilisent un mobile, une tablette ou un ordinateur.
  - La langue de leur navigateur.
  - Etc.
- Sur les contenus
  - Que recherchent-ils dans le moteur de recherche interne ?
  - Quels sont les contenus les plus lus ?
  - Lesquels ne le sont pas ?
  - Quelles fonctionnalités sont actuellement utilisées ?
  - Etc.

PARTIE 5

Travailler l'existant

Cette cinquième partie aborde le problème de la migration d'un site existant vers WordPress, et donne quelques pistes pour auditer un site existant depuis longtemps afin d'en détecter rapidement les principaux problèmes de référencement.

Migrer correctement son site Internet

17

Si vous ne l'utilisez pas, WordPress doit sûrement vous mettre l'eau à la bouche quand on voit la facilité d'utilisation de l'outil, ses possibilités d'évolutions et les optimisations de référencement que l'on peut y apporter.

En revanche, si vous avez déjà un site, et que celui-ci utilise un autre CMS ou une solution maison, vous pensez sans doute que le changement d'outil va vous mettre des bâtons dans les roues. C'est faux, à condition de réaliser la migration dans les règles de l'art.

Faire le point

Avant de faire quoi que ce soit, prenez votre temps pour faire le point sur votre site actuel. Il y a en effet plusieurs choses à faire avant même d'installer WordPress et d'importer vos données.

Listez tout d'abord l'intégralité des URL de votre site actuel, tout type de contenus confondu (articles, images, vidéos, fichiers CSS et JS, etc.). Lors du transfert, cela vous permettra d'être sûr qu'aucune de vos anciennes URL ne renvoient d'erreur et qu'elles soient toutes correctement redirigées si nécessaire.

Pour cela, j'ai l'habitude d'utiliser le logiciel gratuit Xenu Link Sleuth : http://home.snafu.de/tilman/xenulink.html.

REMARQUE Ce logiciel peut servir à d'autres tâches pour le référencement

Pour un logiciel gratuit, Xenu est un logiciel puissant. Si vous voulez en savoir plus, consultez le guide que j'ai écrit sur le sujet.

▸ http://www.seomix.fr/xenu/

Sachez aussi qu'il existe un équivalent pour MAC appelé Integrity, ou un autre logiciel plus complet mais payant pour PC et MAC : Screaming Frog Spider SEO.

L'important ici est donc de scanner votre site et de conserver précieusement votre liste d'URL pour la fin de la migration.

Réfléchir à la nouvelle structure

Une fois votre liste d'adresses de côté, c'est le moment ou jamais de bien réfléchir à la structure de votre site Internet. Souhaitez-vous ou non la changer ou modifier les URL de tous vos contenus ? Pour cette partie-là, je vous invite à revenir quelques pages en arrière pour relire le chapitre dédié à la structure de votre site.

L'étape la plus cruciale est alors d'utiliser un tableur, par exemple Excel. D'un côté, mettez la structure actuelle avec les URL de chaque contenu, et de l'autre la nouvelle arborescence avec les éventuels changements d'adresses. Vous placerez ainsi un outil pour mettre en place toutes vos redirections proprement pour réduire au maximum l'impact négatif que pourrait avoir une telle migration.

Cela vous aidera aussi à mieux comprendre comment votre site actuel est conçu et comment vous souhaitez le transformer et l'optimiser.

Importer les données

CONSEIL Travailler en local

Si vous voulez vraiment bien faire les choses, je vous conseille de travailler en local sur votre ordinateur, ou éventuellement sur un serveur de test.
Cela vous permettra d'importer tranquillement vos données dans une base de données WordPress pour corriger et optimiser vos contenus. Vous réduisez ainsi les risques et le temps que le changement de site prendra. Et surtout vous n'aurez à la fin plus qu'à transférer vos fichiers et la base de données pour finaliser votre migration. Nous verrons plus loin comment transférer votre site depuis le serveur local ou de test vers votre nom de domaine définitif.

À ce stade-là, vous savez dans quelle direction aller. Il est temps désormais d'importer vos données actuelles.

Si vous utilisez un CMS connu, cela ne devrait poser aucun problème car WordPress a développé un menu et des extensions pour cela dans *Outils>Importer*. Vous pouvez ainsi rapatrier des sites utilisant Tumblr, Blogger ou encore TypePad.

Figure 17–1
Il existe des systèmes d'import pour de nombreux CMS.

Utilisez l'outil d'import qui correspond à votre site actuel, ou suivez le lien en dessous du tableau pour chercher une autre extension d'importation si celles qui s'affichent ne vous conviennent pas. Suivez ensuite les procédures indiquées et tout devrait bien se passer.

En revanche, si vous avez développé votre site vous-même, avec Dreamweaver, NotePad++ ou encore SublimeText, vous risquez de devoir recopier à la main chacune de vos publications et pages.

Paramétrer WordPress

Maintenant, toutes les données sont intégrées dans votre CMS et il faut les configurer convenablement.

Pour cela, reprenez tous mes conseils de paramétrage de WordPress pour chaque réglage du site, des extensions ou encore du thème qui sera utilisé.

Attention cependant, vous pouvez appliquer presque aveuglément tout ce que je vous ai recommandé, sauf pour tout ce qui concerne les URL. Vérifiez bien comment sont gérées les adresses actuelles de votre site. C'est ensuite à vous de décider si oui ou non vous gardez cette ancienne structure ou si vous la modifiez pour avoir uniquement le titre du contenu dans l'URL (pour rappel, dans les permaliens de WordPress, on utilise le paramètre `%postname%`).

Comme expliqué auparavant, cette modification vous permettra d'avoir la structure d'adresse la plus souple et la plus simple à gérer pour le référencement. Mais si celle que vous avez initialement est différente, par exemple avec `.html` à la fin ou avec le nom des catégories, vous perdrez à coup sûr une chose : l'affichage des votes sociaux qui repartiront à zéro lorsque l'URL aura été modifiée.

À l'inverse, pour le référencement, le risque est quasi inexistant car nous mettrons en place les redirections 301 nécessaires un peu plus loin (d'où l'absolue nécessité d'avoir listé toutes les URL actuelles du site).

Corriger les contenus

Ce sera sans doute l'étape la plus longue et la plus fastidieuse : relire et vérifier les contenus et la mise en page du site. Même si les outils d'import sont bien conçus, ils ne sont pas tous parfaits.

Vous devrez donc forcément passer par l'étape de vérification des contenus pour vous assurer :

- d'avoir tout transférer ;
- que la mise en page est correcte ;
- que vous ne trouviez aucun problème bloquant dans la lecture, la structure ou l'ergonomie de vos publications.

Pour vous aider, je vous invite à suivre à cette étape le chapitre 18 sur l'audit de son site Internet.

Faire les redirections

Maintenant que vos données sont bien transférées, il reste une étape avant la mise en ligne. Vous devez mettre en place vos redirections. Le plus simple est d'utiliser l'extension Redirection dont je vous ai parlé dans le chapitre 4 sur les extensions. Utilisez l'outil d'importation de redirections avec votre fichier tableur pour importer d'un seul coup toutes les redirections à mettre en place.

Pour vérifier que la redirection a été établie, vous pouvez utiliser des outils en ligne gratuits comme : http://www.annuaire-info.com/outil-referencement/test-redirection/.

REMARQUE L'impact des redirections

Une redirection 301 indique clairement au moteur de recherche que le contenu a été déplacé. Cela permet de conserver la popularité et le référencement acquis sur les anciennes adresses.
Attention cependant, si vous faites d'un seul coup beaucoup de redirections : votre site fera le yoyo dans les moteurs de recherche pendant quelques jours voire quelques semaines. Il faudra en effet laisser du temps à Google pour qu'il comprenne et intègre toutes vos modifications.

Mettre en ligne

Les étapes

Sur votre serveur de développement, vous avez donc correctement migré votre site en intégrant d'ores et déjà toutes les corrections et redirections nécessaires.

Pour finaliser la mise en ligne, voici les différentes étapes à suivre.

1. Copiez la nouvelle base de données sur votre nouveau serveur ;
2. Utilisez les requêtes SQL dont je vous parlerai juste après si nécessaire (ou utilisez un outil dédié à cela dont je parlerai également juste après) ;
3. Copiez les fichiers de WordPress sur votre nouveau site ;
4. Modifiez le fichier `wp-config.php` avec les nouvelles informations de connexion.

Et théoriquement, tout devrait s'être correctement déroulé.

Modifier l'URL du site

Dans le cas où vous migrez votre site non pas d'un autre type de site ou de CMS, mais plutôt d'un site WordPress vers un autre (par exemple un changement de nom de domaine), vous devrez modifier les URL dans tous les paramétrages et dans vos contenus. Pour cela, il existe deux solutions différentes.

Première solution : les requêtes SQL

Je vous parlais de requêtes SQL juste avant. Il faut en effet en utiliser certaines pour être sûr que la base de données soit correcte après l'avoir transférée. Pour cela, connectez-vous à PHPMyAdmin pour pouvoir les utiliser.

> **REMARQUE Je n'ai pas d'accès à PHPMyAdmin**
>
> Si vous ne pouvez accéder à PHPMyAdmin, sachez qu'il existe d'autres solutions, et notamment certaines extensions WordPress qui vous permettent de faire ce travail directement dans l'administration de WordPress.

Chacune de ces requêtes SQL va permettre de corriger les contenus et options actuels de WordPress pour remplacer les URL du serveur de test, qu'il soit en local ou en ligne, par les URL correctes et définitives.

Modifier l'URL du site dans les options de WordPress

```
UPDATE wp_options
SET option_value = replace(option_value,
'http://www.ancien-nom-de-domaine.com',
'http://www.nouveau-nom-de-domaine.com')
WHERE option_name = 'home' OR option_name = 'siteurl';
```

Modifier les URL relatives des posts types

```
UPDATE wp_posts
SET guid = replace(guid, 'http://www.ancien-nom-de-domaine.com',
'http://www.nouveau-nom-de-domaine.com');
```

Modifier les URL dans les contenus

```
UPDATE wp_posts
SET post_content = replace(post_content, 'http://www.ancien-nom-de-
domaine.com', 'http://www.nouveau-nom-de-domaine.com');
```

> ATTENTION **Vous devrez peut-être modifier le texte wp_**
>
> Toutes ces requêtes SQL font une mise à jour de la base de données en utilisant le préfixe par défaut de WordPress, à savoir : wp_.
> Si vous avez modifié ce préfixe lors de l'installation de votre site, vous devrez bien penser à modifier ces requêtes SQL pour remplacer le préfixe par celui que vous avez utilisé.

Seconde solution : un outil dédié

Si vous ne voulez pas faire ces requêtes, il existe un outil plus simple. C'est d'ailleurs la solution que je préfère de loin : Database Search and Replace Script.

Ce script gratuit est à télécharger à l'adresse suivante : https://interconnectit.com/products/search-and-replace-for-wordpress-databases/.

Copiez ensuite les fichiers du script sur votre serveur. L'outil va détecter automatiquement pour vous les paramètres de votre base de données. Si ce n'est pas le cas, renseignez-les manuellement. Et là le concept est très simple :

- dans « replace », mettez l'ancienne URL ;
- dans « with » mettez la nouvelle URL.

Attention, il existe une petite particularité :

- tout fonctionne normalement :
  - dans le cas où les deux domaines utilisent www avant ;
  - dans le cas où les deux domaines n'utilisent pas www avant.

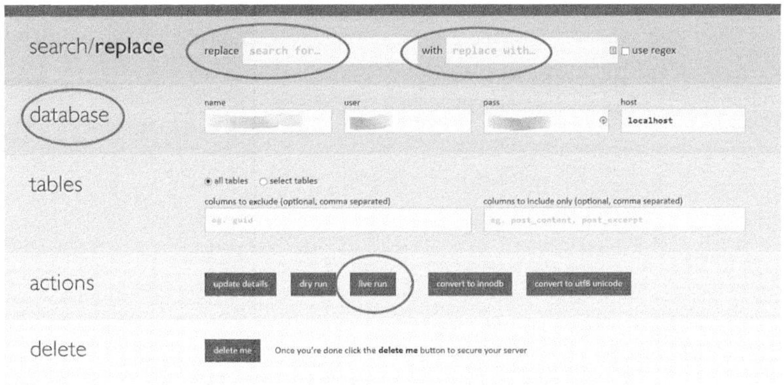

Figure 17–2
L'interface du script

- dans le cas où le nouveau utilise les www et l'ancien non :
  - remplacez d'abord http://ancien-domaine.fr par http://www.nouveau-domaine.fr ;
  - puis remplacez ancien-domaine.fr par www.nouveau-domaine.fr.
- dans le cas où l'ancien utilise les www et le nouveau non :
  - remplacez d'abord www.ancien-domaine.fr par nouveau-domaine.fr ;
  - puis remplacez ancien-domaine.fr par nouveau-domaine.fr.

Pour activer la modification, cliquez enfin sur « Live Run ».

Vérification

Votre site est maintenant en ligne. Il ne reste qu'une dernière étape : vérifier que le transfert s'est correctement déroulé.

Vous allez notamment devoir contrôler que toutes vos anciennes URL sont correctement redirigées ou qu'elles affichent le bon contenu. Là encore, nous allons utiliser le logiciel Xenu. Rendez-vous dans ses options et modifiez les préférences comme ceci :

- *Maximum depth* : 1 ;
- *Treat redirections as errors* : cochez la case ;
- *Report* : cochez toutes les cases.

Dans un simple fichier texte, copiez toutes vos anciennes adresses (une par ligne). Allez alors dans le menu principal de Xenu, *File*, puis utilisez l'option *Check URL List*.

En ayant mis le *maximum depth* à 1, il vérifiera toutes les adresses de votre fichier (et uniquement celles-ci). Vous allez tout de suite savoir si ces différentes URL posent problème ou non.

Vous devriez donc avoir uniquement des codes `200` ou `301`. Si vous voyez des codes `302`, `404` ou encore `500`, c'est qu'une partie de votre transfert ou de vos redirections ne s'est pas correctement déroulée.

Auditer son site WordPress

18

Si votre site existe depuis plusieurs années, vous risquez d'être désorienté et de ne pas savoir par où commencer votre travail de référencement naturel. Pour savoir ce qui pose problème, le mieux est de réaliser vous-même l'audit de votre site WordPress.

Comment faire l'audit de son site ?

C'est la grande question. Il n'existe pas de méthode toute faite car il y énormément de choses à regarder, et surtout car tous les sites sont différents les uns des autres. Je vais essayer ici de vous donner des pistes de travail pour faire un audit complet et pour ensuite savoir par quoi commencer dans votre optimisation.

REMARQUE L'audit SEO

L'audit SEO est (presque) un métier à part entière. Je vais vous donner ici les bases pour auditer un site WordPress. Si vous voulez approfondir ce sujet, je vous conseille l'achat du guide que j'ai coécrit avec Olivier Andrieu :

- http://www.boutique-abondance.com/livres-et-etudes/81-l-audit-seo-quels-points-analyser-pour-avoir-un-site-google-friendly.php.

Quels éléments regarder ?

En réalité, il faut TOUT regarder dans un audit. Le problème, c'est surtout de ne pas s'éparpiller et de travailler étape par étape.

Commencez tout simplement par visiter votre site et notez sur une feuille de papier tout ce qui vous vient en tête en parcourant vos différents contenus, que ce soit des remarques sur la qualité des articles, sur l'ergonomie ou encore sur des duplications et autres problématiques de référencement naturel que vous verriez au premier coup d'œil.

Une fois cette première étape réalisée, vous allez devoir réaliser votre audit de référencement. J'en parlais dans le chapitre sur la structure du site. Cet audit doit permettre de répondre aux questions suivantes.

- Quels sont les mots-clés pertinents sur lesquels je souhaite me placer ?
- Ai-je des contenus pour répondre à ces besoins ?
- Qui sont mes concurrents ?
- Dois-je créer de nouveaux articles ?
- Dois-je modifier la structure de mon site ?

Vous pourrez ensuite entrer dans la partie technique de l'audit. Vous pouvez ainsi reprendre tout ce livre depuis la première page et vérifier point par point les éléments suivants.

- Les réglages de base de WordPress sont faits.
- Les extensions :
  - pour chaque extension installée, posez-vous la question de savoir si elles ont un intérêt ou non ;
  - pour celles citées dans ce livre, vérifiez qu'elles sont installées et vérifiez aussi qu'elles sont correctement paramétrées.
- Le thème : vérifiez que vous possédez bien tous les fichiers requis pour chaque type de contenu. Dans chacun, regardez si le code ne provoque pas de duplication de contenus et si les optimisations conseillées ici sont bien mises en place.

Vous pourrez ensuite vous attaquer au contenu en lui-même, en vérifiant chaque article, page, catégorie et mot-clé , et tout autre custom post type ou custom taxonomie. Vérifiez pour chacun d'entre eux :

- le titre SEO ;
- la balise métadescription ;
- la présence d'un contenu unique (notamment pour vos catégories, mots clés et taxonomies).

Vous devrez donc vous également assurer que les modules WordPress SEO ont bien été remplis pour chacun d'entre eux, que vous avez bien des descriptions de catégories ou encore que chaque mot-clé est logique et non redondant l'un avec les autres.

C'est sans doute la partie la plus longue de votre audit, mais aussi celle qui a le plus d'importance.

Quels logiciels utiliser ?

Les centres Webmaster et les outils de web analytics

Vous aurez compris qu'en fonction de la taille de votre site un audit complet peut prendre un temps considérable, surtout pour toute la partie qui concerne les contenus. Si vous le faites manuellement, cela peut vous prendre un temps fou. Heureusement pour nous, plusieurs outils peuvent nous aider dans notre tâche.

Les deux premiers sont les interfaces de suivi qui doivent être mises en place :

- le centre Webmaster de Google et de Bing ;
- un outil de web analytics.

Si aucun des trois n'est présent, vous savez que l'optimisation de votre site commencera par leur installation. Sinon, tant mieux pour vous car vous allez pouvoir vous connecter sur chacun d'eux pour analyser tout le trafic et les erreurs actuelles. Ils vous fourniront de précieuses informations sur ce qui fonctionne bien et sur ce qui ne fonctionne pas correctement.

Consultez donc **impérativement** chaque menu des centres Webmaster et notez toute erreur ou recommandation qui serait affichée pour pouvoir la corriger.

Faites ensuite de même avec Google Analytics pour comprendre ce qui fonctionne ou ne fonctionne pas avec votre trafic. Là encore, il y aurait des dizaines de pages pour ne traiter que cet aspect-là. Je vous conseille donc vivement l'achat et la lecture d'un ouvrage dédié à votre outil de web analytics.

Les logiciels et outils de scan et d'audit

Ensuite, utilisez des logiciels gratuits comme Xenu dont je vous ai déjà parlé, ou encore le très complet (mais plus complexe) Search Engine Optimization Toolkit : http://www.iis.net/downloads/microsoft/search-engine-optimization-toolkit. Ces outils fonctionnent à peu près de la même façon : ils scannent votre site pour analyser et afficher des informations sur chacune de vos URL.

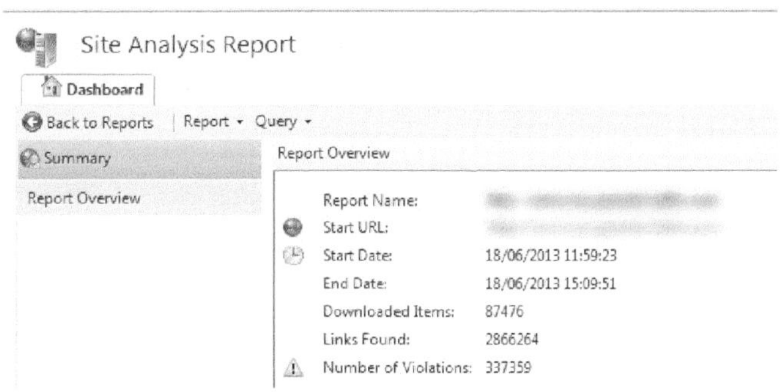

Figure 18–1
Dans cet exemple, l'outil a scanné 87 476 URL différentes et il a trouvé au total 337 359 erreurs ou lacunes.

Le mieux est ensuite d'exporter les données dans un tableur Excel et de les traiter. Vous pourrez ainsi trier chaque colonne pour notamment lister et afficher :

- les contenus ayant une balise `title` ou une balise `meta description` :
  - dupliquée;
  - trop courte ;
  - trop longue ;
  - pas assez explicite ou ciblée ;
- les images ayant une balise `alt` manquante ou peu explicite ;
- les erreurs 404 ;
- les mauvaises redirections 302 ;
- les redirections 301 inutiles que l'on pourrait remplacer par des liens directs ;
- les pages trop profondes (situécs à plus de 5 clics de la page d'accueil) ;
- les URL bizarres ou peu explicites ;
- les balises `h1` dupliquées ;
- la présence de balises Canonical ;
- etc.

Parmi les outils payants, certains sont aussi d'excellente qualité. Je vous conseille notamment le très bon Yooda SeeUrank Falcon : http://falcon.seomix.fr/. Ce logiciel effectue une très bonne analyse de votre site, mais aussi de votre indexation, de votre positionnement ou encore de vos concurrents.

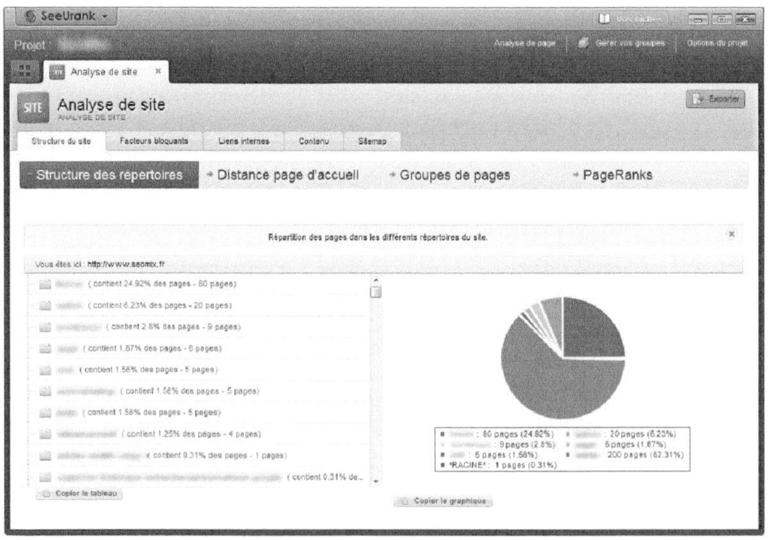

Figure 18–2
Un exemple d'audit de site avec SeeUrank Falcon, avec ici la structure générale du site

Il en existe d'ailleurs beaucoup d'autres, que ce soit comme ici des logiciels que l'on télécharge sur son ordinateur, ou encore des outils en ligne, par exemple WooRank.

Attention cependant, AUCUN outil d'audit SEO n'est complet. Et surtout, la clé dans ce type de travail est de pouvoir faire une analyse pertinente de ces données. Cela prend du temps, mais c'est le seul moyen de pouvoir référencer efficacement votre site sur le long terme.

Les autres outils utiles pour le social

Il existe d'autres outils que j'aime beaucoup, en plus de tous ceux déjà cités au travers de ce livre, et qui permettent cette fois-ci l'analyse des éléments sociaux de votre site.

Parmi ceux que j'aime beaucoup, on peut ajouter :

- la vérification des données sociales :
  - le Twitter Card Validator : https://cards-dev.twitter.com/validator ;
  - le Facebook Debugger : https://developers.facebook.com/tools/debug/ ;
- Social Count, pour connaître les partages sociaux d'un site : http://www.socialcount.co/app.

L'audit de popularité et de mots-clés

Une grosse partie de l'audit de référencement d'un site passe par une analyse de la popularité de ce dernier et sur une étude approfondie des mots-clés et de l'univers sémantique.

La popularité

C'est le nerf de la guerre : même si vous optimisez à la perfection votre site, votre thème, vos contenus et la structure, vous n'arriverez à rien sans un minimum de liens. Lors de votre audit, vous devez donc étudier la popularité. Et celle-ci se mesure de plusieurs façons :

- le nombre de liens ;
- la qualité de ces liens ;
- le nombre de pages de votre site ;
- les ancres utilisées dans ces liens.

REMARQUE Qu'est ce qu'une ancre de lien ?

L'ancre du lien correspond au texte affiché dans ce lien. Voici quelques exemples avec les ancres correspondantes en gras :

1. <a href="http://www.site.fr">**Cliquez-ici**</a>
2. <a href="http://www.site.fr">**Lire la suite**</a>
3. <a href="http://www.site.fr">**http://www.site.fr**</a>
4. <a href="http://www.site.fr">**Audit SEO de WordPress**</a>

Le nombre de pages est également important car votre popularité se répartit sur l'ensemble de vos contenus. Plus vous avez d'URL, plus il faudra donc augmenter votre popularité pour que chaque publication puisse être jugée pertinente et crédible par les moteurs de recherche. Vous obtiendrez ce nombre notamment grâce au scan de votre site avec les précédents outils.

De même, la qualité des liens dépend de plusieurs facteurs, notamment les facteurs suivants.

- Le lien est-il fait depuis une page et/ou un site populaire ?
- Le lien est-il fait sur un contenu ayant la même thématique ?
- Le lien est-il fait sur une page où il y a beaucoup ou peu de liens ?

Pour obtenir des informations sur vos liens, voici différents outils, tous payants :

- Ahrefs : https://ahrefs.com/ ;
- Majestic SEO : https://fr.majestic.com/ ;
- OpenSite Explorer : https://moz.com/researchtools/ose/.

REMARQUE Les liens affichés par ces outils

Tout comme un moteur de recherche, ces outils parcourent le Web pour trouver les liens affichés. Ils possèdent chacun leur propre base de données. Il est donc tout à fait normal de trouver un nombre de liens différents entre eux.

Chaque outil vous liste les liens qui pointent vers votre site, les sites concernés ou encore les ancres correspondantes. Cela vous permettra ensuite de pouvoir mieux comprendre si le site est populaire ou non.

Certains outils vous affiche aussi des scores. J'aime notamment beaucoup celui affiché par Majestic SEO, avec d'une part le Citation Flow (le nombre de liens) et le Trust Flow (la qualité et crédibilité des liens), note qui vous est ensuite redonnée par thématique.

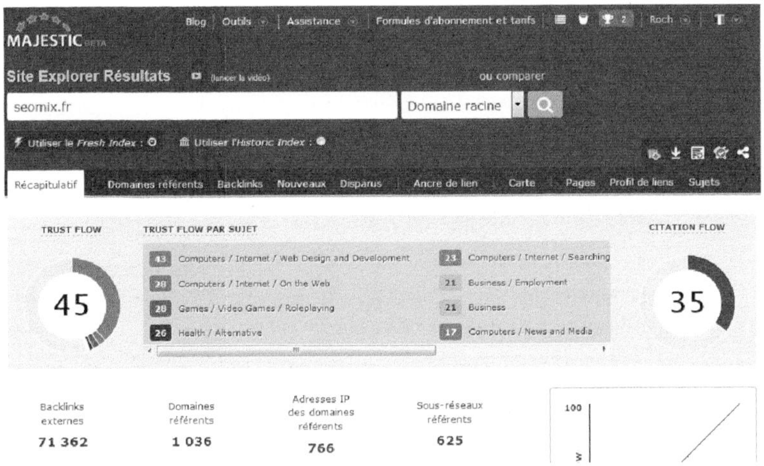

Figure 18–3
Majestic SEO nous permet de bien analyser la popularité d'un site.

L'univers sémantique et les mots-clés

Bien entendu, tout audit et amélioration du référencement naturel d'un site WordPress repose sur le fait d'avoir réalisé un audit de mots-clés efficace : sans cela, vous risquez d'aller à tâtons pour tout le reste de votre travail. Le concept de l'audit de mot-clé est long à expliquer. Là encore, je vous conseille pour cette partie-là de vous tourner vers des livres dédiés au référencement naturel de manière globale.

Pour résumer ce travail, voici ce qu'il faut faire pour obtenir une première liste de termes.

- Listez la totalité des mots-clés que vous trouvez pertinents par rapport à votre secteur d'activité.
- Étoffez cette liste en discutant avec vos clients, partenaires, fournisseurs, salariés et confrères.
- Étoffez encore cette liste avec les mots-clés et termes utilisés par vos concurrents ;
- Étoffez une dernière fois votre liste en vous basant sur un outil de suggestion de mots-clés, par exemple Ubersuggest : http://ubersuggest.org/.
- Puis commencez par nettoyer une première fois votre liste en éliminant tous les mots peu pertinents au niveau sémantique (trop éloignés de votre secteur d'activité, ceux ayant plusieurs sens, etc.).

À ce stade-là, votre liste devrait être très exhaustive. Maintenant, il faut la trier. Passez ainsi tous vos mots-clés dans l'outil de planification des mots-clés, un outil gratuit disponible à condition d'avoir un compte Adwords : https://adwords.google.com/.

Dans cet outil, vous pouvez lui soumettre votre liste de mots-clés, et il vous donnera le volume moyen des recherches mensuelles pour ce terme, dans la langue et la zone géographique que vous ciblez. Ce volume vous permettra donc de trier par importance vos mots-clés. Ceux qui seront les plus tapés seront souvent utilisés comme mots-clés principaux, faisant ainsi office de silos dans votre structure de site.

> **REMARQUE Le volume de recherche**
>
> En règle générale, partez du principe qu'un mot-clé recherché moins de 100 fois par mois est peu pertinent : cela vous prendra en effet du temps pour le placer en premier, sans pour autant vous apporter ni beaucoup de trafic, ni beaucoup de conversions.

L'analyse de la structure

C'est sans doute la partie la plus complexe à appréhender lors d'un audit SEO : la capacité à analyser la pertinence de la structure du site et de l'ensemble du maillage interne. Là encore, plusieurs moyens sont à votre disposition pour analyser votre maillage interne :

- naviguer comme le ferait un visiteur entre vos contenus pour voir si chaque lien, bouton ou fonctionnalité est cohérent et se trouve à la bonne place ;
- avec les outils de scan :
  - regarder le nombre de liens entrants et sortants de chaque URL : normalement, le « haut » de vos silos doivent faire partie des pages qui reçoivent le plus de liens ;
  - regarder la profondeur de chaque contenu dans la structure, c'est-à-dire le nombre de clics depuis la page d'accueil : plus le contenu est important, plus cette profondeur doit être courte ;
- avec les outils de popularité : vos pages importantes reçoivent-elles directement des liens ?

L'outil le plus utile pour approfondir ce point est sous le très complexe Gephi : http://gephi.github.io/. Ce logiciel est un outil de visualisation de données. Il est ainsi possible d'exporter les données de vos outils de scan, les importer dans cet outil puis les afficher pour vérifier que votre structure réelle correspond bien à la structure souhaitée. Là encore, c'est un point complexe à appréhender, et je vous invite une fois de plus à lire des ouvrages ou tutoriels dédiés à ce sujet, notamment :

- Le guide de l'audit SEO : http://www.boutique-abondance.com/livres-et-etudes/81-l-audit-seo-quels-points-analyser-pour-avoir-un-site-google-friendly.php ;
- Tutoriels Gephi : http://clementlevallois.net/gephi.html.

Pour vous donner un ordre d'idée de ce que ce type de logiciel peut réaliser, voici un exemple d'audit de structure réalisé avec Gephi. On affiche ici chaque URL d'un site avec un rond. Plus le rond est grand, plus cette URL reçoit de liens en interne. On retrouve ensuite 4 couleurs :

- en rouge, les URL en erreur ou en redirection inutile ;
- en blanc, les liens externes ;
- en bleu, les pages « traditionnelles » : accueil, mentions légales, contact et plan du site ;
- en gris, tout le reste.

Théoriquement, nous devrions avoir donc moins de ronds blancs (ou des ronds plus petits du moins), aucun rond rouge, et moins de ronds gris car actuellement aucune structure en silo ne semble se démarquer.

Figure 18–4
Un exemple de structure affiché par Gephi

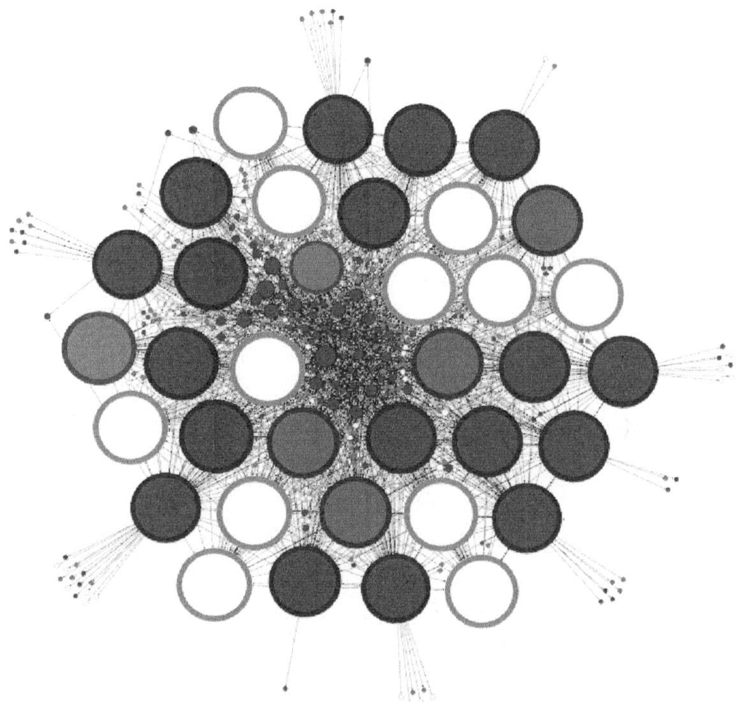

Il ne vous reste plus qu'à vous mettre au travail.

Conclusion

WordPress est un CMS puissant et facilement personnalisable. Nous sommes bien loin du petit outil des premiers jours, avec lequel on créait son petit blog personnel pour y montrer des photos de chats, de sa famille à la plage et des autoportraits devant le miroir.

Depuis 2010, ce système de gestion de contenus est devenu si pratique et modulable que l'on peut le transformer en n'importe quel type de site, avec des contenus riches et variés. Cela va du simple blog et site vitrine au portfolio, à la WebTV, au site de petites annonces en passant par le réseau social, le site e-commerce, le forum ou l'intranet.

Quelle que soit l'utilité que vous en aurez, il faudra toujours l'optimiser pour le référencement naturel, comme nous l'avons vu tout au long de cet ouvrage. J'espère que vous avez compris l'intérêt et l'importance du référencement naturel. Certes, certaines optimisations peuvent frôler la sur-optimisation ou à l'inverse avoir un impact parfois faible sur votre visibilité. Mais elles ont toutes ou presque un intérêt pour vos visiteurs.

D'ailleurs, c'est toujours eux qui doivent être à la base de toutes nos optimisations. Souvenez-vous donc d'une chose : quand vous optimisez un site, ses contenus ou sa charte graphique, faites-le toujours pour vos visiteurs avant de le faire pour les moteurs de recherche !

En utilisant un CMS correctement optimisé et avec de bons contenus, vous vous assurez d'avoir une base saine pour le référencement naturel. À vous ensuite de travailler vos contenus et surtout la création de liens entrants pour réellement booster votre visibilité sur Internet.

Le danger qui peut se présenter, à l'inverse, c'est justement de se reposer trop facilement sur son thème et sur les extensions que l'on utilise. Si vous voulez réellement réussir à bien référencer un site fonctionnant avec WordPress, il est impératif de pouvoir prendre du recul sur le rendu réel que vous voulez donner à votre structure, vos contenus et votre maillage interne.

J'espère que vous aurez plaisir à lire ce livre et que vous aurez appris à mieux optimiser votre site. N'hésitez pas à suivre nos articles sur www.seomix.fr : nous faisons très souvent paraître de nouveaux tests, guides et tutoriels sur WordPress et sur le référencement naturel. Et dans les mois qui viennent, nous publierons notre extension WordPress d'audit et d'optimisation automatique.

Index

Achevé d'imprimer en juillet 2015 sur rotative numérique Prosper
par Soregraph à Nanterre (Hauts-de-Seine).

Dépôt légal : août 2015
N° d'éditeur : 9450
N° d'impression : 14623

Imprimé en France